孟子

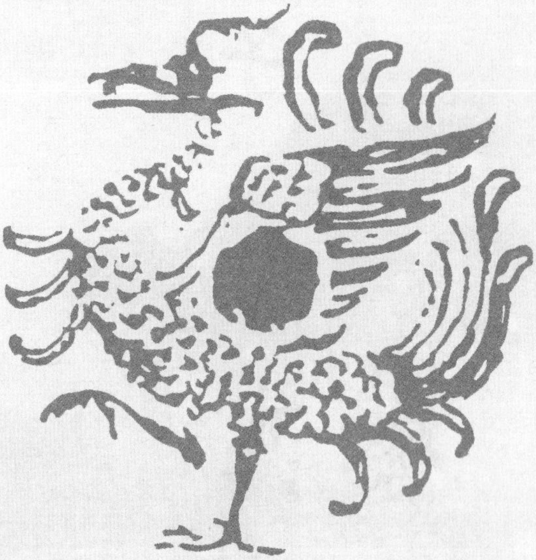

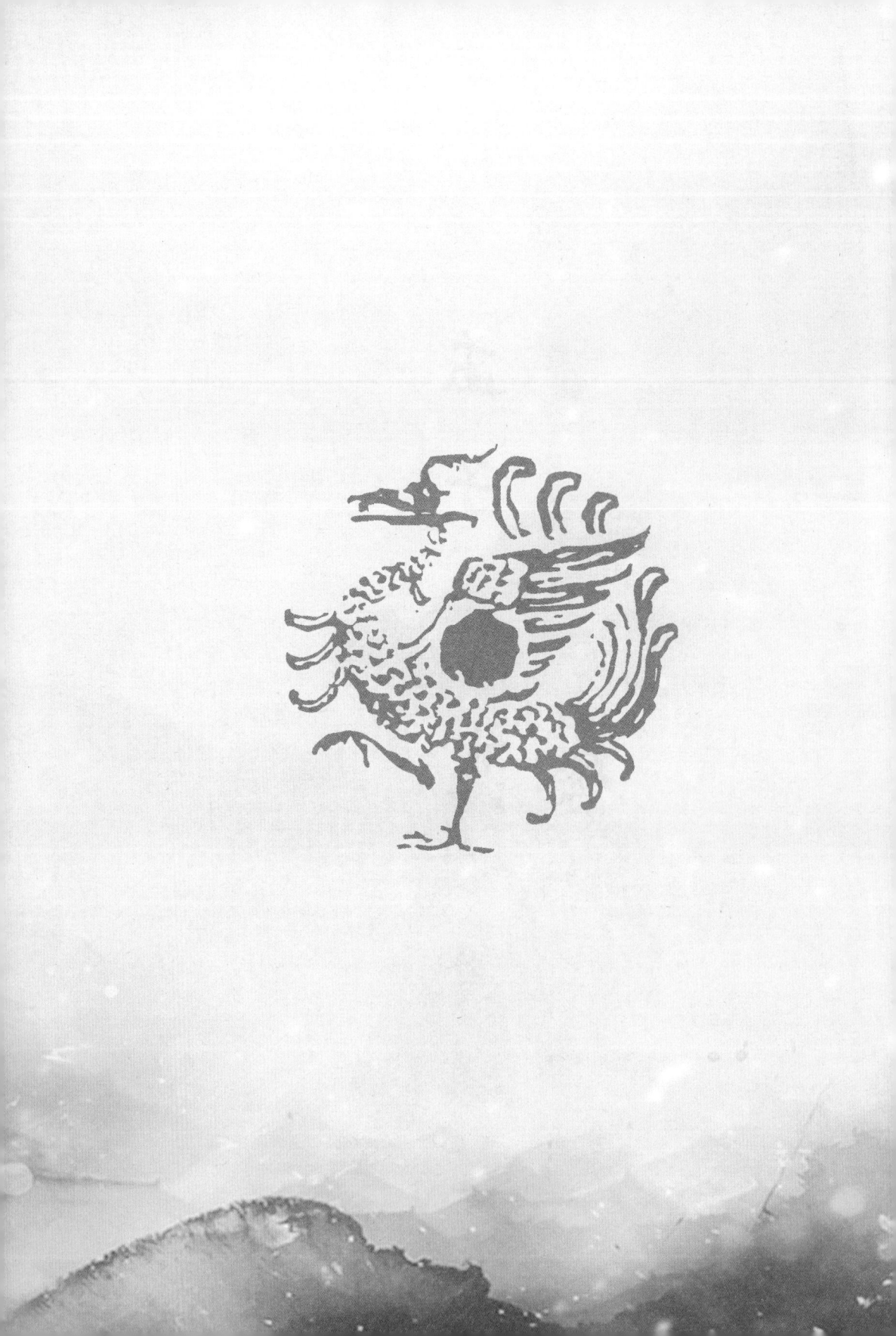

孟子

【国学经典丛书】

文澜 译注

科学普及出版社

·北京·

图书在版编目（CIP）数据

孟子 / 文澜译注. -- 北京：科学普及出版社，
2022.8（2024.3重印）
（国学经典丛书）
ISBN 978-7-110-10420-0

Ⅰ.①孟… Ⅱ.①文… Ⅲ.①儒家②《孟子》—译文
Ⅳ.①B222.52

中国版本图书馆CIP数据核字（2022）第032792号

策划编辑	胡　怡
责任编辑	胡　怡
封面设计	余　微
正文设计	余　微
责任校对	焦　宁
责任印制	马宇晨

出　　版	科学普及出版社
发　　行	中国科学技术出版社有限公司发行部
地　　址	北京市海淀区中关村南大街16号
邮　　编	100081
发行电话	010-62173865
传　　真	010-62173081
网　　址	http://www.cspbooks.com.cn

开　　本	710mm×1000mm　1/16
字　　数	245千字
印　　张	18
版　　次	2022年8月第1版
印　　次	2024年3月第2次印刷
印　　刷	德富泰（唐山）印务有限公司
书　　号	ISBN 978-7-110-10420-0 / B·79
定　　价	79.00元

（凡购买本社图书，如有缺页、倒页、脱页者，本社发行部负责调换）

前 言

《孟子》是记载孟子及其弟子的思想观点和政治活动的一部书。

孟子(约公元前372—前289年),名轲,字子舆,战国中期鲁国邹(今山东邹城东南)人。他是继孔子之后儒家学派最有权威的人物,有"亚圣"之誉,与孔子合称"孔孟"。

孟子为行道曾游说于齐宣王、梁惠王。由于他的学说"迂远而阔于事情",他只是一度被齐宣王尊为客卿,并未得到重用。他身处乱世而热心救世,虽屡屡碰壁但意志坚定;他对社会、对人生始终充满信心和热情。

起初,孟子为新兴地主阶级勾画了一套完备的施政纲领,主张用道德的力量统一天下,即实行"仁政"。"仁政"的内容涉及政治、经济、军事、教育等许多方面。孟子发展了春秋以来的"爱民"思想,认为国君应该施爱于民,时刻想到人民的忧乐,倡导国君"与民同乐""保民而王";从"保民"的思想出发,孟子还提出了"民为贵,社稷次之,君为轻"的著名论点;他还明确地提出了土地制度问题,认为英明的君主必须"制民之产",授给人民一定数量的土地,同时不能滥征,不能搞苛捐杂税,必须"薄税敛""取于民有制";孟子把"尊贤"作为实现仁政的一个重要内容,主张让"贤者在位,能者在职";重视教育是孟子仁政学说的又一特点,他主张对人民施以教化,认为这样才能保证王道的顺利实施。

带着对理想社会的不懈追求,孟子从四十二岁开始周游列国,游说诸侯。首次出游,孟子选择了国势强盛、地大物博的齐国。然而齐威王崇尚霸业,不把儒者孟子视作人才。孟子耐着性子在这里待了几年，终不被重用，愤然离去。听说宋国要实行仁政，孟子就率领弟子奔向宋国，但仍看不出那里有行仁政的迹象，于是又前往魏国。在途中，孟子听说鲁国打算让乐正子治国理政，就绕道前往鲁国。孟子到了鲁国，乐正子对他恭敬有加，不时地请安、求教。但孟子说起仁政，他却听不进去，因为当时的鲁国也像其他小国一样，为谋求自身安全而努力富国强兵。极度失望之下，孟子离开了鲁国。

经历了这么多挫折以后，孟子也看出了各国诸侯都在忙于加强军事力量，不想采纳他的主张。但他抱定自己的理想，不愿放弃。带着热切的期望，孟子又去魏国、齐国游说。虽在齐国官至卿相，但他真切地感受到在国家大政方面，宣王其实是听不进他的意见的。

孟子奔波几十年，终因思想主张不合时宜，未被当世者所用。孟子晚年隐退，与弟子万章等人著书立说，作《孟子》七篇。

《孟子》最早的注本是东汉赵岐的《孟子章句》十四卷，以解释文句为主，为后来各家注本的参照版本。南宋朱熹把《孟子》列为"四书"之一，并撰《孟子集注》，后世颇为流行。清代焦循《孟子正义》以赵岐注本为基础，集清代考订训诂之大成，至为详备。今人杨伯峻著有《孟子译注》一书。

与前代思想家们的谦恭不同，孟子代表了先秦文士中的另一种风格：奔放雄健、不卑不亢，甚至气势逼人。孟子发扬了春秋时期出现的"民本"思想，始终认为一个人要活得有意义，必须坚持积极主动的进取精神，为成就事业不怕吃苦、勇于献身，为实现理想锲而不舍，做一个人格独立、意志坚强的"大丈夫"——"得志，与民由之；不得志，独行其道。富贵不能淫，贫贱不能移，威武不能屈"。孟子不但是这么说的，也是这样做的，他直接与君主对话，不留情面，直谏不讳。

《孟子》的文章雄辩色彩极浓，充满论战性质。这些论战文字，有时记述孟子本人的言论，有时记述对方的言论，同时把论战内容与过程，以及论战双方的言谈风貌都写出来，反映出较强的时代特点。孟子的论辩技巧很高，能根据不同对象，掌握对方心理，善设机巧，层层紧逼，步步追问，表现出一种无可抗拒的气势。如《梁惠王上》第七章，这是孟子说服齐宣王实行"王道"的一次谈话记录。齐宣王崇尚霸道，孟子宣传王道，两人观点尖锐对立。孟子要说服齐王，并非易事。但孟子能处处揣测对方心理，引导对方入彀。齐宣王劈头就让孟子谈"齐桓、晋文之事"，想了解霸道，孟子却巧妙地避开这个问题，并逐步把话题转到王道上来。然后孟子就近取喻，举出齐王衅钟时"以羊易牛"的生动事例，肯定齐王有仁心，可以"王天下"，以引起他对王道的极大兴趣。在这个基础上，孟子才正面阐述自己关于王道的主张。《孟子》中的这一名篇，充分表现了孟子灵活善辩的特点。孟子善于把握论辩对方的心理，采取迂回包围、引人入彀的方法，层层设问，步步紧逼，使对方俯首就范，故而文章写得跌宕多姿，颇有气势。

《孟子》中的文章还善于运用比喻和寓言来说明事理，形象生动，引人入胜。例如《告子上》第十章："鱼，我所欲也；熊掌，亦我所欲也。二者不可得兼，舍鱼而取熊掌者也。生，亦我所欲也；义，亦我所欲也。二者不可得兼，舍生而取义者也。"这里议论的是非常抽象的"生"与"义"的轻重关系。孟子用人们所熟知的鱼与熊掌做比喻，以"舍鱼而取熊掌"的常情比喻"舍生而取义"的深刻哲理，不仅通俗易懂，而且引人入胜。此外，在《梁惠王上》中，以"杀人以梃与刃"来比喻杀人"以刃与政"之"无以异"；以"力足以举百钧，而不足以举一羽；明足以察秋毫之末，而不见舆薪"来比喻"恩足以及禽兽，而功不至于百姓"；以"挟太山以超北海""为长者折枝"来比喻"不能"与"不为"，都非常新颖与贴切，增强了文章的说服力。

孟子一生周游列国，屡遭波折，但他始终坚持道义，维护自己的尊严，绝无一丝奴颜媚骨，展现了战国时代的文士特有的风采和魅力。

目 录

第一篇	梁惠王上	1
第二篇	梁惠王下	17
第三篇	公孙丑上	41
第四篇	公孙丑下	60
第五篇	滕文公上	79
第六篇	滕文公下	97
第七篇	离娄上	115
第八篇	离娄下	136
第九篇	万章上	156
第十篇	万章下	173
第十一篇	告子上	190
第十二篇	告子下	209
第十三篇	尽心上	228
第十四篇	尽心下	254

第一篇　梁惠王上

第一章

孟子见梁惠王①。王曰:"叟! 不远千里而来,亦将有以利吾国乎?"

孟子对曰:"王! 何必曰利? 亦有仁义而已矣。王曰:'何以利吾国?'大夫曰:'何以利吾家②?'士庶人曰:'何以利吾身?'上下交征利而国危矣。万乘③之国,弑其君者,必千乘之家;千乘之国,弑其君者,必百乘之家。万取千焉,千取百焉,不为不多矣。苟为后义而先利,不夺不餍④。未有仁而遗其亲者也,未有义而后其君者也。王亦曰仁义而已矣,何必曰利?"

注 释

①梁惠王:也称魏惠王,当时魏国国君。魏国迁都大梁(今河南开封)后亦称梁国。

②家:古时"国"指诸侯国,即诸侯的封地;"家"指大夫的封地。

③万乘(shèng):一车四马为一乘。古时兵车的多少是衡量一个国家大小的标志。万乘,即拥有兵车万辆。下文"千乘""百乘"类此。

④餍(yàn):满足。

译 文

孟子拜见梁惠王。惠王对他说:"老人家! 您不远千里赶来,一定有什么对我国有利的办法吧?"

孟子回答说:"大王为何一定要讲利呢? 只要有仁义就行了。大王说:'怎样才有利于我的国家?'大夫说:'怎样才有利于我的封地?'士人和老百姓说:'怎样才有利于自己?'如果上上下下都这样相互争夺私利,国家就危

险了。拥有万辆兵车的国家，杀死他们国君的，一定是拥有千辆兵车的诸侯；拥有千辆兵车的国家，杀死他们国君的，一定是拥有百辆兵车的大夫。一万辆兵车中占有一千辆，一千辆兵车中占有一百辆，已经算很多了。如果卿大夫都先求利而后取义，那么，他们不夺取国君的权力是不会满足的。从来没有讲求仁爱而遗弃自己父母的人，也没有讲求道义而怠慢自己国君的人。所以，大王只要讲仁义就行了，为何一定要讲利呢？"

第二章

孟子见梁惠王。王立于沼上，顾鸿雁麋鹿，曰："贤者亦乐此乎？"

孟子对曰："贤者而后乐此，不贤者，虽有此不乐也。《诗》①云：'经始灵台，经之营之。庶民攻之，不日成之。经始勿亟②，庶民子来。王在灵囿③，麀鹿④攸伏。麀鹿濯濯，白鸟鹤鹤。王在灵沼，於牣鱼跃。'文王以民力为台为沼，而民欢乐之，谓其台曰灵台，谓其沼曰灵沼，乐其有麋鹿鱼鳖。古之人与民偕乐，故能乐也。《汤誓》⑤曰：'时日害丧，予及女⑥偕亡。'民欲与之偕亡，虽有台池鸟兽，岂能独乐哉？"

注　释

①《诗》：我国古代第一部诗歌总集，汉代时被列为儒家经典之一，亦称《诗经》。文中所引为《诗经·大雅·灵台》中的诗句。

②亟(jí)：急迫。

③囿(yòu)：园林。

④麀(yōu)鹿：成年的母鹿。

⑤《汤誓》：《尚书》篇名。文中记载商汤讨伐夏桀的誓词。

⑥女：同"汝"，你。

译文

孟子拜见梁惠王。惠王站在池塘边，欣赏着鸿雁和麋鹿说："有德行的人也喜欢以此为乐吗？"

孟子回答说："只有有德行的人才能够以此为乐，没有德行的人即使有这些东西也感受不到这种快乐。《诗》上说：'开始规划建灵台，文王经营巧安排。百姓齐心努力干，灵台落成进度快。文王诚令不着急，百姓如子自动来。文王游览灵台中，母鹿安伏深草丛。母鹿长得肥又美，白鸟洁净羽毛丰。文王游览到灵沼，满池鱼儿欢快跳。'周文王依靠百姓的力量建筑高台深池，百姓却很开心，把台叫作'灵台'，把池塘叫作'灵沼'，还为那里有各种麋鹿、鱼鳖而感到高兴。古时有德行的人与百姓同乐，所以能尽情享受快乐。《汤誓》中说：'你这毒日头般的夏桀啊，何时才灭亡？我们宁可与你同归于尽。'因此夏桀即便有池台鸟兽，难道能独自享受到这种快乐吗？"

第三章

梁惠王曰："寡人之于国也，尽心焉耳矣。河①内凶，则移其民于河东，移其粟于河内。河东凶亦然。察邻国之政，无如寡人之用心者。邻国之民不加少，寡人之民不加多，何也？"

孟子对曰："王好②战，请以战喻。填然鼓之，兵刃既接，弃甲曳兵而走。或百步而后止，或五十步而后止。以五十步笑百步，则何如？"

曰："不可。直不百步耳，是亦走也。"

曰："王如知此，则无望民之多于邻国也。

"不违农时，谷不可胜食也；数罟③不入洿池④，鱼鳖不可胜食也；斧斤以时入山林，材木不可胜用也。谷与鱼鳖不可胜食，材木不可胜用，是使民养生丧死无憾也。养生丧死无憾，王道之始也。

"五亩之宅，树之以桑，五十者可以衣帛矣；鸡豚⑤狗彘⑥之畜，无失其时，七十者可以食肉矣；百亩之田，勿夺其时，数口之家可以无饥矣；谨庠序⑦之教，申之以孝悌之义，颁⑧白者不负戴于道路矣。七十者衣帛食肉，黎民不饥不寒，然而不王者，未之有也。

"狗彘食人食而不知检，涂有饿莩⑨而不知发，人死，则曰：'非我也，岁也。'是何异于刺人而杀之，曰：'非我也，兵也。'王无罪岁，斯天下之民至焉。"

注释

①河：黄河。古时"河"专指黄河。

②好（hào）：喜好。

③数罟（cù gǔ）：细密的渔网。

④洿（wū）池：水塘。

⑤豚：小猪。

⑥彘（zhì）：猪。

⑦庠（xiáng）序：古代的乡学。

⑧颁：同"斑"，指头发花白。

⑨饿莩（piǎo）：饿死的人。

译文

梁惠王说："我对国家也算尽心尽力了吧。如果河内发生灾荒，我就把那里的灾民迁到河东，把其他地方的粮食调拨到河内。若河东发生灾荒，我也照此办理。我观察邻国的政治，还没有见到像我这样尽心尽力的。然而邻国的人口并未减少，而我的百姓也没增多，这是为何呢？"

孟子回答说："大王喜好打仗，让我用打仗打个比方：战鼓咚咚擂响，刀枪锋芒相撞，士兵丢下盔甲，拖着兵器临阵逃跑。有的跑了一百步停下来，有的只跑了五十步就停下了。如果因为自己只跑了五十步而嘲笑跑了一百步的人，那怎么样？"

惠王说:"当然不可以。他们只不过没有跑一百步罢了,但也是逃跑呀。"

孟子说:"大王倘若知道这个道理,那就不应指望您的百姓比邻国多了。

"只要不耽误农民耕种和收获的时令,粮食就吃不完;不用细密的渔网到大池塘里捕捞,鱼鳖就吃不完;按时节规律砍伐林木,木料就消耗不尽。粮食和鱼鳖吃不完,木料用不尽,这就使得老百姓养家糊口、送终葬死没有什么困难。让百姓养家糊口、送终葬死没有困难,是王道的开端。

"在五亩大的宅院里种上桑树,五十岁的人就可以穿上丝绸衣服了;鸡、狗、猪的饲养不要错过它们繁殖的时机,七十岁的人就可以吃上肉了;给每户百亩耕地,不要耽误他们的农时,几口人的家庭就可以不挨饿了;精心搞好学校教育,反复讲清孝顺父母、敬爱兄长的道理,那么头发花白的老人就不至于行走时背负或头顶着东西了。老年人有绸衣穿、有肉吃,黎民百姓不挨饿受冻,国家治理到这样的程度却还不能使天下归顺而称王,那是从没发生过的事。

"猪狗吃了人的粮食却不知道阻止,路上有饿死的人却不知道去开仓救济,等人饿死了,还推脱说:'这不是我治理的问题,是年成的问题。'这与杀死了人却说'不是我杀的,是兵器杀的'有何不同呢?大王只要自己担起责任而不归罪于年成,这样天下的百姓就都来归顺了。"

第四章

梁惠王曰:"寡人愿安①承教。"

孟子对曰:"杀人以梃②与刃,有以异乎?"

曰:"无以异也。"

"以刃与政,有以异乎?"

曰:"无以异也。"

曰:"庖③有肥肉,厩④有肥马,民有饥色,野有饿莩,此率兽而食人也。兽相食,且人恶之⑤;为民父母,行政不免于率兽而食人,恶⑥在其为民父母也?仲尼曰:'始作俑⑦者,其无后乎!'为其象⑧人而用之也。如之何其使斯民饥而死也?"

注释

①安：乐意。

②挺（tǐng）：棍棒。

③庖（páo）：厨房。

④厩（jiù）：马栏、马厩。

⑤且人恶之：即"人且恶之"。且，尚且。

⑥恶（wū）：疑问副词，何，怎么。

⑦俑（yǒng）：古代陪葬用的土偶、木偶。在用土偶、木偶陪葬之前，古人经历了一个用草人陪葬的阶段。草人只是略略像人形，而土偶、木偶却做得非常像活人，所以孔子对最初使用土偶、木偶陪葬的人深恶痛绝。

⑧象：同"像"。

译文

梁惠王说："我很乐意听您的指教。"

孟子回答说："用棍棒将人打死和用刀子将人杀死有什么不同吗？"

梁惠王说："没有不同。"

孟子又问："用刀子将人杀死和用政治将人迫害致死有什么不同吗？"

梁惠王回答："没有不同。"

孟子于是说："厨房里有肥嫩的肉，马房里有健壮的马，可是老百姓却面带饥色，野外还躺着饿死的人，这相当于执政者率领着野兽吃人啊！野兽互相厮杀，人都会厌恶它们，身为老百姓的父母官，实行政治措施却不能免于率领野兽吃人，那又如何能做老百姓的父母官呢？孔子说：'最初用土偶、木偶陪葬的人，应该绝后吧！'就因为这种人利用木偶、土偶像活人而用它们陪葬。那使老百姓活活饿死的人，又该如何呢？"

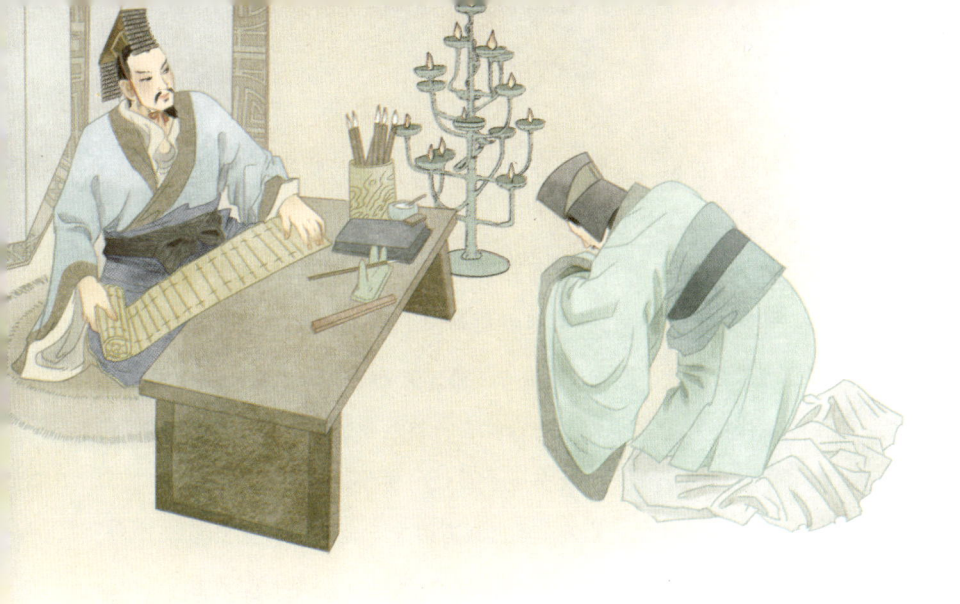

第五章

梁惠王曰:"晋国①,天下莫强焉,叟之所知也。及寡人之身,东败于齐,长子死焉;西丧地于秦七百里;南辱于楚。寡人耻之,愿比死者壹洒②之,如之何则可?"

孟子对曰:"地方百里而可以王。王如施仁政于民,省刑罚,薄税敛,深耕易耨③,壮者以暇日修其孝弟忠信,入以事其父兄,出以事其长上,可使制梃以挞秦楚之坚甲利兵矣。彼夺其民时,使不得耕耨以养其父母,父母冻饿,兄弟妻子离散。彼陷溺其民,王往而征之,夫谁与王敌?故曰:'仁者无敌。'王请勿疑!"

注释

①晋国:这里惠王说的是魏国。韩、赵、魏原为晋国三个大夫,后来他们强大起来,瓜分了晋国,史称"三家分晋"。此后魏国国君也自称晋。

②洒(xǐ):同"洗",指洗刷耻辱。

③易耨(nòu):勤于锄草,比喻精心耕种。

译文

梁惠王说:"魏国,本来天下就没有比它更强大的国家了,您是知道的。但是到了我这一代,魏国在东边被齐国击败,我的大儿子战死了;西边败给秦国，丧失了七百里疆土；在南边又被楚国欺辱。我为此感到羞耻，发誓要给所有阵亡的将士报仇，但怎么做才好呢？"

孟子说："一个国家的疆土即便只有方圆百里，照样可以称王。大王若对百姓实行仁政，减轻刑罚、减少赋税，让百姓精耕细作、勤锄杂草，青壮年利用闲暇时间修养自己孝顺、友爱、忠诚、守信的品德，在家侍奉父母兄长，在外尊重上级，这样即使让他们手拿棍棒也足以抗击身披铁甲、手持锐利兵器的秦楚军队了。秦、楚那些国家征兵使役有碍于百姓的耕作，以致百姓不能耕种土地养活父母，父母忍饥挨饿，兄弟、妻儿流离四方。他们使百姓陷于水深火热之中，大王若去讨伐他们，谁能与大王为敌？所以说：'奉行仁政者是无敌的。'请大王不要怀疑！"

第六章

孟子见梁襄王①，出，语②人曰："望之不似人君，就之而不见所畏焉。卒然③问曰：'天下恶乎④定？'吾对曰：'定于一。''孰能一之？'对曰：'不嗜杀人者能一之。''孰能与⑤之？'对曰：'天下莫不与也。王知夫苗乎？七八月⑥之间旱，则苗槁矣。天油然作云，沛然下雨，则苗浡然⑦兴之矣。其如是，孰能御之？今夫天下之人牧⑧，未有不嗜杀人者也。如有不嗜杀人者，则天下之民皆引领而望之矣。诚如是也，民归之，由⑨水之就下，沛然谁能御之？'"

注 释

①梁襄王：梁惠王的儿子，名嗣。

②语（yù）：动词，告诉。

③卒（cù）然：突然。卒，同"猝"。

④恶乎：怎样。

⑤与：从，跟。

⑥七八月：这里指周代的历法，相当于夏历的五六月，正是禾苗需要雨水的时候。

⑦浡然：禾苗兴起的样子。浡，同"勃"。

⑧人牧：治理人民的人，指国君。"牧"由牧牛、牧羊的意义引申而来。

⑨由：同"犹"，好像，如同。

译文

孟子拜见梁襄王，见罢出来，告诉别人："梁襄王这个人，远看没有国君的样子，走近也看不出哪里有威严。他突然问我：'天下怎样才能安定？'我回答说：'安定在于统一。''谁能统一天下？'我又回答：'不嗜好杀人的国君能统一天下。''谁能跟随他？'我说：'天下没有人不跟随他。您知道禾苗吧，七八月份大旱，禾苗就会枯死。如果天空乌云翻滚，下一场透雨，禾苗又会蓬勃生长。若是这样，谁能抵挡得了？现在天下的国君，没有不嗜好杀人的。如果有不嗜好杀人的国君，那么天下人都会伸长脖子盼望他了。若真能这样，百姓跟随他，就如水往低处倾泻一样，磅礴之势谁能抵挡？'"

第七章

齐宣王①问曰："齐桓、晋文之事，可得闻乎？"

孟子对曰："仲尼之徒无道桓文之事者，是以后世无传焉，臣未之闻也。无以，则王乎？"

曰："德何如则可以王矣？"

曰："保民而王，莫之能御也。"

曰："若寡人者，可以保民乎哉？"

曰："可。"

曰："何由知吾可也？"

曰："臣闻之胡龁②曰，王坐于堂上，有牵牛而过堂下者，王见之，曰：'牛何之？'对曰：'将以衅钟③。'王曰：'舍之！吾不忍其觳觫④，若无罪而就死地。'对曰：'然则废衅钟与？'曰：'何可废也？以羊易之！'——不识有诸？"

曰:"有之。"

曰:"是心足以王矣。百姓皆以王为爱也,臣固知王之不忍也。"

王曰:"然。诚有百姓者。齐国虽褊小⑤,吾何爱一牛?即不忍其觳觫,若无罪而就死地,故以羊易之也。"

曰:"王无异于百姓之以王为爱也。以小易大,彼恶知之?王若隐其无罪而就死地,则牛羊何择焉?"

王笑曰:"是诚何心哉?我非爱其财而易之以羊也。宜乎百姓之谓我爱也。"

曰:"无伤也,是乃仁术也,见牛未见羊也。君子之于禽兽也,见其生,不忍见其死;闻其声,不忍食其肉。是以君子远庖厨也。"

王说,曰:"《诗》云:'他人有心,予忖度之。'夫子之谓也。夫我乃行之,反而求之,不得吾心。夫子言之,于我心有戚戚焉。此心之所以合于王者,何也?"

曰:"有复于王者曰:'吾力足以举百钧,而不足以举一羽;明足以察秋毫之末,而不见舆薪。'则王许之乎?"

曰:"否。"

"今恩足以及禽兽,而功不至于百姓者,独何与?然则一羽之不举,为不用力焉;舆薪之不见,为不用明焉;百姓之不见保,为不用恩焉。故王之不王,不为也,非不能也。"

曰:"不为者与不能者之形何以异?"

曰:"挟太山以超北海,语人曰:'我不能。'是诚不能也。为长者折枝,语人曰:'我不能。'是不为也,非不能也。故王之不王,非挟太山以超北海之类也;王之不王,是折枝之类也。

"老吾老,以及人之老;幼吾幼,以及人之幼。天下可运于掌。《诗》云:'刑于寡妻,至于兄弟,以御于家邦。'言举斯心加诸彼而已。故推恩足以保四海,不推恩无以保妻子。古之人所以大过人者,无他焉,善推其所为而已矣。今恩足以及禽兽,而功不至于百姓者,独何与?

"权,然后知轻重;度,然后知长短。物皆然,心为甚。王请度之。

抑王兴甲兵，危士臣，构怨于诸侯，然后快于心与？"

王曰："否。吾何快于是？将以求吾所大欲也。"

曰："王之所大欲，可得闻与？"

王笑而不言。

曰："为肥甘不足于口与？轻暖不足于体与？抑为采色不足视于目与？声音不足听于耳与？便嬖⑥不足使令于前与？王之诸臣皆足以供之，而王岂为是哉？"

曰："否。吾不为是也。"

曰："然则王之所大欲可知已——欲辟土地，朝秦、楚，莅中国⑦而抚四夷也。以若所为求若所欲，犹缘木而求鱼也。"

王曰："若是其甚与？"

曰："殆有甚焉。缘木求鱼，虽不得鱼，无后灾。以若所为求若所欲，尽心力而为之，后必有灾。"

曰："可得闻与？"

曰："邹⑧人与楚人战，则王以为孰胜？"

曰："楚人胜。"

曰："然则小固不可以敌大，寡固不可以敌众，弱固不可以敌强。海内之地，方千里者九，齐集有其一。以一服八，何以异于邹敌楚哉？盖亦反其本矣。

"今王发政施仁，使天下仕者皆欲立于王之朝，耕者皆欲耕于王之野，商贾皆欲藏于王之市，行旅皆欲出于王之涂，天下之欲疾其君者皆欲赴愬于王。其若是，孰能御之？"

王曰："吾惛，不能进于是矣。愿夫子辅吾志，明以教我。我虽不敏，请尝试之。"

曰："无恒产而有恒心者，惟士为能。若民，则无恒产，因无恒心。苟无恒心，放辟邪侈，无不为已。及陷于罪，然后从而刑之，是罔民也。焉有仁人在位罔民而可为也？是故明君制民之产，必使仰足以事父母，俯足以畜妻子，乐岁终身饱，凶年免于死亡。然后驱而之善，故民之从之也轻。

"今也制民之产,仰不足以事父母,俯不足以畜妻子;乐岁终身苦,凶年不免于死亡。此惟救死而恐不赡,奚暇治礼义哉?

"王欲行之,则盍反其本矣?五亩之宅,树之以桑,五十者可以衣帛矣;鸡豚狗彘之畜,无失其时,七十者可以食肉矣;百亩之田,勿夺其时,八口之家可以无饥矣;谨庠序之教,申之以孝悌之义,颁白者不负戴于道路矣。老者衣帛食肉,黎民不饥不寒,然而不王者,未之有也。"

注 释

①齐宣王:姓田,名辟疆。齐威王的儿子,齐湣王的父亲。

②胡龁(hé):人名,齐宣王身边的近臣。

③衅钟:新钟铸成,杀牲取血抹在钟上,用来祭祀。按照古代礼仪,凡是国家某件新器物或宗庙开始使用时,都要杀牲取血加以祭祀。

④觳觫(hú sù):恐惧得发抖的样子。

⑤褊(biǎn)小:狭小,指地域不宽大。

⑥便嬖(pián bì):国君身边的宠臣。

⑦中国:指中原地带。

⑧邹:国名,就是当时的邾国,国土很少,国都在今山东邹城市东南的邾城。

译 文

齐宣王问:"齐桓公、晋文公称霸之事,能说给我听听吗?"

孟子说:"孔子的弟子没有谈到过齐桓公、晋文公的事,因此后世没有传下来,我也没有听说过。大王一定要我说的话,那我就说说以德服天下的王道吧?"

宣王问:"怎样的德才可以征服天下呢?"

孟子说:"从爱护百姓的角度出发就可以征服天下,没有人抵挡得住。"

宣王问:"像我这样的国君能做到爱护百姓吗?"

孟子说:"能。"

宣王问:"怎么知道我能做到呢?"

孟子说:"我听胡龁说过这样一件事,大王坐在殿堂上,有人牵着牛从殿堂下经过,大王看见了,就问:'把牛牵到哪里去?'那人说:'要宰了它,然后用它的血来祭钟。'大王说:'放了它吧!我不忍心看它瑟瑟发抖的样子,这头牛无罪却要被送到屠场去宰杀。'那人说:'那要把祭钟的仪式废除吗?'大王说:'怎么可以废除祭钟的仪式呢?用羊代替它!'——不知道有没有这回事?"

宣王说:"有这回事。"

孟子说:"大王有这样的仁心就可以征服天下了。百姓都以为大王这样做是吝啬,我知道大王是不忍心。"

宣王说:"对,的确有百姓以为我吝啬。齐国虽然国土狭小,但我怎么会吝惜一头牛呢?我就是不忍心看它瑟瑟发抖的样子,毫无罪过却被送到屠场,所以用羊替代它祭钟。"

孟子说:"大王对百姓以为您吝啬这一点不要诧异。您用小牲口换下大牲口,他们怎能知道您这么做的深意?大王如果同情牛没有罪过却被送到屠场,不过牛和羊有什么区别呢?"

宣王笑着说:"这是什么心理呢?我的确不是因为吝惜财物而用羊来代替牛的。百姓说我吝啬也是应该的了。"

孟子说:"不碍事,这是仁心的体现,大王看见牛而没有看见羊。君子对于禽兽,看见它们活着,就不忍心看见它们被杀死;听到它们的哀叫,就不忍

13

心吃它们的肉。所以君子总要远离厨房。"

宣王很高兴，说：《诗》上说：'他人的心思，我能猜得到。'这说的就是先生啊。我虽然这么做了，回头想想为什么这么做，却弄不清自己出于什么心理。先生说出了我的心思，我的心豁然开朗。我的仁心与征服天下的王道相合，又为什么呢？"

孟子说："有一个人向您报告说：'我能举起三千斤重的东西，却拿不动一根羽毛；我能看清鸟兽在秋天所生的细毛，却看不见一车柴火。'大王相信他的话吗？"

宣王说："不信。"

"现在禽兽都能得到您的恩惠，百姓却没有得到您的恩惠，原因是什么呢？这样看来，一根羽毛都拿不动，是因为自己不用力；一车柴火都看不见，是因为自己从不把目光放在柴火上；百姓没有得到爱护，是因为自己不把善心用在百姓身上。所以大王没有征服天下，是自己不去做，而非做不到。"

宣王说："不去做与做不到两者有什么区别呢？"

孟子说："用胳膊夹着泰山跨过渤海这种事，对别人说：'我做不到。'这是真的做不到。为长者折根树枝这种事，对别人说：'我做不到。'这是不做，不是做不到。所以大王没有征服天下，不是夹着泰山跨过渤海之类的事，而是为长者折根树枝这种事。

"孝敬自己的长辈，从而推广到孝敬别人的长辈；疼爱自己的孩子，从而推广到疼爱别人的孩子。有这样的心思，天下便可被统治在股掌之上。《诗》上说：'先给自己的妻子当榜样，从而影响兄弟，进一步治理好一家一国。'这说的就是将自己对待亲人的仁心推广到别人身上而已。所以施予恩惠足以安抚天下的人民，不施予恩惠就连妻子、儿女都无法保全。古代圣人之所以远超普通人，没有别的原因，只不过善于以身作则、推己及人罢了。现今您已对禽兽布施恩泽，而百姓却得不到好处，这究竟是什么原因呢？

"用秤称一称，才知道物体是轻是重；用尺子量一量，才知道物体是长是短。所有的东西都是这样，人心更是这样。请大王仔细斟酌。大王是否要动用军队，让将士冒着生命危险，跟诸侯结怨，这样心里才痛快呢？"

宣王说："不。我怎么会因为这样做而感到痛快呢？我只是想通过这样做来实现自己最大的愿望啊。"

孟子说："大王最大的愿望能说给我听听吗？"

宣王笑着不说话。

孟子说："是为了肥美的食物不能满足口腹之欲呢？轻暖的衣服不能满足身体之需呢？还是为了艳丽的色彩不能满足目之所需呢？是美妙的音乐不能满足耳朵呢？还是宠爱的侍从不能满足大王的使唤之需呢？这一切，大王的臣子都能尽量满足您，大王难道是为了这些东西吗？"

宣王说："不。我不是为了这些。"

孟子说："那么大王最大的愿望我就知道了——您是想扩张领土，使秦、楚这些强国都来朝贡，统治中原大地，安抚边疆部族。然而按您现在这样的做法去追求您这样的愿望，就好比爬到树上去抓鱼。"

宣王说："至于如此严重吗？"

孟子说："恐怕还要更严重呢。爬上树抓鱼虽然抓不到鱼，但将来没有灾祸。按您这种做法追求您这样的愿望，如果尽心尽力去做，将来必有灾祸。"

宣王说："能把其中的道理讲给我听听吗？"

孟子说："如果邹国人与楚国人打仗，大王觉得谁会获胜？"

宣王说："楚国人会胜。"

孟子说："这样看来，小国当然抵挡不了大国，人口少的当然抵挡不了人口多的，弱国当然抵挡不了强国。普天之下，土地有方圆千里的大国有九个，齐国是其中之一。要以一份征服另外的八份，跟邹国抵挡楚国有什么两样呢？应该回归到根本上考虑问题。

"现在大王发布政令，推行仁政，就会使天下做官的都想在您的朝廷里为官，种地的都想在您的土地上种田，经商的都想在您的市场里做生意，旅行的都想从您的大道上行走，各国怨恨他们国君的人都想跑到您这里来诉苦。如果这样，谁能抵挡得了？"

宣王说:"我的头脑糊涂,我不能做到这种程度。我希望先生帮助我实现愿望,明确地开导我。我虽然不聪敏,但想试试。"

孟子说:"没有固定的产业却有坚定的道德观念,只有士才做得到。至于百姓,没有固定的产业也就没有坚定的道德观念了。如果没有坚定的道德观念,百姓就会违法乱纪,肆意妄为。待到这些人犯了罪,再加以惩处,这是坑害百姓。哪有仁爱的人执政却做出坑害百姓的事情呢?所以贤明的君主为百姓创置的产业,一定要使他们上可以赡养父母,下可以抚养妻儿,好年头一年到头丰衣足食,歉收之年也不会被饿死。这样您再督促他们走上为善的道路,就容易让百姓听从您的政令了。

"可是现在为百姓创置的产业上不足以奉养父母,下不足以养活妻儿,好年头也是终年困苦,歉收之年更不免会被饿死。这种情况恐怕活命都难,哪有时间讲求礼义呢?

"大王要实行仁政,那为什么不回到治国的根本上来呢?若在五亩大的宅院里种上桑树,五十岁的人就可以穿上丝绸衣服了;鸡、狗、猪的喂养,不要错过它们繁殖的时机,七十岁的人就可以吃到肉了;给每户百亩耕地,不要耽误他们的农时,八口人的家庭就可以不挨饿了;精心搞好学校教育,反复讲清孝顺父母、敬爱兄长的道理,那么头发花白的老人就不至于行走时背负或头顶着东西了。老年人有丝绸衣服穿、有肉吃,黎民百姓不忍饥受冻,国家治理达到这样的程度却不能使天下归顺而称王,那是从没发生过的事。"

第二篇　梁惠王下

第一章

庄暴①见孟子，曰："暴见于王②，王语暴以好乐，暴未有以对也。"曰："好乐何如？"

孟子曰："王之好乐甚，则齐国其庶几乎！"

他日，见于王，曰："王尝语庄子③以好乐，有诸？"

王变乎色，曰："寡人非能好先王之乐也，直好世俗之乐耳。"

曰："王之好乐甚，则齐其庶几乎！今之乐由古之乐也。"

曰："可得闻与？"

曰："独乐乐、与人乐乐，孰乐？"

曰："不若与人。"

曰："与少乐乐、与众乐乐，孰乐？"

曰："不若与众。"

"臣请为王言乐。今王鼓乐于此，百姓闻王钟鼓之声，管籥④之音，举疾首⑤蹙頞⑥而相告曰：'吾王之好鼓乐，夫何使我至于此极也？父子不相见，兄弟妻子离散。'今王田猎于此，百姓闻王车马之音，见羽旄⑦之美，举疾首蹙頞而相告曰：'吾王之好田猎，夫何使我至于此极也？父子不相见，兄弟妻子离散。'此无他，不与民同乐也。

"今王鼓乐于此，百姓闻王钟鼓之声，管籥之音，举欣欣然有喜色而相告曰：'吾王庶几无疾病与，何以能鼓乐也？'今王田猎于此，百姓闻王车马之音，见羽旄之美，举欣欣然有喜色而相告曰：'吾王庶几无疾病与，何以能田猎也？'此无他，与民同乐也。今王与百姓同乐，则王矣。"

注释

①庄暴：齐国的臣子。

②见于王：被王接见。

③庄子：此指庄暴。

④管籥(yuè)：笙箫之类的乐器。

⑤举疾首：举，都。疾首，头痛。

⑥蹙頞(cù è)：皱着鼻梁发愁的样子。頞，鼻梁。

⑦羽旄(máo)：此指旗帜。

译文

齐国臣子庄暴来见孟子，说："我去朝见大王，大王告诉我他喜好音乐，我不知道该如何回答。"他接着问，"大王喜好音乐，怎么样呢？"

孟子说："要是大王非常喜好音乐，那么齐国差不多可以治理好了啊！"

过了几天，孟子在拜见齐宣王时问他："大王曾告诉过庄暴您喜好音乐，有这回事吗？"

宣王听了脸色变了："我并不是喜好古代的音乐，只不过喜好现在世俗流行的音乐罢了。"

孟子说："只要大王非常喜好音乐，那齐国也就治理得差不多了！现在流行的音乐和古代流传下来的音乐都是一样的嘛。"

齐宣王说："这个道理可以讲给我听听吗？"

孟子说："独自一个人欣赏音乐、与别人一起欣赏音乐，哪种更快乐？"

宣王说："前者不如与别人一起欣赏音乐更快乐。"

孟子说："与少数人一起欣赏音乐、与多数人一起欣赏音乐，哪种更快乐？"

齐宣王说："前者不如与多数人一起欣赏音乐更快乐。"

孟子说："那就让我来为大王说说欣赏音乐的道理吧。假如大王在此奏乐，百姓们听到大王的钟鼓之声，又听到笙箫之声，都愁眉苦脸地相互诉苦：'我们大王光顾自己喜好音乐，为什么要把我们弄得这般穷困呢？父子不能见面，兄弟妻儿分离。'假如大王在野外打猎，百姓们听到大王车马的声音，见到华丽的仪仗，都愁眉苦脸地相互诉苦：'我们大王喜欢打猎，为什么让我们穷苦到这个地步？父子不能见面，兄弟妻儿分离。'这不是因为别的，只是因为大王没有与民同乐。

"假如大王在外演奏音乐，百姓们听到大王的钟鼓之声，又听到笙箫之声，都眉开眼笑地相互转告：'我们大王大概很健康吧，要不怎么能奏乐呢？'假如大王在野外打猎，百姓们听到大王车马的声音，见到华丽的仪仗，都眉开眼笑地相互转告：'我们大王大概很健康吧，要不怎么能够打猎呢？'这不是因为别的，只是因为大王与民同乐。倘若大王能跟百姓同乐，那么就会受到天下人的拥戴，天下就会归顺了。"

第二章

齐宣王问曰："文王之囿方七十里，有诸？"

孟子对曰："于传①有之。"

曰："若是其大乎？"

曰："民犹以为小也。"

曰："寡人之囿方四十里，民犹以为大，何也？"

曰："文王之囿方七十里，刍荛者②往焉，雉兔者往焉，与民同之。民以为小，不亦宜乎？臣始至于境，问国之大禁，然后敢入。臣闻郊关之内，有囿方四十里，杀其麋鹿者，如杀人之罪，则是方四十里为阱③于国中。民以为大，不亦宜乎？"

注释

①传：指文献记载。

②刍荛（chú ráo）者：朱熹《孟子集注》云："刍，草也；荛，薪也。"这里的刍荛者，指割牧草和打柴的人。

③阱（jǐng）：捕捉野兽用的陷坑。

孟子 第二篇 梁惠王下

译文

齐宣王问孟子:"听说周文王的狩猎场方圆七十里,有这回事吗?"

孟子回答:"古书上的确有这样的记载。"

齐宣王说:"真有这么大吗?"

孟子说:"老百姓还觉得小了呢。"

齐宣王说:"我的狩猎场只有方圆四十里,老百姓却觉得大,这是为何呢?"

孟子说:"周文王的狩猎场方圆七十里,割草、砍柴的人可以去那里,打野鸡、捕兔子的人也可以去那里,文王与百姓一同享用那个猎场。百姓觉得小,这不是很自然的吗?我刚踏上齐国边境时,首先要打听齐国有哪些重要的禁令,然后才敢入境。我听说国都的郊外有个狩猎场方圆四十里,凡是射杀了里面麋鹿的人,按杀人的罪名论处,这就等于在齐国境内设下了方圆四十里的大陷阱来坑害老百姓。老百姓觉得太大,难道不应该吗?"

第三章

齐宣王问曰:"交邻国有道乎?"

孟子对曰:"有。惟仁者为能以大事小,是故汤事葛①,文王事混夷②。惟智者为能以小事大,故大王事獯鬻③,勾践事吴。以大事小者,乐天者也;以小事大者,畏天者也。乐天者保天下,畏天者保其国。《诗》云:'畏天之威,于时④保之。'"

王曰:"大哉言矣!寡人有疾,寡人好勇。"

对曰:"王请无好小勇。夫抚剑疾视,曰:'彼恶敢当我哉!'此匹夫之勇,敌一人者也。王请大之!

"《诗》云:'王赫斯怒,爰整其旅,以遏徂莒⑤,以笃周祜⑥,以对于天下。'此文王之勇也。文王一怒而安天下之民。

"《书》曰:'天降下民,作之君,作之师。惟曰其助上帝宠之四方。有罪无罪惟我在,天下曷敢有越厥⑦志?'一人衡行⑧于天下,武王耻之。此武王之勇也。而武王亦一怒而安天下之民。今王亦一怒而安天下之民,民惟恐王之不好勇也!"

注释

①汤事葛:商汤王侍奉葛国的事。详见本书《滕文公下》。

②混夷:亦作"昆夷"或"串夷",是当时在殷周西北边境的少数民族。

③大王事獯鬻(xūn yù):大王,亦作"太王",指周文王之祖父古公亶父。獯鬻,我国古代北方的一个少数民族。

④于时:于是。

⑤莒(jǔ):国名。

⑥祜(hù):福。

⑦越厥:越,违背。厥,用法同"其"。

⑧衡行:同"横行",指作乱。

译文

齐宣王问道:"同邻国交往有什么准则吗?"

孟子回答说:"有。只有仁爱的人才能以大国的身份去侍奉小国,所以商汤侍奉过葛伯,周文王侍奉过混夷。只有聪明的人才能以小国的身份去侍奉大国,所以太王侍奉过獯鬻,越王勾践侍奉过吴王夫差。以大国身份侍奉小国,是乐观豁达之人;以小国身份侍奉大国,是敬畏天理之人。乐观豁达之人可以拥有天下,敬畏天理之人可以拥有自己的国家。《诗经》说:'畏惧上天的威严,上天就会保佑他拥有国家!'"

宣王说:"先生说得太好了!但是我有个毛病,喜好勇武。"

孟子答道:"希望大王不要喜好小勇。有这样一个人,只是手按佩剑,瞪着双眼说:'他怎敢拦着我呢!'这是个人之勇,只能抵御一个人。我恳请大王把您喜爱的勇武扩大些吧!

"《诗》说:'文王对莒国的侵犯行为勃然大怒,于是整顿军队,阻击来侵犯的莒国人,巩固周王朝的福祚,报答天下万民的景仰之心。'这就是文王的大勇。文王的勃然大怒使天下百姓得到安定。

"《书经》说:'上天降下普通百姓,并为他们降下君主,为他们降下师长。君主和师长的任务是帮助上天宠爱保护四方百姓,有罪者我有责任去讨伐,无罪者我有责任来保护,天下还有谁敢违背上天的意志作乱呢?'有人横行无忌,武王便以此为耻。这就是武王的大勇。武王也是一怒使天下百姓得到安定。现在,如果大王您也能一怒使天下百姓得到安定,那么他们唯恐您不喜好勇武呢!"

第四章

齐宣王见孟子于雪宫①。王曰:"贤者亦有此乐乎?"

孟子对曰:"有。人不得,则非其上矣。不得而非其上者,非也;为民上而不与民同乐者,亦非也。乐民之乐者,民亦乐其乐;忧民之忧者,民亦忧其忧。乐以天下,忧以天下,然而不王者,未之有也。

"昔者齐景公问于晏子②曰：'吾欲观于转附、朝儛③，遵海而南，放于琅邪，吾何修而可以比于先王观也？'

"晏子对曰：'善哉问也！天子适诸侯曰巡狩。巡狩者，巡所守也。诸侯朝于天子曰述职。述职者，述所职也。无非事者。春省耕而补不足，秋省敛而助不给。夏谚曰："吾王不游，吾何以休？吾王不豫，吾何以助？"一游一豫，为诸侯度。今也不然，师行而粮食，饥者弗食，劳者弗息。睊睊④胥谗，民乃作慝⑤。方命⑥虐民，饮食若流，流连荒亡，为诸侯忧。从流下而忘反，谓之流；从流上而忘反，谓之连；从兽无厌，谓之荒，乐酒无厌，谓之亡。先王无流连之乐、荒亡之行。惟君所行也。'

"景公说，大戒于国，出舍于郊，于是始兴发，补不足。召大师⑦曰：'为我作君臣相说之乐！'盖《徵招》《角招》⑧是也。其诗曰：'畜君何尤？'畜君者，好君也。"

注释

①雪宫：齐国离宫名。赵注云："离宫之名也。宫中有苑囿台池之饰、禽兽之饶。王自多有此乐，故问曰'贤者亦有此乐乎'。"

②齐景公问于晏子：齐景公，春秋时齐国国君，姓姜，名杵臼。晏子，齐国大臣，名婴，字平仲，齐景公时贤相。

③转附、朝儛：都是山名，在今山东省。

④睊（juàn）睊：侧目而视的样子。

⑤慝（tè）：邪恶。

⑥方命：方，违抗。命，天命。

⑦大师：太师，乐官。

⑧《徵招》《角招》：太师所做的乐曲名。一说皆是调名。徵、角，古时五音（宫、商、角、徵、羽）中的两个。

译文

齐宣王在雪宫里接见了孟子。宣王问："圣贤之人也有这样快乐的时候吗？"

孟子答道:"有。如果人们没有得到这样的快乐,就会责怪他们的君主。当然,因为得不到这样的快乐便责怪他们的君主,是不对的;作为百姓的君主却不和百姓分享这种快乐,也是不对的。君主因百姓的快乐而快乐,百姓也会因君主的快乐而快乐的;君主因百姓的忧愁而忧愁,百姓也会因君主的忧愁而忧愁。因天下人之乐而乐,因天下人之忧而忧,这样的人若是还不能征服天下,那是从未发生过的事。

"齐景公曾经问晏婴:'我想到转附和朝儛两座名山去看看,然后沿着海岸向南走,一直到琅邪山,我应该怎样做才能和古代圣王的巡游相比拟呢?'

"晏婴答道:'您问得好呀!天子去诸侯国叫巡狩。巡狩的意思就是巡视各诸侯的疆土。诸侯来觐见天子,叫述职。述职就是诸侯报告他治理所守疆土的情况。上述的事都和政事有关。春季去视察耕种的情况,补助那些有困难的农户;秋季去视察收获的情况,帮助那些收成不好的农户。夏代有句谚语:"我们大王不出来巡游,我们怎能得以休养生息?我们大王不出来视察,我们怎能得到帮助救济?"君王的巡游视察,足以让诸侯效法。现在却不是这样,队伍一动就要筹粮,这就会使饥饿的人没有食物,劳苦的人无法休息。人们侧目而视、怨声载道,老百姓会被迫为非作歹。这样的行为既违背上天的意愿又使百姓遭殃,吃喝浪费如流水,游乐忘返,沉迷狩猎酗酒,各诸侯忧虑不已。顺流而下放舟游乐忘记返回,叫作流;逆流而上挽舟游乐忘记返回,叫作连;打猎无休止,叫作荒;没有节制地饮酒,叫作亡。古代的圣贤君王没有流连的嗜好、荒亡的行为。现在就看大王选择哪种做法了。'

"齐景公听了之后非常高兴,在都城戒除了不良嗜好,自己又到郊外去住,然后开始实行惠民政策,救济生活有困难的百姓。他又把乐官叫来,说:'替我创作君臣同乐的乐曲吧!'大概就是《徵招》和《角招》。歌词中说:'畜君有什么过错呢?'畜君,就是爱戴他们的君主。"

第五章

齐宣王问曰:"人皆谓我毁明堂①,毁诸?已乎?"

孟子对曰："夫明堂者，王者之堂也。王欲行王政，则勿毁之矣。"

王曰："王政可得闻与？"

对曰："昔者文王之治岐②也，耕者九一③，仕者世禄④，关市讥而不征，泽梁无禁，罪人不孥⑤。老而无妻曰鳏，老而无夫曰寡，老而无子曰独，幼而无父曰孤。此四者，天下之穷民而无告者。文王发政施仁，必先斯四者。《诗》云：'哿矣富人，哀此茕独。'⑥"

王曰："善哉言乎！"

曰："王如善之，则何为不行？"

王曰："寡人有疾，寡人好货。"

对曰："昔者公刘⑦好货。《诗》云：'乃积乃仓，乃裹糇粮，于橐于囊，思戢用光。弓矢斯张，干戈戚扬，爰方启行。'⑧故居者有积仓，行者有裹囊也，然后可以'爰方启行'。王如好货，与百姓同之，于王何有？"

王曰："寡人有疾，寡人好色。"

对曰："昔者太王好色，爱厥妃。《诗》云：'古公亶父，来朝走马。率西水浒，至于岐下。爰及姜女，聿来胥宇。'⑨当是时也，内无怨女，外无旷夫。王如好色，与百姓同之，于王何有？"

注释

①明堂：在鲁国境内泰山下，原是周天子巡狩时接受诸侯朝见的地方，这时已被齐国侵占。汉朝时遗址还在。

②岐：周的旧国，在今陕西岐山县一带。

③耕者九一：周文王治理岐地时采用"井田制"，公家征收农民九分之一的收成。

④仕者世禄：在朝任大夫以上官职的人，他们的子孙可以世代承袭其俸禄。

⑤不孥（nú）：不株连罪人的妻子和儿女。

⑥"《诗》云"句：语出《诗经·小雅·正月》。哿（gě），可的意思。

⑦公刘：传说是后稷的曾孙，周代创业便是从他开始的。

⑧"《诗》云"句：语出《诗经·大雅·公刘》，这是歌颂公刘功绩的诗篇。仓，名词动用，把粮积蓄在仓中。橐（tuó）、囊，装粮食的口袋。

⑨"《诗》云"句：语出《诗经·大雅·绵》，是颂扬周人兴起的诗歌。来朝走马，避狄人之难。姜女，指古公亶父的妻子太姜。胥，视察。

译文

齐宣王问孟子："人们都向我进言要拆掉明堂，到底是拆掉它呢，还是不拆呢？"

孟子答道："明堂原是周天子接见诸侯、发布政令的殿堂。如果大王打算实行王政，那就不要拆了它。"

齐宣王说："能把实行王政的道理说给我听听吗？"

孟子回答："以前文王治理岐地时，农民缴纳的田租税率是九分之一，大夫以上的朝臣俸禄可以世代承袭，关隘和市场只查问并不征税，不禁止百姓到河湖捕鱼，惩罚犯罪的人也不会殃及他们的妻子和儿女。没有妻子的老年人叫作鳏，没有丈夫的老年人叫作寡，没有子女的老年人叫作独，幼年丧父的孩子叫作孤。这四种人，是世间最无依无靠的穷苦人。文王如果实行仁政，必定会先想到他们。《诗》说：'富人过得去就行，要怜悯那些孤独的人。'"

齐宣王说："说得太好了！"

孟子说："大王如果认为我说得好，为何不去实行王政呢？"

齐宣王说："我有个毛病，我爱财。"

孟子答道："以前公刘也爱财。《诗》说：'露天堆积着粮草，谷物堆满了仓，裹好的干粮装满了口袋行囊，人心和顺，国运光昌。弓箭上弦、各种武器肩上扛，才能率军出发。'因此，留在后方的人仓里有粮食，出征的人袋里有干粮，这才能率军出发。大王如果爱财，分予百姓共享，对王政又有什么影响呢？"

齐宣王又说："我还有个毛病，我好女色。"

孟子答道:"以前的周太王也好女色,特别宠爱他的正妃太姜。《诗》说:'古公亶父一大清早便骑着骏马,沿着水边一直走到岐山下。他带着姜氏,去那里视察新定居地的地形。'在周太王时代,百姓家里没有嫁不出去的女儿,也没有找不到妻子的男人。大王如果喜好女色,在这方面也能满足老百姓的需求,对王政又有什么影响呢?"

第六章

孟子谓齐宣王曰:"王之臣有托其妻子于其友而之楚游者,比其反也[1],则[2]冻馁其妻子,则如之何?"

王曰:"弃之。"

曰:"士师[3]不能治士,则如之何?"

王曰:"已之。"

曰:"四境之内不治,则如之何?"

王顾左右而言他。

注释

[1] 比其反也:比,及,至,等到。反,同"返"。
[2] 则:这里是表示事情的结果。
[3] 士师:掌管刑狱的官员。

译文

孟子对齐宣王说:"大王您有个臣子把妻子、儿女托付给他的朋友照顾,自己出游楚国,等他回来的时候,他的妻子、儿女却在挨饿受冻,对待这样的朋友应该怎么办呢?"

齐宣王说:"绝交。"

孟子说:"如果掌管刑狱的官员不能管理他的下属,那应该怎么办呢?"

齐宣王说:"撤职。"

孟子说:"如果一个国家治理得很糟糕,那又该怎么办呢?"

齐宣王环顾左右,把话题扯到别处去了。

第七章

孟子见齐宣王曰:"所谓故国者,非谓①有乔木之谓也,有世臣②之谓也。王无亲臣矣,昔者所进,今日不知其亡③也。"

王曰:"吾何以识其不才而舍之?"

曰:"国君进贤,如不得已,将使卑逾尊,疏逾戚④,可不慎与?左右皆曰贤,未可也;诸大夫皆曰贤,未可也;国人皆曰贤,然后察之。见贤焉,然后用之。左右皆曰不可,勿听;诸大夫皆曰不可,勿听;国人皆曰不可,然后察之。见不可焉,然后去之。左右皆曰可杀,勿听;诸大夫皆曰可杀,勿听;国人皆曰可杀,然后察之。见可杀焉,然后杀之。故曰国人杀之也。如此,然后可以为民父母。"

注释

①所谓,非谓:两个"谓"字为动词,是"说"的意思。
②世臣:指累世建立功勋的臣子。
③亡:指离开君王出走。
④戚:亲近。

译文

孟子拜见齐宣王说:"我们所说的历史悠久的国家,并不是说那个国家有高大的古树,而是说那个国家有累世功臣。大王您身边现在没有亲信的臣子了,过去所选用的人,如今都离开大王而去了。"

齐宣王说:"我怎样才能知道他们没有贤能而不起用他们呢?"

孟子说:"国君应起用贤能的人,如果不这样做的话,就会使卑贱之人的地位超越尊贵之人,疏远之人的地位超越亲密之人,这样的事能不慎重对待吗?左右的人都说某人贤能,还不行;诸位大夫都说他贤能,也不行;国人都说他贤能，大王再考察他。若大王发现他真贤能，再起用他。左右的人都说某人不行，不要偏听；诸位大夫都说他不行，不要偏听；如果国人都说他不行，大王再考察他。若大王发现他确实不行，再罢免他。左右的人都说某人该杀，不要偏听；诸位大夫都说他该杀，不要偏听；如果国人都说他该杀，大王再考察他。若大王发现他真该杀，再杀掉他。所以说是国人处决他的。大王能做到这样，才能真正做好百姓的父母。"

第八章

齐宣王问曰："汤放桀①，武王伐纣②，有诸？"

孟子对曰："于传有之。"

曰："臣弑③其君，可乎？"

曰："贼④仁者谓之贼，贼义者谓之残。残贼之人，谓之一夫⑤。闻诛一夫纣矣，未闻弑君也。"

注释

①汤放桀：汤，商朝开国君主。放，流放。桀，夏朝末世暴君。

②武王伐纣：殷商末，纣王无道，周朝开国君主武王姬发出兵伐纣，纣王兵败自焚而死。

③弑：臣子杀死君主或子女杀死父母曰弑。此处指臣子杀死君主。

④贼：损害，毁灭。

⑤一夫：众叛亲离的独夫。《尚书》曰："独夫纣。"

译文

齐宣王问孟子："商汤将夏桀流放，周武王讨伐商纣王，真有这样的事吗？"

孟子说："史籍上的确有这样的记载。"

齐宣王说："做臣子的人杀了他的君主，这可以吗？"

孟子答道："毁坏仁爱的人叫贼，毁坏道义的人叫残。这样的人我们就该叫他独夫。我只是听说周武王杀了独夫纣，却没有听说他杀过君主。"

第九章

孟子见齐宣王，曰："为巨室，则必使工师求大木。工师得大木，则王喜，以为能胜其任也。匠人斫①而小之，则王怒，以为不胜其任矣。夫人幼而学之，壮而欲行之，王曰'姑舍女所学而从我'，则何如？今有璞玉于此，虽万镒②，必使玉人雕琢之。至于治国家，则曰'姑舍女所学而从我'，则何以异于教玉人雕琢玉哉？"

注释

①斫(zhuó)：砍、削。
②镒(yì)：古代重量单位。二十两为一镒。

译文

孟子拜见齐宣王，说："如果建造宫室大宅，就必须让主管工匠的官员去寻求大块木料。主管工匠的官员寻到大块木料，大王就非常高兴，认为他可以胜任这个职位。大块木料被工匠给砍小了，大王就大发脾气，认为工匠不能胜任这份工作。一个人从小求学，原是想要长大后用于实践中的，大王却说'暂且舍弃你学的那些东西，听我的吧'，这该如何做呢？如果现在此处有一块未雕琢的玉，即使它价值连城，您也会让碾玉匠去雕琢它。而对于治理国家，大王却说'暂且舍弃你学的那些东西，听我的吧'，这与您让碾玉匠雕琢玉石有什么不同呢？"

第十章

齐人伐燕①，胜之。宣王问曰："或谓寡人勿取，或谓寡人取之。以万乘之国伐万乘之国，五旬而举之，人力不至于此。不取，必有天殃②。取之，何如？"

孟子对曰："取之而燕民悦，则取之。古之人有行之者，武王是也。

取之而燕民不悦，则勿取。古之人有行之者，文王是也。以万乘之国伐万乘之国，箪③食壶浆以迎王师，岂有他哉？避水火也。如水益深，如火益热，亦运④而已矣。"

注释

①齐人伐燕：齐宣王五年（公元前315年），由于燕王哙把王位让给国相子之，国人不服，燕国发生内乱。次年，宣王趁机出兵伐燕，齐军在五十天内就攻下了燕国的国都。

②不取，必有天殃：《国语·越语》云："天予不取，反为之灾。"

③箪（dān）：古代盛饭的圆形竹器。

④运：朱熹《孟子集注》云："运，转也。言齐若更为暴虐，则民将转而望救于他人矣。"

译文

齐国讨伐燕国，大胜而归。齐宣王问孟子："有人对我说不要吞并燕国，但也有人说让我吞并燕国。我想一个拥有万辆兵车的国家去攻打另一个拥有万辆兵车的国家，五十天便攻下了它，如果不是天意，光凭人力是无法取得这样的成就的。若我不吞并它，上天会认为我违反了他的旨意，必定会降下灾难。我吞并它怎么样呢？"

孟子说："如果大王吞并燕国会让燕国的百姓高兴，便吞并它。古代的周武王便是这样做的。如果大王吞并燕国而使燕国的百姓不高兴，就不可吞并它。古代的周文王便是这样做的。以拥有万辆兵车的国家去攻打另一个拥有万辆兵车的国家，燕国的百姓们用竹筐装着饭食、用壶盛着浆汤来迎接您的军队，难道还有别的意思吗？他们不过就是想逃离那水深火热的生活罢了。如果水更深，火更热，他们就会指望别人来营救他们了。"

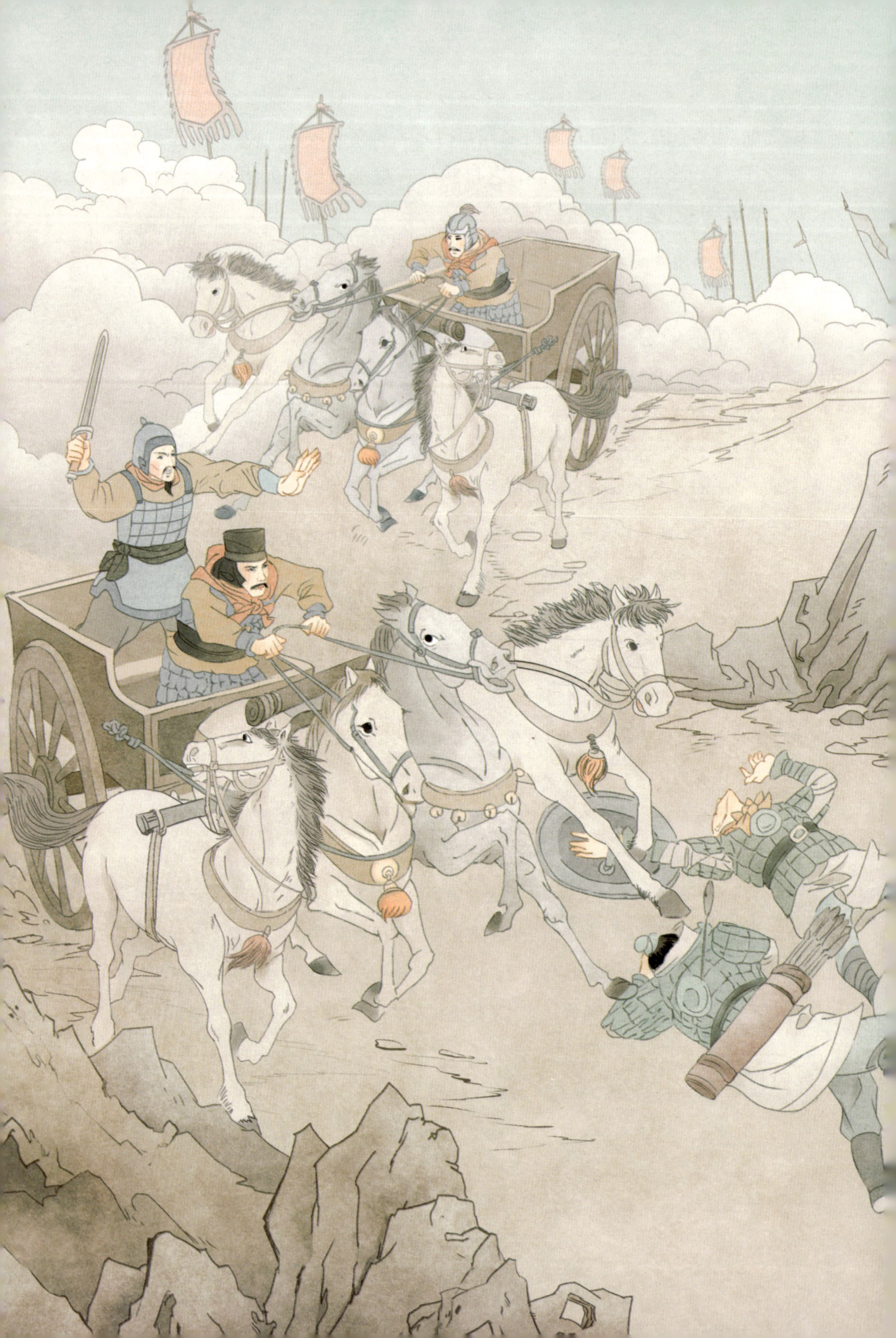

第十一章

齐人伐燕，取之。诸侯将谋救燕。宣王曰："诸侯将谋伐寡人者，何以待之？"

孟子对曰："臣闻七十里①为政于天下者，汤是也。未闻以千里畏人者也。《书》曰：'汤一征，自葛始。'天下信之，东面而征，西夷怨；南面而征，北狄怨。曰：'奚为后我？'民望之，若大旱之望云霓也。归市者不止，耕者不变。诛其君而吊②其民，若时雨降，民大悦。《书》曰：'徯我后③，后来其苏。'今燕虐其民，王往而征之，民以为将拯己于水火之中也，箪食壶浆以迎王师。若杀其父兄，系累其子弟，毁其宗庙，迁其重器，如之何其可也？天下固畏齐之强也，今又倍地而不行仁政，是动天下之兵也。王速出令，反其旄倪④，止其重器，谋于燕众，置君而后去之，则犹可及止也。"

注释

①七十里：商汤灭夏前，商是一个仅有七十里的小国。此说亦见于《荀子》《史记》。

②吊：抚恤慰问。

③徯我后：徯，等待。后，君主。

④旄倪（mào ní）：旄，同"耄"，八九十岁的老人。倪，小孩。

译文

齐国讨伐燕国，最终吞并了它。诸侯国都在筹划着要去救援燕国。齐宣王问孟子："诸侯大都筹划着要来讨伐我，我该用什么办法对付他们呢？"

孟子说："我听说过仅凭方圆七十里的土地就统一天下的成汤。我没听说过凭借千里国土而让人畏惧的。《书经》里说：'商汤王当初出征时，是从讨伐葛国开始的。'普天之下的百姓都信任他，他讨伐东面时，西边的百姓抱怨；他讨伐南面时，北方的百姓抱怨。他们都说：'为什么把我们放在后面呢？'老百姓对他的企盼，如同旱年企盼乌云一样。汤在讨伐其他国家的时候，老百姓并不受任何影响，经商的照常营业，种地的照常日出而作、日落而息。他诛杀残暴的君主后，安抚那里的百姓，他就如同旱天里的及时雨一样，老百姓见到他非常高兴。《书经》里面说：'等待我们的君王啊，他来了我们就得救了。'现在燕王虐待他的百姓，大王前去讨伐，老百姓以为大王会将他们从水深火热之中救出来，所以纷纷提着饭筐和酒壶来迎接大王的军队。可您却把他们的父兄杀死，把他们的子弟捆绑起来，把他们的宗庙拆毁，把他们的宝器抢走，这怎么能行呢？天下人本就怕齐国强大，现在齐国扩大了疆域却不实行仁政，这就是各国军队要来讨伐齐国的原因。大王您现在要赶快发布命令，遣返燕国被俘的老少，不要夺走燕国的宝器，与燕国人商议，拥立新的燕王，然后撤出军队，这样做还来得及阻止各国出兵。"

第十二章

邹与鲁鬨①。穆公②问曰："吾有司③死者三十三人，而民莫之死也。诛之，则不可胜诛；不诛，则疾视其长上之死而不救。如之何则可也？"

孟子对曰："凶年饥岁，君之民老弱转乎沟壑，壮者散而之四方者，几千人矣；而君之仓廪④实、府库充，有司莫以告，是上慢而残下也。曾子⑤曰：'戒之戒之！出乎尔者，反乎尔者也。'夫民今而后得反之也，君无尤⑥焉！君行仁政，斯民亲其上、死其长矣。"

注　释

①邹与鲁鬨(hòng)：鲁，周朝初年所分封的诸侯国，战国时沦为小国，在今山东南部。鬨，同"哄"，交战。

②穆公：邹穆公，邹国君主。

③有司：指有关部门的官吏。

④仓廪(lǐn)：储藏粮食的房屋。

⑤曾子：名参，字子舆，鲁国人，孔子的弟子。

⑥尤：责怪，怪罪。

译文

邹国与鲁国之间爆发了战争。邹穆公问孟子："这次战争中，我们死了三十三个官吏，却没有一个老百姓为保护这些官吏而死。我要是杀了百姓吧，杀不完；若不杀他们，又恨他们眼睁睁看着官吏死去而不去救援。我到底要怎么办才好呢？"

孟子说："灾年里，您那些年老体弱的百姓辗转死于山沟，年轻力壮的也是四处逃难，数以千计。而您粮仓充实、国库充足，您的官吏却瞒报实际情况，这是怠慢上级、残害百姓的行为。曾子说：'切切警惕啊！你怎样对待人家，人家就怎么对待你。'百姓如今有了报复的机会，您别怪罪他们啊！只要大王您实行仁政，老百姓便会敬重上级、乐于为上级献出自己的生命了。"

第十三章

滕文公①问曰："滕，小国也，间②于齐、楚。事齐乎？事楚乎？"

孟子对曰："是谋非吾所能及③也。无已，则有一焉：凿斯池④也，筑斯城也，与民守之，效死⑤而民弗去，则是可为也。"

注释

①滕文公：名弘，滕国国君。滕是西周初年所分封的诸侯国，在今山东滕州附近，其始封君主是周文王的儿子错叔绣，后为越所灭，不久复国，又为宋所灭。

②间：动词，处于……之间。

③及：本意是到达，引申为办到、解决。

④池：古人为了防止敌人攻城的护城河。

⑤效死：献出生命，报效国家。

译文

滕文公问孟子:"滕国是个弱小的国家,夹在齐、楚两个大国之间。那么我是侍奉齐国好呢,还是侍奉楚国好呢?"

孟子答道:"这个问题不是我的能力所能解决的。如果一定要我说,那只有一个办法:深挖护城河,加固加高城墙,与百姓一条心,共同守卫它,哪怕献出生命,百姓也不愿离开它,这样的话滕国就能看到希望了。"

第十四章

滕文公问曰:"齐人将筑薛①,吾甚恐,如之何则可?"

孟子对曰:"昔者大王居邠②,狄人侵之,去之岐山之下居焉。非择而取之,不得已也。苟为善,后世子孙必有王者矣。君子创业垂统③,为可继也。若夫④成功,则天也。君如彼何哉?强为善而已矣。"

注释

①筑薛:意为筑薛地的城墙以威胁滕国。薛是西周初年分封的诸侯国,故城在今山东滕州东南,后被齐国所灭,齐威王将薛地作为小儿子田婴(即孟尝君)的封地。

②邠(bīn):在陕西,今作彬县。

③创业垂统:开创基业,世代相传。

④若夫:至于。

译文

滕文公问孟子:"齐国人正准备加筑薛地的城墙,我非常不安,你说我该怎么办才好呢?"

孟子答道:"从前太王在邠地居住,狄人侵犯邠地,他就离开了邠地到岐山下定居。这并不是太王的选择,实在是他迫不得已采取的办法。由此可见,一个国君要是能实行仁政,即使他没有成功,后世子孙也必有成就大业者。目光远大、品德高尚的人创立基业，为的就是世代相传。至于这件事能不能成功，则要看上天的意思。现在您能拿齐国怎么样呢？您只有努力实行仁政。"

第十五章

滕文公问曰："滕，小国也。竭力以事大国，则不得免焉，如之何则可？"

孟子对曰："昔者大王居邠，狄人侵之。事之以皮币[1]，不得免焉；事之以犬马，不得免焉；事之以珠玉，不得免焉。乃属[2]其耆老[3]而告之曰：'狄人之所欲者，吾土地也。吾闻之也：君子不以其所以养人者害人。二三子何患乎无君？我将去之。'去邠，逾梁山[4]，邑于岐山之下居焉。邠人曰：'仁人也，不可失也。'从之者如归市。或曰：'世守也，非身[5]之所能为也。效死勿去。'君请择于斯二者。"

注释

[1] 皮币：裘皮和丝绸。
[2] 属：召集。
[3] 耆（qí）老：老年人，这里指有威望的老者。
[4] 梁山：在今陕西乾县西北，由邠至岐，梁山为必经之地。
[5] 身：自身。

译文

滕文公问道："滕国作为一个小国，尽心竭力地侍奉大国，结果仍然不能免于祸患，这该怎么办才好呢？"

孟子说："过去周太王居住在邠地，狄人来侵犯邠地。太王献出裘皮和丝绸，没有躲过狄人的侵犯；献出良犬和骏马，也没有躲过狄人的侵犯；又献出珠玉和财宝，还是没有躲过狄人的侵犯。周太王便召集当地父老，对他们

说:'狄人想得到的是我们的土地。我听说,有道德的人不能为了养人之物而害人。你们何必担心没有君主呢?我要离开邠地。'于是太王离开邠地,翻过梁山,在岐山下定居下来。

邠地的百姓说:'这是仁德之人,我们不能失去他。'于是,追随太王的人像赶集一样络绎不绝。也有人说:'这里是我们世世代代都应该守护的基业,并不是自己可以选择的。我们宁可死在这里也不离开。'请您选择这两条路中的一条吧。"

第十六章

鲁平公①将出,嬖人②臧仓者请曰:"他日君出,则必命有司所之。今乘舆③已驾矣,有司未知所之,敢请。"

公曰:"将见孟子。"

曰:"何哉,君所为轻身以先于匹夫者?以为贤乎?礼义由贤者出,而孟子之后丧逾前丧。君无见焉。"

公曰:"诺。"

乐正子④入见,曰:"君奚为不见孟轲也?"

曰:"或告寡人曰:'孟子之后丧逾前丧。'是以不往见也。"

曰:"何哉?君所谓逾者,前以士,后以大夫;前以三鼎⑤,而后以五鼎与?"

曰:"否。谓棺椁衣衾⑥之美也。"

曰:"非所谓逾也,贫富不同也。"

乐正子见孟子,曰:"克告于君,君为来见也,嬖人有臧仓者沮⑦君,君是以不果⑧来也。"

曰："行，或使之；止，或尼⑨之。行、止，非人所能也。吾之不遇鲁侯，天也。臧氏之子焉能使予不遇哉？"

注释

①鲁平公：名叔，鲁景公的儿子。

②嬖(bì)人：受宠爱的人，此处指亲信的小人。

③乘舆：国君出行时所用的车马。

④乐正子：名克，孟子的学生，当时正在鲁国做官。

⑤三鼎：鼎是古代祭祀时用的器皿。按古代礼制，祭奠士用三个鼎、大夫用五个鼎。

⑥棺椁衣衾：丧礼的用具。椁，古代套在棺材外面的大棺材，士及以上的人家丧葬时用椁。衣衾，装殓死者的衣服与单被。

⑦沮：阻止。

⑧不果：没有结果，未成事实。

⑨尼：阻止。

译文

鲁平公正要外出，他那受宠幸的小臣臧仓向他请示："以前您出门时，一定要把您所去的地方告知管事的臣子。现在马车已经备好，管事的还不知道您要去的地方，特来请示。"

鲁平公说："我要去见孟子。"

臧仓说："您为什么要降低身份去拜访一个普通人呢？您认为孟子贤德吗？礼义是贤者的行为准则，而孟子为母亲办丧礼的规格超过了先前为父亲办丧礼的规格。您就别去见他了。"

鲁平公说："好吧。"

乐正子进宫见鲁平公，问道："您因为什么没去见孟轲呢？"

鲁平公说："有人告诉我孟子为母亲办丧礼的规格超过了先前为父亲办

丧礼的规格，所以我没去见他。"

乐正子说："您所说的'超过'指的是什么呢？是指前面用士的礼仪葬父，后面用大夫的礼仪葬母呢？还是指前面用三鼎礼祭父，后面用五鼎礼祭母呢？"

鲁平公说："不。我说的是棺椁衣衾的精美程度。"

乐正子说："这不能说是'超过'，因为前后家境不同。"

乐正子去见孟子，说："我把您推荐给了鲁王，鲁王本来要见您，可是有个叫臧仓的宠臣劝阻了他，鲁王因此没来。"

孟子说："他来见我，是别人促使他这么做；他不来见我，是别人阻止他这么做。但做与不做都不应该是人力所能左右的。我没能和鲁王相见这件事，是天命不允。那个姓臧的小子怎么能阻止我和鲁王相见呢？"

第三篇　公孙丑上

第一章

公孙丑①问曰:"夫子当路②于齐,管仲、晏子之功可复许③乎?"

孟子曰:"子诚齐人也,知管仲、晏子而已矣。或问乎曾西④曰:'吾子⑤与子路⑥孰贤?'曾西蹴然⑦曰:'吾先子⑧之所畏也。'曰:'然则吾子与管仲孰贤?'曾西艴然⑨不悦,曰:'尔何曾⑩比予于管仲?管仲得君,如彼其专也,行乎国政,如彼其久也,功烈如彼其卑也,尔何曾比予于是?'"曰:"管仲,曾西之所不为也,而子为我愿之乎?"

曰:"管仲以其君霸,晏子以其君显。管仲、晏子犹不足为与?"

曰:"以齐王,由反手⑪也。"

曰:"若是,则弟子之惑滋甚⑫。且以文王之德,百年而后崩⑬,犹未洽于天下。武王、周公继之,然后大行⑭。今言王若易然,则文王不足法与?"

曰:"文王何可当⑮也!由汤至于武丁⑯,贤圣之君六七作⑰。天下归殷久矣,久则难变也。武丁朝诸侯、有天下,犹运之掌也。纣之去武丁未久也,其故家⑱遗俗,流风善政,犹有存者;又有微子、微仲、王子比干、箕子、胶鬲,皆贤人也,相与辅相之,故久而后失之也。尺地莫非其有也,一民莫非其臣也,然而文王犹方百里起,是以难也。齐人有言曰:'虽有智慧,不如乘势;虽有镃基⑲,不如待时。'今时则易然也。夏后、殷、周之盛,地未有过千里者也,而齐有其地矣,鸡鸣狗吠相闻,而达乎四境;而齐有其民矣,地不改辟⑳矣,民不改聚㉑矣,行仁政而王,莫之能御也。且王者之不作,未有疏于此时者也;民之憔悴于虐政,未有甚于此时也。饥者易为食,渴者易为饮㉒。孔子曰:'德之流行,速于置邮而传命㉓。'当今之时,万乘之国行仁政,民之悦之,犹解倒悬㉔也。故事半古之人,功必倍之，惟此时为然。"

注 释

①公孙丑：孟子弟子，齐国人。

②当路：掌权。

③许：期许，预计到。

④曾西：曾参的儿子，名申，字子西。

⑤吾子："你"的敬称。

⑥子路：孔子弟子。

⑦蹴（cù）然：不安的样子。

⑧先子：死去的父亲，指曾参。

⑨艴（bó）然：生气的样子。

⑩何曾：怎么能。

⑪反手：把手翻转过来，指很容易。

⑫滋甚：更加严重。滋，更加。甚，严重。

⑬崩：本指山崩，后喻帝王辞世。

⑭大行：仁政推广于天下。

⑮当：比得上。

⑯武丁：殷高宗。

⑰作：出现。

⑱故家：世代相传的大家族，即世家。

⑲镃（zī）基：农具，指如今的锄头之类。

⑳改辟：再拓展疆域。

㉑改聚：再集中起来。

㉒饥者易为食，渴者易为饮：当时谚语，有饥不择食、渴不择饮之意。

㉓置邮而传命：置邮，用车马传递文书信息。传命，即传达命令，指速度很快。

㉔倒悬：把人头朝下、脚朝上地吊在空中，比喻处境艰难。

译文

公孙丑问:"如果先生在齐国掌权,管仲、晏婴的功绩还可以再现吗?"

孟子说:"你果然是齐国人,只知道管仲、晏婴。有人问曾西:'您与子路谁更贤德呢?'曾西忐忑地说:'他是先父敬重之人。'那人又问:'那么您与管仲谁更贤德呢?'曾西面露不悦地说:'你怎么能拿我跟管仲比较呢?他得到了国君专一的信任,又在齐国执政那么久,成就却如此微小,你怎么能拿我跟他比较呢?'"孟子又道:"曾西都对管仲那么不屑,你认为我愿意向他学习吗?"

公孙丑说:"管仲辅助他的君主使其称霸天下,晏婴辅助他的君主使其扬名天下。管仲、晏婴还不值得效仿吗?"

孟子说:"凭借齐国的力量称霸天下,是非常容易的事。"

公孙丑说:"这样的话,我的疑问就更大了。像文王那么有德行的君主,又活了近百年,尚且没能完全让天下臣服。周武王、周公接着实行仁政,才将仁政在天下推广开来。现在您把取得天下说得这样简单,那么周文王就不值得学习了吗?"

孟子说:"我怎么能和文王相比呢!从成汤到武丁,商朝也出现过六七位贤明的君主。天下归顺商朝已久,久了就难以更改了。武丁威震诸侯,统治天下,易如反掌。商纣时期距武丁统治时期并不远,世家大族留传下来的风气习俗、清明政治还存在;又有微子、微仲、王子比干、箕子、胶鬲这些贤人一起辅佐商纣,所以商朝又延续很久才灭亡。当时每一尺土地都属于商纣,每个人都是商纣的臣民,然而周文王仅靠方圆百里的土地崛起,所以很难呀。齐国有句俗语:'即使有聪明才智,不如乘势而起;即使有好农具,种田也要趁农时。'如今要推行仁政取得天下就容易了。夏、商、周三代在鼎盛时期,疆域都没有超过千里,可现在齐国的疆域已经这么大了,鸡犬之声彼此相闻,一直传到边境;齐国还有那么多百姓,不必再拓展疆域,不必再增加人口,在这样的条件下推仁政而得天下,没有谁能抵挡得住。况且现在天下没有仁义的君主,从未有像此时这么缺少仁义君主的时候;老百姓受暴政的残害,也没有比现在更严重的了。饥饿的人不挑剔您给他的食物,口渴的人容易接受您给他的水。孔子说:'推广贤德的速度比驿站传达命令还要快。'现在,万乘之国实行仁政,百姓必定会拥护,这就像倒悬之人被救下来一样。所以现在的君主只要能做到古人的一半,效果却能比古人多一倍,也只有现今的形势才行啊!"

第二章

公孙丑问曰:"夫子加齐之卿相,得行道焉,虽由此霸王,不异①矣。如此,则动心②否乎?"

孟子曰:"否!我四十不动心。"

曰:"若是,则夫子过孟贲③远矣。"

曰:"是不难,告子先我不动心。"

曰:"不动心有道乎?"

曰:"有。北宫黝④之养勇也,不肤挠⑤,不目逃⑥。思以一豪挫于人⑦,若挞之于市朝。不受于褐宽博⑧,亦不受于万乘之君。视刺万乘之君,若刺褐夫。无严⑨诸侯。恶声⑩至,必反之。孟施舍⑪之所养勇也,曰:'视不胜犹胜也。量敌而后进,虑胜而后会,是畏三军者也。舍岂能为必胜哉?能无惧而已矣。'孟施舍似曾子⑫,北宫黝似子夏⑬。夫二子之勇,未知其孰贤,然而孟施舍守约⑭也。昔者曾子谓子襄⑮曰:'子好勇乎?吾尝闻大勇于夫子⑯矣。自反而不缩⑰,虽褐宽博,吾不惴焉;自反而缩,虽千万人,吾往矣。'孟施舍之守气,又不如曾子之守约也。"

曰:"敢问夫子之不动心与告子之不动心,可得闻与?"

"告子曰:'不得于言,勿求于心;不得于心,勿求于气。'不得于心,勿求于气,可;不得于言,勿求于心,不可。夫志,气之帅也;气,体之充也。夫志,至焉;气,次焉。故曰:'持其志,无暴其气⑱。'"

"既曰'志,至焉;气,次焉',又曰'持其志,无暴其气',何也?"

曰:"志壹则动气,气壹则动志也。今夫蹶者趋者⑲,是气也,而反动其心⑳。"

"敢问夫子恶乎长?"

曰："我知言，我善养吾浩然之气。"

"敢问何谓浩然之气？"

曰："难言也。其为气也，至大至刚，以直养而无害，则塞于天地之间。其为气也，配义与道；无是，馁也。是集义所生者，非义袭而取之也。行有不慊于心，则馁矣。我故曰告子未尝知义，以其外之也。必有事焉而勿正，心勿忘，勿助长也。无若宋人然。宋人有闵其苗之不长而揠之者，芒芒然归，谓其人曰：'今日病矣。予助苗长矣。'其子趋而往视之，苗则槁矣。天下之不助苗长者寡矣。以为无益而舍之者，不耘苗者也；助之长者，揠苗者也，非徒无益，而又害之。"

"何谓知言？"

曰："诐辞知其所蔽，淫辞知其所陷，邪辞知其所离，遁辞知其所穷。生于其心，害于其政；发于其政，害于其事。圣人复起，必从吾言矣。"

"宰我、子贡㉒善为说辞，冉牛、闵子、颜渊㉒善言德行，孔子兼之，曰：'我于辞命，则不能也。'然则夫子既圣矣乎？"

曰："恶，是何言也！昔者子贡问孔子曰：'夫子圣矣乎？'孔子曰：'圣则吾不能，我学不厌而教不倦也。'子贡曰：'学不厌，智也；教不倦，仁也。仁且智，夫子既圣矣。'夫圣，孔子不居，是何言也！"

"昔者窃闻之：子夏、子游、子张㉓皆有圣人之一体㉔，冉牛、闵子、颜渊则具体而微㉕。敢问所安㉖？"

曰："姑舍是㉗。"

曰："伯夷、伊尹㉘何如？"

曰："不同道。非其君不事，非其民不使；治则进，乱则退，伯夷也。何事非君，何使非民；治亦进，乱亦进，伊尹也。可以仕则仕，可以止则止，可以久则久，可以速则速，孔子也。皆古圣人也。吾未能有行焉。乃所愿，则学孔子也。"

"伯夷、伊尹于孔子，若是班㉙乎？"

曰："否。自有生民㉚以来，未有孔子也。"

曰："然则有同与？"

曰："有。得百里之地而君之，皆能以朝诸侯，有天下；行一不义、杀一不辜而得天下，皆不为也。是则同。"

曰："敢问其所以异？"

曰："宰我、子贡、有若，智足以知圣人，污㉛不至阿其所好。宰我曰：'以予观于夫子，贤于尧、舜远矣。'子贡曰：'见其礼而知其政，闻其乐而知其德，由百世之后，等百世之王，莫之能违也。自生民以来，未有夫子也。'有若曰：'岂惟民哉？麒麟之于走兽，凤凰之于飞鸟，泰山之于丘垤㉜，河海之于行潦㉝，类也。圣人之于民，亦类也。出于其类，拔乎其萃，自生民以来，未有盛于孔子也。'"

注 释

① 不异：不以为奇。异，奇怪。

② 动心：指因外界影响而改变思想意志。

③ 孟贲（bēn）：古代勇士，人们常以他作为勇敢的代名词。

④ 北宫黝（yǒu）：姓北宫，名黝，勇士。

⑤ 不肤挠（náo）：不因皮肤被刺激而退缩。

⑥ 目逃：眼睛被刺而逃跑。

⑦ 一豪挫于人：有一点点被污辱。

⑧ 褐宽博：褐，粗布。宽博，宽大的衣服。代指地位低下的人。

⑨ 严：畏惧。

⑩ 恶声：恶言恶语。

⑪ 孟施舍：勇士。

⑫ 孟施舍似曾子：孟施舍在精神气质上近似曾子，强调内心的反省。

⑬ 北宫黝似子夏：子夏是孔子弟子，学识渊博，在各方面都有所长。而北宫黝也求在各方面胜于人，故云。

⑭ 守约：坚守根本原则。

⑮ 子襄：曾子弟子。

⑯ 夫子：本为对大夫的称呼，因孔子也做过大夫，其弟子称其为夫子，

遂转成孔子的专称，有时也指老师。

⑰自反而不缩：自我反省觉得没理。缩，正直。

⑱持其志，无暴其气：坚守自己的意志，而不意气用事。

⑲蹶(jué)者趋者：蹶者，摔倒的人。趋者，奔跑的人。

⑳反动其心：气又反过来使心动。

㉑宰我、子贡：都是孔子弟子。

㉒冉牛、闵子、颜渊：都是孔子弟子。

㉓子游、子张：都是孔子弟子。下文提到的有若，也是孔子弟子。

㉔有圣人之一体：具备孔子某一方面的优点。

㉕具体而微：有孔子各方面的优点，但不及孔子。

㉖所安：居于何种位置。

㉗舍是：放下不谈。孟子一方面推崇孔子，把孔子看成古往今来第一人，但也相当自信，认为自己是"名世者"。当公孙丑要他把自己与孔子弟子直接比较时，他回避了这一问题。

㉘伯夷、伊尹：伯夷是商末孤竹君的长子，父死后逃离祖国，其弟叔齐跟他一起逃亡，商亡后隐于首阳山，后饿死。伊尹是夏末商初人物，本为奴隶，后辅佐商汤灭了夏。

㉙班：相同。

㉚生民：天生万民。

㉛污：下，地位低下。

㉜丘垤(dié)：小土包。

㉝行潦(lǎo)：路上的小水洼。

译文

公孙丑问道："先生若担任齐国的卿相，有机会推行仁政，即使成为霸主也没什么好奇怪的。如果是这样，先生是否会动心呢？"

孟子说："不会。四十岁以后我的心就不受外界变化的影响了。"

公孙丑说："真是这样，那么先生比大勇士孟贲可强多了。"

孟子说:"这并不难做到,告子比我做到得还早。"

公孙丑问:"有什么办法可以让心不受外界影响吗?"

孟子说:"有啊。北宫黝培养勇气的办法是,皮肤受外界刺激而不退缩,眼睛受外界刺激也不逃避。他把受了别人的一点点污辱,当成是在大庭广众之下被打。他既不受地位低下之人的污辱,也不受大国君主的污辱。他把刺杀大国君主看成和刺杀地位低下之人一样。他对诸侯没有任何畏惧。有谁对他恶语相向,他肯定用恶语反击。孟施舍培养勇气又有所不同,他说:'我尝尝把无法战胜的敌人看作可以战胜的对象。如果我先揣量敌人的强弱才采取相应的行动,考虑到能够获胜才交锋,就会惧怕强大的敌人。我怎么可能百战百胜?只是我能做到无所畏惧罢了。'孟施舍有些像曾子,而北宫黝有些像子夏。他们两人的勇气,难以断定谁的更强大,但是孟施舍能守住些理性。过去曾子曾对他的学生子襄说:'你也喜欢勇敢吗?我曾经听我的老师孔子谈过什么是大勇:思考一下自己理亏,即使人家是地位低下之人,我也不吓唬人家;觉得自己有理,即使前面是千军万马,我也会毫无畏惧地一往直前。'孟施舍坚守勇气,又不如曾子能坚守道理。"

公孙丑问:"请问关于先生的心不受外界影响与告子的心不受外界影响,能讲给我听听吗?"

孟子说:"告子曾说:'言若有所不达,不要问心;心若不安,不要问气。'心中不安,不要意气用事,这是说得通的。言语有所不达,不向内心追寻答案,这就不对了。意志是意气的统帅;意气则充满体内让身体能活动。意气随意志而动。所以说:'要坚守意志,不要意气用事。'"

公孙丑问:"既然说'意气随意志而动',又说'要坚守意志,不要意气用事',这是为什么呢?"

孟子说:"意志专一则能让意气随意志而动,意气专一亦能影响意志。跌倒的人和奔跑的人,他们的身体意气都在动,也能引起他们内心意志的波动。"

公孙丑问道:"请问先生擅长什么呢?"

孟子说:"我懂得分析别人的言辞,我善于培养自己的浩然之气。"

公孙丑说:"那请问先生什么是浩然之气呢?"

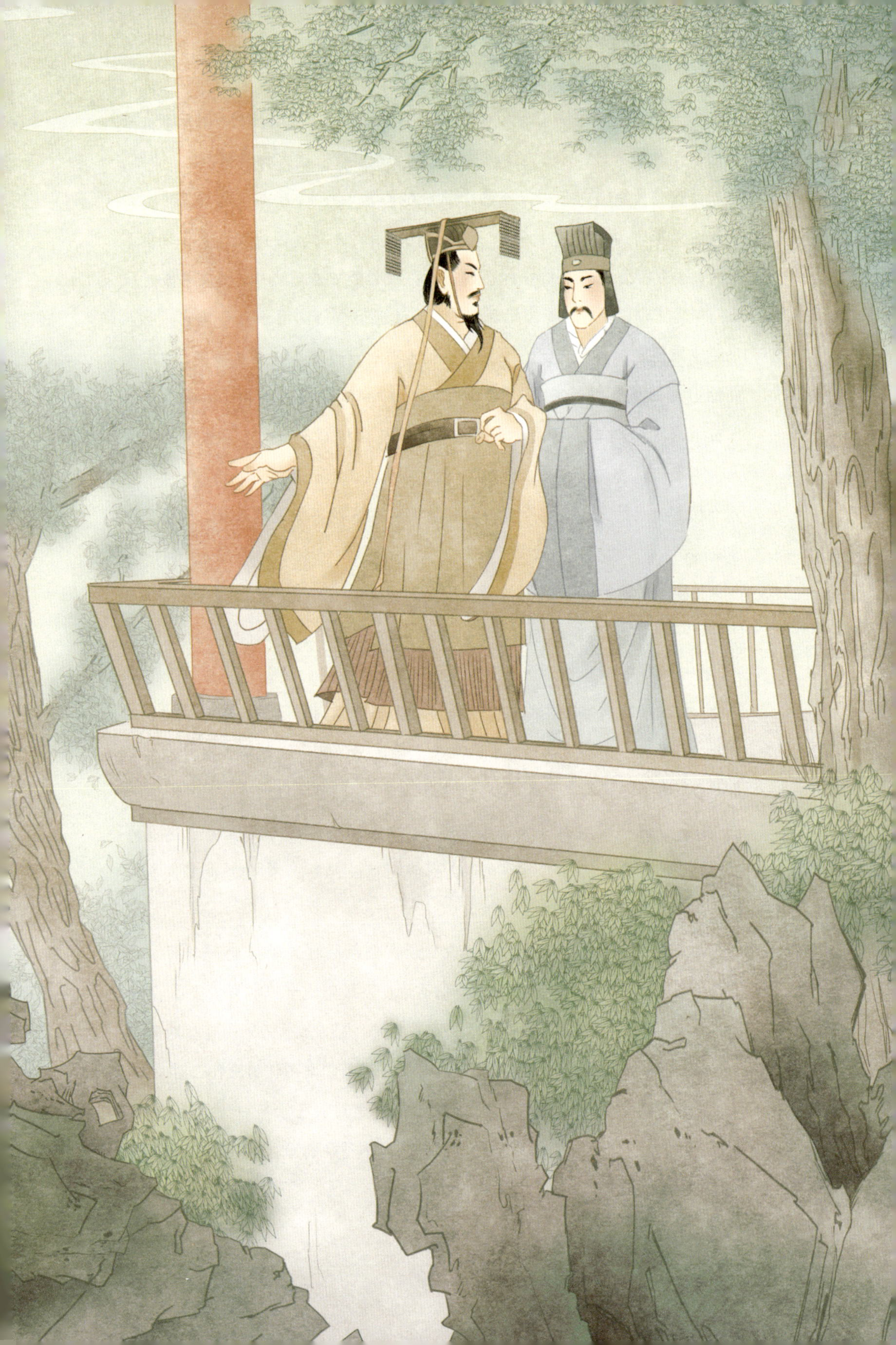

孟子说："这个很难说透。它作为气，是最伟大、最刚强的，用正直去培养它而不加损害，它就会充满世间。它作为气，必须与义和道相匹配；否则，它就显得软弱乏力。它是义在内心积累起来所产生的，不是义由外入内而得到的。如果行为使内心不满意，它马上就软弱乏力了。因此我说告子未曾了解义，就是因为他把义看作外在的东西。要想养成浩然之气，必须要坚持到底，有所作为，心中不要忘记养气的事，但也不要刻意用外力干扰它。千万不要像宋国人那样。宋国有个人因害怕禾苗长得慢就去把幼苗拔高，他拖着疲倦不堪的身子回到家中，告诉家里的人：'今天我简直累死了。我今日帮禾苗长高了。'他的儿子赶紧跑去一看，禾苗都枯萎了。世上不拔苗助长的人太少了。认为培养浩然正气无用而放弃的人，是不锄草的懒汉；刻意用外力干扰它生长的人，就是那拔苗助长之人。这样做不但没有好处，反而会伤害它。"

公孙丑又问道："什么叫懂得分析别人的言辞呢？"

孟子说："听了偏颇的言辞，我知道他的病根在于闭塞；听了浮夸的言辞，我知道他的病根在于失实；听了邪僻的言辞，我知道他的病根在于偏离正道；听了搪塞的言辞，我知道他的病根在于理屈词穷。上述四种言辞，如果萌生于内心，便会危害政治；如果萌生于政治，便会妨害具体施行。如果圣人可以复活，也一定会同意我的见解。"

公孙丑说："宰我和子贡都善于辞令，冉牛、闵子、颜渊都擅长讲述道德品行，而这些长处孔子都有，他却说：'我不擅长辞令。'先生您也算是圣人了吧？"

孟子说："哎呀，你这是什么话呢！子贡曾经问过孔子：'老师您算圣人了吧？'孔子曰：'圣人我还没达到，我不过是不厌倦地学习和育人罢了。'子贡说：'学习而不满足，是智慧；育人而不厌倦，是仁德。先生既有智慧又有仁德，已经是圣人了。'孔子都认为自己不是圣人，你刚刚说的像什么话呢！"

公孙丑说："我曾听说：子夏、子游、子张都具备孔子某一方面的优点，冉牛、闵子、颜渊大体上具备孔子的才德，只是不及孔子学问博大精深。请问您更接近上面哪类人呢？"

孟子说:"暂且抛开这个话题。"

公孙丑问:"伯夷和伊尹这两人怎么样?"

孟子说:"他们与孔子的处世之道不同。不合理想的君主不去侍奉,不合理想的老百姓也不愿治理;天下太平则出仕,天下混乱则隐退。这是伯夷的处世之道。侍奉什么样的君主不是侍奉,治理什么样的百姓不是治理;天下太平也出仕,天下混乱也出仕。这是伊尹的处世之道。可以出仕就出仕,可以退隐就退隐,能够长久就长久,能够短暂就短暂,这是孔子的处世之道。他们三人都是历史上的圣人。我没能做到这样。至于理想,我愿以孔子为榜样。"

公孙丑问:"伯夷、伊尹跟孔子相比,难道不是一样的吗?"

孟子说:"不是的。自从天生万民以来,还没有像孔子这样伟大的人物出现过。"

公孙丑问:"那么他们是否有相同的地方呢?"

孟子说:"有啊。若有方圆百里之地给他们治理,就能让诸侯朝拜,拥有天下;哪怕做一件不合道义的事、杀一个无罪之人而得到天下,他们都不会干。这是他们相同的地方。"

公孙丑问:"请问他们的差别在哪里?"

孟子说:"宰我、子贡、有若这几位孔门圣徒,智慧足以了解孔子,即便地位低下,他们也不会阿谀自己喜欢的人。宰我说:'在我看来,我们的老师比尧、舜贤能得多。'子贡说:'看一个地方的礼仪就知道这个地方的政治情况,听一个地方的音乐就知道这个地方的道德如何。即使百代之后,评价历代的帝王,也还是要按照这个规律评定。自从天生万民,还没有过像我们老师这样伟大的人物。'有若说:'难道只是相对于万民吗?麒麟和走兽,凤凰和飞鸟,泰山和小土丘,河海和小水洼,都应该算作同类的。而圣人和民众,也是同类。能够超越同类,又比群圣更杰出的,自从天生万民,没有能比得过孔子的了。'"

第三章

孟子曰："以力假①仁者霸,霸必有大国;以德行仁者王,王不待②大。汤以七十里,文王以百里。以力服人者,非心服也,力不赡③也;以德服人者,中心悦而诚服也,如七十子之服孔子也。《诗》云:'自西自东,自南自北,无思不服。'④此之谓也。"

注释

①假:借,凭借。
②待:等待,引申为依靠。
③赡:充足。
④"《诗》云"句:引自《诗经·大雅·文王有声》。思,助词。

译文

孟子说:"用武力而假借仁义者可以称霸,要想称霸必须有强大的国力支撑;用道德而实行仁政者可以使天下归服,使天下归服不一定要有强大的国力支撑。商汤使天下归服只凭借方圆七十里的土地,周文王使天下归服只凭借方圆一百里的土地。用武力征服别人,别人并不是真心服从,只不过是力量不够罢了;用道德使人归服,是心服口服,就像七十个弟子归服孔子那样。《诗》说:'从西到东,从南到北,无不心服口服。'说的正是这种情况。"

第四章

孟子曰:"仁则荣,不仁则辱。今恶辱而居不仁,是犹恶湿而居下也。如恶之,莫如贵德而尊士,贤者在位,能者在职。国家闲暇,及是时明其政刑,虽大国必畏之矣。《诗》云:'迨天之未阴雨,彻彼桑土,绸缪牖户。今此下民,或敢侮予?'①孔子曰:'为此诗者,其知道乎!能治其国家,谁敢侮之？'今国家闲暇，及是时般乐怠敖②，是自求祸也。祸福无不自己求之者。《诗》云：'永言配命，自求多福。'③《太甲》曰：'天作孽，犹可违。自作孽，不可活。'此之谓也。"

注释

①"《诗》云"句：语出《诗经·豳风·鸱鸮》。诗意说未下雨之前及时修好鸟巢。

②般乐怠敖：放纵自己，不干正事，耽于享乐。

③"《诗》云"句：语出《诗经·大雅·文王》。永，长。言，语气助词。配命，配合天命，按照天命的要求去做。

译文

孟子说："国君施仁政则安富尊荣，不施仁政肯定会招来屈辱。不愿受到屈辱却不行仁政，这就像讨厌潮湿却住在低洼的地方一样。如果国君不想招致屈辱，最好看重道德，尊重士人，使贤能者有职有权。国家无事时，国君及时修明政治，即便是大国也会敬畏。《诗》上说：'赶在天尚未下雨时，衔来桑树根的皮，修补我的巢穴口。树下的人，谁还敢欺负我？'孔子评论说：'写这首诗的人，大概懂得治国之道吧！能治理好他的国家，谁还敢来欺负他？'国家无事时，国君尽情放纵游乐，不干正事，这是给自己寻求祸事呀。无论是祸是福都是自找的。《诗》上又说：'永远配合天命行事，才能得到幸福。'《书经·太甲》中说：'天降祸，还可躲。自己惹祸，便活不下去了。'说的就是这个道理。"

第五章

孟子曰："尊贤使能，俊杰在位，则天下之士皆悦，而愿立于其朝矣；市，廛①而不征，法②而不廛，则天下之商皆悦，而愿藏于其市矣；关，讥而不征，则天下之旅皆悦，而愿出于其路矣；耕者，助而不税③，则天下之农皆悦，而愿耕于其野矣；廛，无夫里之布④，则天下之民皆悦，而愿为之氓矣。信能行此五者，则邻国之民仰之若父母矣。率其子弟，攻其父母，自有生民以来未有能济者也。如此，则无敌于天下。无敌于天下者，天吏也。然而不王者，未之有也。"

注释

①廛（chán）：指放货物的仓库。

②法：依法收购。

③助而不税：助耕公田，而不向私田另外征税。孟子提倡井田制，故有此说。

④夫里之布：夫布，以货币形式支付的代替力役的人口税。里布，对住宅周围没种桑麻者所征的一种税。

译文

孟子说："尊重贤人，任用能人，让才德杰出的人居于上位，士人就会高兴，愿意到这里为官；做买卖的，只向他们征收货仓税却不征收货物税，对滞销品依法收购而不使其积压，甚至货仓税都不收了，天下的商人就会非常高兴，就愿意到这里做买卖了；关口只检查而不收税，那么天下的旅人就会很高兴，从而愿意走这里的道路；农民只需要助耕公田而不用上缴地税，天下的农民都会很高兴，并愿意在这里种地；没有人口税，不用因住宅周围没种桑麻而交税，天下的老百姓就会很高兴，而愿做这里的臣民。如果国君真的能做到这五点，那么邻国的老百姓就会像仰望父母那样对待他。带领儿女去打他们的父母，这样的事自从有人类以来就没成功过。国君若能做到这样，天下就没有对手了。天下没有对手，就等于是尊奉天道治理百姓的人。这样还不能称王于天下，是没有发生过的事情。"

第六章

孟子曰："人皆有不忍人之心①。先王有不忍人之心，斯有不忍人之政矣。以不忍人之心，行不忍人之政，治天下可运之掌上。所以谓人皆有不忍人之心者，今人乍②见孺子将入于井，皆有怵惕③恻隐之心。非所以内交④于孺子之父母也，非所以要誉⑤于乡党朋友也，非恶其声而然也。由是观之，无恻隐之心，非人也；无羞恶之心，非人也；无辞让之心，非人也；无是非之心，非人也。恻隐之心，仁之端⑥也；羞恶之心，义之端也；辞让之心，礼之端也；是非之心，智之端也。人之有是四端也，犹其有四体也。有是四端而自谓不能者，自贼者也；谓其君不能者，贼其君者也。凡有四端于我⑦者，知皆扩而充之矣，若火之始然⑧，泉之始达。苟能充之，足以保⑨四海；苟不充之，不足以事父母。"

注释

①不忍人之心：怜悯心，同情心。

②乍：突然、忽然。

③怵惕（chù tì）：惊惧。

④内交：即结交。内，同"纳"。

⑤要誉：博取名誉。要，同"邀"，求。

⑥端：开端，起源，源头。

⑦我：同"己"。

⑧然：同"燃"。

⑨保：定，安定。

译文

孟子说:"每个人都有体恤别人的心。先王由于有体恤别人的心,所以才有体恤百姓的政治。用体恤别人的心情,实行体恤百姓的政治,治理天下就可以像在手掌心里面玩转东西一样容易了。之所以说每个人都有体恤别人的心,是因为如果今天有人突然看见一个小孩要掉进井里面去了,自然而然会产生惊惧、同情的心理。这不是因为想和这个孩子的父母拉关系,不是因为想在乡邻之间得到好名声,也不是因为讨厌孩子的哭喊才这样的。由此看来,没有同情心,简直不是人;没有羞耻心,简直不是人;没有谦让心,简直不是人;没有是非心,简直不是人。同情心是仁的发端,羞耻心是义的发端,谦让心是礼的发端,是非心是智的发端。人有这四种发端,就像有了四肢一样。有了这四种发端却自认为不能做善事的人,是自暴自弃的人;认为他的君主不能做善事的人,是迫害君主的人。凡是身上有这四种发端的人,就该知道扩大它们的影响力,就像火开始燃烧,泉水开始流淌一样。如果君主能够扩大它们的影响力,便足以安定天下;如果不能扩大它们的影响力,就连赡养父母都成问题。"

第七章

孟子曰:"矢人岂不仁于函人哉?矢人惟恐不伤人,函人惟恐伤人。巫、匠亦然。故术不可不慎也。孔子曰:'里仁为美。择不处仁,焉得智?'夫仁,天之尊爵也,人之安宅也。莫之御而不仁,是不智也。不仁、不智,无礼、无义,人役也。人役而耻为役,由弓人而耻为弓,矢人而耻为矢也。如耻之,莫如为仁。仁者如射,射者正己而后发,发而不中,不怨胜己者,反求诸己而已矣。"

译文

孟子说:"造箭之人的本性莫非比造铠甲之人更不仁爱?造箭的人只是担心他造的箭不能伤人,而造铠甲的人只是担心他造的铠甲不能保护人。巫医和木匠亦如此。所以,人在选择职业时不可不小心。孔子说:'跟仁者同处自然是好的,不选择仁者为邻,怎能说是聪明呢?'仁是上天赐给人的高贵爵位,是人最好的居所。没人阻拦却不行仁义,是不聪明的。不仁德、不聪明,又不讲礼、不讲义的人,只能被人役使。被人役使又以之为耻的人,就像造弓的人却对造弓这件事感到羞耻,造箭的人对造箭这件事感到羞耻一样。如果人感到羞耻,不如行仁。行仁像射箭一样,射箭的人要先摆正姿势然后才能把箭射出去,箭射出去但没中,射手不要怨恨超过自己的人,只在自己身上寻找原因就行。"

第八章

孟子曰:"子路,人告之以有过,则喜。禹闻善言,则拜。大舜有①大焉,善与人同②,舍己从人,乐取于人以为善;自耕稼、陶、渔,以至为帝,无非取于人者。取诸人以为善,是与人为善者也,故君子莫大乎与人为善。"

注 释

①有:通"又"。
②善与人同:与人共同做善事。

译 文

孟子说:"子路,别人指正他的过错,他就很高兴。大禹听到有益的话,就给人家施礼。舜帝更了不得,总是与别人共同做善事,舍弃自己的缺点,学习人家的优点,愿意吸取别人的长处来完善自己的行为。他从种地、做陶器、捕鱼一直到做帝王,没有不向别人学习的时候。吸取别人的长处来完善自己的行为,这就是跟别人一起做善事。君子,最重要的就是跟别人一起做善事。"

第九章

孟子曰:"伯夷,非其君不事,非其友不友。不立于恶人之朝,不与恶人言。立于恶人之朝,与恶人言,如以朝衣朝冠坐于涂炭①。推恶恶②之心,思与乡人③立,其冠不正,望望然④去之,若将浼⑤焉。是故诸侯虽有善其辞命而至者,不受也。不受也者,是亦不屑就已。柳下惠⑥不羞污君,不卑小官;进不隐贤,必以其道;遗佚⑦而不怨,厄穷而不悯⑧。故曰:'尔为尔,我为我,虽袒裼裸裎⑨于我侧,尔焉能浼我哉?'故由由然⑩与之偕而不自失焉,援而止之而止。援而止之而止者,是亦不屑去已。"孟子曰:"伯夷隘,柳下惠不恭。隘与不恭,君子不由也。"

注释

①涂炭:污泥和炭灰,比喻肮脏之处。

②恶恶:讨厌恶人、坏事。

③乡人:普通人。

④望望然:失望扫兴的样子。

⑤浼(měi):污染。

⑥柳下惠:姓展名禽,鲁国人,相传他品行高洁坐怀不乱。

⑦遗佚:放弃。

⑧厄穷而不悯:厄穷,穷困。悯,担忧。

⑨袒裼(xī)裸裎(chéng):袒裼,露背。裸裎,光着身子。

⑩由由然:开心的样子。

译文

孟子说:"伯夷这个人,不符合理想的君主他不侍奉,不符合理想的朋友他不交往。他不在坏人充斥的朝廷做官,更不与坏人说话。在充斥坏人的朝廷做官,与坏人交谈,他觉得就像穿着朝服、戴着礼帽坐在泥巴和炭灰中一样。他本着嫌恶坏人的心理,联想到和乡下人站在一起,如果那人的帽子没

戴正，他也会扫兴地离开，好像那人会玷污了他一样。所以诸侯派使者说尽了好话请他去做官，他却一直不同意。他不同意是因为他认为若是跟那些人走得近他就不干净了。柳下惠则不同，侍奉的君主不好他不觉得是耻辱，官职小他也不认为自己卑微；做官时他也不会遮掩自己的能力，定会根据自己的准则处理事务；他被免职了也不抱怨，穷困潦倒也不担忧。因此，他说：'你是你，我是我，即使你在我旁边一丝不挂，你又怎能污染我呢？'所以，他可以与任何人相处愉快却不迷失自我，让他留下他就留下。让他留下他就留下，是因为他也不在乎离开。"孟子还说："伯夷心胸狭窄，柳下惠玩世不恭。狭隘与玩世不恭，君子都不会这样做。"

第四篇　公孙丑下

第一章

孟子曰："天时不如地利，地利不如人和。三里之城，七里之郭，环而攻之而不胜。夫环而攻之，必有得天时者矣；然而不胜者，是天时不如地利也。城非不高也，池非不深也，兵革非不坚利也，米粟非不多也；委而去之，是地利不如人和也。故曰：域民不以封疆之界，固国不以山谿①之险，威天下不以兵革之利。得道者多助，失道者寡助。寡助之至，亲戚畔②之；多助之至，天下顺之。以天下之所顺，攻亲戚之所畔，故君子有不战，战必胜矣。"

注释

①山谿（xī）：指山谷。

②畔：通"叛"，这里指背叛。

译文

孟子说："在战争中，有季节、天气等优势不如有地理优势，但有地理优势又不如得到人心。内城三里、外城七里的小城，将它团团包围，却久攻不下。既然能把它团团包围而攻打它，说明是占据了天时的；然而久攻不下，就说明有天时不如有地利。城墙又高，护城河又深，武器又锋利，铠甲又坚固，粮食又多；然而最终弃城而去，这就说明有地理优势不如得到人心。所以说：一个国家让老百姓留下不是靠造边疆的界墙，守卫国家不是靠山川险峻，威慑四方也不是靠武器的锋利和铠甲的坚固。拥有正义的人就会得到帮助，失去正义的人就会被孤立。帮助他的人少到一定程度时，他就会众叛亲离；帮助他的人多到一定程度时，天下都会归顺于他。君子能够凭借天下归顺的优势去攻打众叛亲离的人，所以他们要么不打仗，只要打仗，就肯定会获胜。"

第二章

孟子将朝王①，王使人来曰："寡人如②就见者也，有寒疾，不可以风。朝，将视朝③，不识可使寡人得见乎？"

对曰："不幸而有疾，不能造朝④。"

明日，出吊⑤于东郭氏。公孙丑曰："昔者辞以病，今日吊，或者不可乎？"

曰："昔者疾，今日愈，如之何不吊？"

王使人问疾，医来。孟仲子⑥对曰："昔者有王命，有采薪之忧⑦，不能造朝。今病小愈，趋造于朝，我不识能至否乎？"

使数人要⑧于路，曰："请必无归而造于朝！"

不得已而之景丑氏⑨宿焉。

景子曰："内则父子，外则君臣，人之大伦也。父子主恩，君臣主敬。丑见王之敬子也，未见所以敬王也。"

曰："恶！是何言也！齐人无以仁义与王言者，岂以仁义为不美也？其心曰'是何足与言仁义也'云尔，则不敬莫大乎是。我非尧、舜之道，不敢以陈于王前，故齐人莫如我敬王也。"

景子曰："否，非此之谓也。《礼》曰：'父召，无诺''君命召，不俟驾。'固将朝也，闻王命而遂不果，宜与夫礼若不相似然。"

曰："岂谓是与？曾子曰：'晋、楚之富，不可及也。彼以其富，我以吾仁；彼以其爵，我以吾义。吾何慊⑩乎哉？'夫岂不义而曾子言之？是或一道也。天下有达尊三：爵一，齿一，德一。朝廷莫如爵，乡党莫如齿，辅世长民莫如德。恶得有其一以慢其二⑪哉？故将大有为之君，必有所不召之臣，欲有谋焉，则就之。其尊德乐道，不如是不足与有为也。故汤之于伊尹，学焉而后臣之，故不劳而王；桓公之于管仲，学焉而后臣之，故不劳而霸。今天下地丑⑫德齐，莫能相尚⑬，无他，好臣其所教⑭，而不好臣其所受教。汤之于伊尹，桓公之于管仲，则不敢召。管仲且犹不可召，而况不为管仲者⑮乎？"

注释

①王：指齐宣王。

②如：应当。

③朝(cháo)，将视朝：若您能来觐见，我便上朝堂处理政务。

④造朝：进谒、朝觐。

⑤吊：吊唁、吊丧。

⑥孟仲子：孟子堂弟。

⑦采薪之忧：疾病的委婉说法。采薪，砍柴。

⑧要(yāo)：同"邀"，中途拦截。

⑨景丑氏：即下文"景子"，齐国大夫。

⑩慊：遗憾。

⑪有其一以慢其二：指齐王用权力轻视年龄、道德。慢，轻视。

⑫丑：接近。

⑬相尚：超过。

⑭好臣其所教：喜用顺从的人做大臣。

⑮不为管仲者：孟子自指。因其推崇王道蔑视霸道，故自称不屑做管仲。

译文

孟子在家准备去见齐宣王，齐宣王恰巧派人来说："我本来应该亲自去看您，可不巧受了风寒，吹不得风。若您能来觐见，我便上朝堂处理政务，不知道我能不能见到您呢？"

孟子说："真不巧，我也得病了，上不了朝。"

第二天，孟子到东郭氏家祭奠死者。公孙丑问："先生昨天借口生病不应召觐见齐王，今天却出门祭奠死者，有点儿说不过去吧？"

孟子说："昨日病了，今日好了，为何不能出门祭奠死者呢？"

齐宣王派人探视病情，连大夫都带来了。孟子的堂弟孟仲子对他们说："昨天大王召他去觐见，可惜他病了，不能去。今天，他病稍好了一些，已经赶着去觐见了，我不知道到了没有？"

随后，孟仲子派几个人在路上拦住孟子，告诉他："千万别回家，赶紧去觐见齐王"。

孟子不得已只得到景丑氏家中借宿。

景子说："家庭内的父子关系，国家内的君臣关系，这是最重要的人际关系。父子之间主要讲恩情，君臣之间主要讲尊重。我只看到大王对你很尊重，却没有看到你尊重大王。"

孟子说："咦，你这是说的什么话！你们齐国人没有就仁义一事向大王进言的，难道是因为讲仁义不好吗？他们认为'这样的君主怎么配跟他谈仁义'罢了。这样说就是最大的不尊重。不是尧、舜的治国方法，我不敢在大王面前说，所以你们齐国人都没有我尊重大王。"

景子说："不是的，我指的并不是这个。《礼》上规定：'父亲叫你，你应该连回答都来不及就起身；君王召见，车子没有准备好就要出发。'你本来要去觐见大王，听说大王召见你，你却不去了。这与礼制的规定好像不太相符吧。"

孟子说："怎能这样说呢？曾子说：'晋国、楚国国君的财力我是比不了的。但是他们依赖他们的财富，我却依赖我的仁；他们依赖他们的爵位，我却依赖我的义。我为什么要认为自己比他们缺少了点儿东西呢？'如果这话是不义的，曾子能这样说吗？他有他的道理啊。天下有三样东西最尊贵：爵位、年龄、道德。朝廷最重爵位，乡里最重年龄，辅助君王爱护百姓最重道德。怎么能因为其中一种而轻视另外两种呢？所以建立大功业的君王一定有他召见而不去的大臣，想和大臣商量事情，就应主动去见大臣。他对道德的尊重、对大道的喜爱如果不到这种程度，就不足以跟他一起有所成就。商汤对于伊尹，是先向伊尹学习之后才敢让伊尹做他的臣子，所以商汤不需劳心费力就统一了天下;齐桓公对于管仲,是先向管仲学习之后才敢让管仲做他的臣子,所以齐桓公不用劳心费力就能在诸侯中称霸。现在天下的几个国家,面积差不多,道德也相近,都不能让别的国家服气。这没有其他原因,只是因为国君喜欢任用一味顺从的人,而对有自己见地的人则不愿意任用。商汤对于伊尹,齐桓公对于管仲,都不敢召见他们。管仲都不能召唤,更何况不想当管仲的人呢?"

第三章

陈臻①问曰:"前日于齐,王馈兼金②一百而不受;于宋,馈七十镒而受;于薛,馈五十镒而受。前日之不受是,则今日之受非也;今日之受是,则前日之不受非也。夫子必居一于此矣。"

孟子曰:"皆是也。当在宋也,予将有远行,行者必以赆③;辞曰:'馈赆。'予何为不受?当在薛也,予有戒心;辞曰:'闻戒,故为兵馈之。'予何为不受?若于齐,则未有处也。无处而馈之,是货④之也。焉有君子而可以货取乎?"

注释

①陈臻(zhēn):孟子的弟子。
②兼金:质地好的金,价格高于普通金。
③赆(jìn):赠给旅行者的礼物。
④货:动词,收买、拉拢之意。

译文

孟子的弟子陈臻问:"您在齐国的时候,齐王送您兼金一百镒您没收;但后来到了宋国,宋王送您七十镒金您却收了;在薛地,薛君送您五十镒金您也收下了。如果您以前不接受馈赠是对的,那么现在又接受馈赠就应该是错的;如果现在接受馈赠是对的,那么以前不接受馈赠就是错的。这两种情况老师您必有其一。"

孟子说:"接不接受都是对的。在宋国时,我要远游,对远游者是要赠送些路费的;宋君说是'赠送的路费',我为何不收呢?在薛地时,我心存戒备;薛君说:'听说您心存戒备,所以赠送您些钱财买兵器。'我为何不收呢?至于在齐国,我没有缘由收齐王送的东西。没有缘由齐王却要送我钱财,这是想拉拢我。哪有君子可以被拉拢的呢?"

第四章

孟子之平陆①,谓其大夫②曰:"子之持戟之士③,一日而三失伍④,则去⑤之否乎?"

曰:"不待三。"

"然则子之失伍也亦多矣。凶年饥岁,子之民老羸转于沟壑,壮者散而之四方者几千人矣。"

曰:"此非距心之所得为也。"

曰:"今有受人之牛羊而为之牧之者,则必为之求牧⑥与刍矣。求牧与刍而不得,则反诸其人乎?抑亦立而视其死与?"

曰:"此则距心之罪也。"

他日,见于王曰:"王之为都⑦者,臣知五人焉。知其罪者,惟孔距心。"为王诵⑧之。

王曰:"此则寡人之罪也。"

注释

①平陆:齐国边境邑名。

②大夫:战国时的邑宰,亦称大夫。据下文,这里的大夫名孔距心。

③持戟(jǐ)之士:守卫边境的士兵。

④失伍:失其行伍,此指擅离职守,泛指失职。

⑤去:一解去除,开除;一解杀掉。

⑥牧:这里指牧场。

⑦都:都邑。

⑧诵:复述。

译文

孟子去了平陆,对平陆的长官孔距心说:"你的兵士,若一天之中三次擅离职守,你是否会杀了他?"

孔距心说:"不用三次便会杀了他。"

孟子说:"那么,您的失职之处也很多。灾年里,您的百姓年老体弱的辗转死于山沟,年轻力壮的也是四处逃难,数以千计。"

孔距心说:"这不是我的力量所能做到的。"

孟子说:"如果现在有个人接管了别人的牛羊,替别人去放牧,那么他一定会去寻找一处牧场和一些草料。如果寻不到牧场与草料,他是将牛羊归还给原主呢,还是站在那里看着牛羊一只只死掉?"

孔距心说:"如此说来,这就是我的罪过了。"

过了段日子,孟子拜见齐王,说:"在齐国境内的都邑长官,我认识五个。知道自己有罪过的,唯孔距心一人而已。"于是孟子把那件事复述了一遍。

齐王说:"这样说来,这是我的罪过啊。"

第五章

孟子谓蚳蛙^①曰:"子之辞灵丘^②而请士师^③,似也,为其可以言也。今既数月矣,未可以言与?"

蚳蛙谏于王而不用,致为臣而去。

齐人曰:"所以为蚳蛙则善矣,所以自为,则吾不知也。"

公都子^④以告。

曰:"吾闻之也:有官守者,不得其职则去;有言责者,不得其言则去。我无官守,我无言责也,则吾进退,岂不绰绰然有余裕哉?"

注释

① 蚳(chí)蛙:齐国大夫。
② 灵丘:齐国边境邑名。
③ 士师:官名,管禁令、狱讼、刑罚等。
④ 公都子:孟子的学生。

译文

孟子对蚳蛙说:"你不做灵丘的邑宰而去做狱官,这似乎有道理,因为可以向齐王进言。可是现在你已经做了好几个月的狱官了,还不能向齐王进言吗?"

蚳蛙向齐王进谏,齐王不听,蚳蛙因此辞官而去。

齐国人说:"孟子为蚳蛙的考虑倒是有道理,但是他怎么替自己考虑,我就不知道了。"

公都子把齐国人的议论告诉了孟子。

孟子说:"我听说:有官位的人,如果无法尽到自己的职责就应该辞官;有进言责任的人,如果君王言不听、计不从,进言的人就应该辞官。我既无官位,又无进言的责任,那我是去是留,岂不是非常自由而又有回旋的余地吗?"

第六章

孟子为卿于齐，出吊于滕①。王使盖大夫王驩②为辅行③。王驩朝暮见，反齐滕之路，未尝与之言行事也。

公孙丑曰："齐卿之位，不为小矣；齐滕之路，不为近矣。反之而未尝与言行事，何也？"

曰："夫既或治之，予何言哉？"

注释

①出吊于滕：到滕国去吊丧。指滕文公之丧。

②盖（gě）大夫王驩（huān）：盖，齐国邑名，故城在今山东沂水县西北。王驩，齐王宠信的臣子。

③辅行：副使。指跟孟子到滕国吊丧的副使。

译文

孟子在齐国当卿相，奉命去滕国吊丧。齐王派盖邑大夫王驩担任副使跟孟子一同前去。王驩跟孟子从早到晚在一起，在往返于齐滕两国的途中，孟子不曾跟他讨论过出使事宜。

公孙丑说："齐卿的官位，可不算小；齐滕之间的路程，也不算近。但往返途中您未曾跟他讨论过出使事宜，这是为何？"

孟子说："相关的事他都一个人擅自做主了，我还有什么可说的呢？"

第七章

孟子自齐葬于鲁①，反于齐，止于嬴②。

充虞③请曰："前日不知虞之不肖，使虞敦匠事④。严⑤，虞不敢请。今愿窃有请也：木⑥若以美⑦然。"

曰："古者棺椁无度⑧。中古⑨棺七寸，椁称之。自天子达于庶人，非直为观美也，然后尽于人心⑩。不得⑪，不可以为悦；无财，不可以为悦。

得之为有财⑫，古之人皆用之，吾何为独不然？且比化⑬者无使土亲肤，于人心独无恔⑭乎？吾闻之也：君子不以天下俭其亲。"

注 释

①自齐葬于鲁：孟子母亲在鲁国去世，当时孟子在齐国做官，要赶赴鲁国埋葬母亲。

②嬴：齐国南部的城市，靠近鲁国。

③充虞：孟子的弟子。

④敦匠事：监督木匠造棺材。敦，督促、监督。

⑤严：时间急促，来不及。

⑥木：指棺材。

⑦以美：太美。

⑧棺椁（guǒ）无度：对棺椁的厚度没有统一标准。

⑨中古：此指西周以后。

⑩尽于人心：能尽人子之孝心。

⑪不得：受限于礼制而不能厚葬。

⑫得之为有财：按礼制规定可以厚葬且有较多的财物。

⑬比化：为死者考虑。比，为。化，死者。

⑭恔（xiào）：愉快。

译 文

孟子从齐国到鲁国为母亲下葬，回到齐国后，在嬴邑停留。

弟子充虞问道："前段时间，我承蒙您的厚爱，您把管理木匠的事交给了我。时间紧急，我没敢多问。现在我想把内心的疑问说出来：棺椁好像太豪华了些。"

孟子说："上古之时，对棺和椁的厚度没有具体的规定。中古时棺的厚度定为七寸，椁的厚度要与之相称。从天子到老百姓对棺椁如此讲究，并不仅仅是为了好看，而是为了让孝者尽孝心。按礼制规定不能厚葬的，不能称心；没钱厚葬的，也不能称心。但凡合乎礼制又有钱财的，古人都会这样做，为什么唯独我不能这么做呢？况且为死者考虑，不让泥土碰到尸体，这不是可以让孝者减少点儿缺憾吗？我曾听说，君子不会为了天下而薄待他们的父母。"

第八章

沈同①以其私问曰："燕可伐与？"

孟子曰："可。子哙不得与人燕，子之不得受燕于子哙。有仕于此，而子悦之，不告于王而私与之吾子之禄爵，夫士也，亦无王命而私受之于子，则可乎？何以异于是？"

齐人伐燕。

或问曰："劝齐伐燕，有诸？"

曰："未也。沈同问：'燕可伐与？'吾应之曰：'可。'彼然而伐之也。彼如曰：'孰可以伐之？'则将应之曰：'为天吏，则可以伐之。'今有杀人者，或问之曰：'人可杀与？'则将应之曰：'可。'彼如曰：'孰可以杀之？'则将应之曰：'为士师，则可以杀之。'今以燕伐燕，何为劝之哉？"

注　释

①沈同：齐国大臣。

译　文

沈同以私人身份问孟子："可以攻打燕国吗？"

孟子回答："可以。燕王哙不可以把燕国交给别人，燕相子之也不可以从子哙手中接受燕国。假如现在有个人在你身边，您喜欢他，就瞒着君王把你的俸禄和爵位私自让给他，而这个人也没有君王的委任就私自接受您的俸禄和爵位，这样可以吗？燕国的情况同这有什么区别？"

齐国军队果真去攻打燕国了。

有人问孟子说："您建议齐国攻打燕国，有这么回事吗？"

孟子回答："没有。沈同问我：'可以攻打燕国吗？'我说：'可以。'他们就去攻打燕国了。他如果问：'谁可以攻打燕国？'我便会回答他：'只有天吏才可以攻打它。'就比如现在有个杀人犯，有人问我：'这个杀人犯应该被处死吗？'我将回答他：'应该被处死。'他如再问：'谁可以处死他？'我将回答他：'只有狱官才可以处死他。'现在攻打燕国的齐国跟燕国一样暴虐，我为何要建议他去攻打燕国呢？"

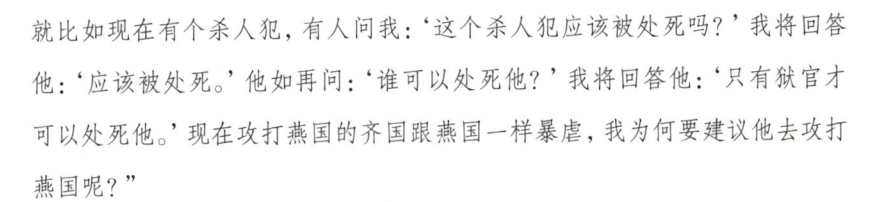

第九章

燕人畔①。王曰："吾甚惭于孟子。"

陈贾②曰："王无患焉。王自以为与周公孰仁且智？"

王曰："恶！是何言也！"

曰："周公使管叔监殷，管叔以殷畔。③知而使之，是不仁也；不知而使之，是不智也。仁、智，周公未之尽也，而况于王乎？贾请见而解之。"

见孟子，问曰："周公何人也？"

曰："古圣人也。"

曰："使管叔监殷，管叔以殷畔也，有诸？"

曰："然。"

曰："周公知其将畔而使之与？"

曰："不知也。"

"然则圣人且有过与？"

曰："周公，弟也；管叔，兄也。周公之过，不亦宜乎？且古之君子，过则改之；今之君子，过则顺之。古之君子，其过也，如日月之食，民皆见之；及其更④也，民皆仰之。今之君子，岂徒顺之，又从为之辞⑤。"

注释

①畔：通"叛"。齐国破燕之后，赵国帮助燕人另立燕昭王，反抗齐国，所以对齐国来说就是"燕畔"。

②陈贾：齐国大夫。

③周公使管叔监殷，管叔以殷畔：据《史记》载：周武王去世后，成王年少，周公旦辅佐成王处理朝政。管叔、蔡叔恐周公旦于成王不利，乃挟商纣王之子武庚作乱。后周公旦承成王命伐武庚，杀管叔，放逐蔡叔。

④更：改正。

⑤辞：借口。

译文

燕国人反抗齐国。齐王说道："我无颜面对孟子，很惭愧。"

陈贾劝道："大王您不要在这件事情上过于忧心了。大王觉得您和周公相较，谁更仁爱明智呢？"

齐王说："咦，这是什么话！"

陈贾说道："周公任命管叔去治理殷，管叔却率领殷地的人造反。这种结果，若周公早有预见却仍然派遣管叔去殷地，那就是周公不仁；如果周公没有预见而派管叔去殷地，那就是周公不明智。仁和智，周公那样的圣人都做不到，何况大王您呢？请您让我去见孟子并和他说明白。"

陈贾见了孟子以后，问道："周公是何许人？"

孟子回答说："古代的大圣人。"

陈贾又说："他派管叔去管理殷地，管叔却率领殷人造反，有这回事吗？"

孟子回答说："有。"

陈贾接着追问："是周公事先就预见管叔会造反，却仍然派遣他去殷地的吗？"

孟子回答说："他事先并没有预见。"

陈贾于是说："那么圣人也会犯错误吗？"

孟子回答说："周公是弟弟，管叔是哥哥。周公所犯的错误，不是很正常吗？而且，古代的圣人君子，犯了错会立刻纠正；现在的君子，犯了错误竟然不知悔改。古代的君子，犯的错就像日食和月食一样，众人都看得一清二楚；一旦他改正了，众人都将仰望他。现在的君子，岂止不知悔改，甚至还要编造借口来为自己辩护。"

第十章

孟子致为臣①而归。王就见孟子，曰："前日愿见而不可得，得侍同朝②，甚喜。今又弃寡人而归，不识可以继此而得见乎？"

对曰："不敢请耳，固所愿也。"

他日，王谓时子③曰："我欲中国④而授孟子室，养弟子以万钟⑤，使诸大夫国人皆有所矜式⑥。子盍为我言之？"

时子因陈子⑦而以告孟子，陈子以时子之言告孟子。

孟子曰："然。夫时子恶知其不可也？如使予欲富，辞十万而受万，是为欲富乎？季孙曰：'异哉子叔疑！使己为政，不用，则亦已矣，又使其子弟为卿。人亦孰不欲富贵？而独于富贵之中，有私龙断⑧焉。'古之为市也，以其所有易其所无者，有司者治之耳。有贱丈夫焉，必求龙断而登之，以左右望而罔市利。人皆以为贱，故从而征之。征商自此贱丈夫始矣。"

注释

①致为臣：辞官。

②得侍同朝：在一起做事，这是齐王的客气话。

③时子：齐国大臣。

④中国：国中，意为在国都内。国，指都城。

⑤万钟：俸禄的数目。一钟等于六斛四斗。
⑥矜式：效法、学习的榜样。
⑦陈子：孟子弟子陈臻。
⑧龙断：垄断。

译文

孟子辞去齐国卿位要回家乡。齐宣王去看望他，说："过去想见您却没有机会，后来有机会一起做事情了，我非常高兴。现在您却要弃我而去，不知以后我们还能见面吗？"

孟子说："只是我不敢提出来罢了，这本是我希望的。"

过了几天，齐宣王对时子说："我想在都城赠给孟子一套房子，每年给他一万钟俸禄以养活他的学生，让我们国家所有的官员和民众都能有个效法的榜样。你何不替我跟孟子谈谈？"

时子通过陈臻把这话传给孟子，陈臻把时子的话原原本本地跟孟子说了。

孟子说："哦。时子怎能知道这不行呢？如果我想要富贵，怎么会推掉十万钟俸禄而去接受一万钟的俸禄，这是想要富贵吗？季孙说：'子叔疑太奇怪！自己想做官，别人没有任用他，那也就算了，又让他的后生晚辈去做官。谁不想富贵呢？他却想独自享受做官带来的富贵，私自垄断。'古人经商，是用自己所有的换自己没有的，有专人管理这件事。有道德卑下的人，一定要去高处，站在高处左右张望，想占尽所有的利益。人们都认为这人道德卑下，所以开始向他征税。向商人征税就是从这道德卑下的人开始的。"

第十一章

孟子去齐，宿于昼①。有欲为王留行者，坐②而言。不应，隐几③而卧。客不悦，曰："弟子齐宿④而后敢言，夫子卧而不听，请勿复敢见矣。"曰："坐，我明语子。昔者，鲁缪公⑤无人乎子思⑥之侧，则不能安子思；泄柳、申详⑦无人乎缪公之侧，则不能安其身。子为长者虑，而不及子思。子绝长者乎？长者绝子乎？"

注释

①昼：齐国都城西南的近邑，在山东临淄西南。

②坐：此指跪，即两膝着地，臀部抬起，不坐在脚后跟上。

③隐几：靠着坐几。隐，靠。几，供老年人坐时倚靠的家具。

④齐宿：提前一天斋戒，以示慎重。齐，通"斋"。

⑤鲁缪公：名显，"缪"通"穆"。

⑥子思：孔子之孙，名伋。

⑦泄柳、申详：泄柳，鲁缪公时贤人；申详，孔子的弟子子张的儿子。

译文

孟子离开齐国，在昼邑过夜。有个人想为齐王留住孟子，恭敬地跪坐着劝说孟子。孟子不说话，斜靠着坐几休息。

那人不高兴地说："弟子斋戒一天才敢来劝说您，您却靠着坐几睡觉不听，日后我是没有勇气再来见您了。"

孟子说："坐下，我跟你说明白。过去，鲁缪公如果没有遣人常在子思身边表明自己尊重贤能的诚心，就不会让子思心安；泄柳、申详如果没有让人在鲁缪公身边时常提醒他善待贤士，就不会使自己安心。你替长辈打算，还不及鲁缪公对待子思。到底是你对长辈无情呢，还是长辈对你无情？"

第十二章

孟子去齐。尹士①语人曰："不识王之不可以为汤、武，则是不明也；识其不可，然且至，则是干泽②也。千里而见王，不遇故去，三宿而后出昼，是何濡滞③也？士则兹不悦。"

高子④以告。

曰："夫尹士恶知予哉？千里而见王，是予所欲也。不遇故去，岂予所欲哉？予不得已也。予三宿而出昼，于予心犹以为速，王庶几改之。王如改诸，则必反予⑤。夫出昼而王不予追也，予然后浩然有归志。予虽然，岂舍王哉？王由足用为善。王如用予，则岂徒齐民安，天下之民举安。王庶几改之，予日望之！予岂若是小丈夫然哉？谏于其君而不受，则怒，悻悻然见于其面，去则穷日之力而后宿哉？"

尹士闻之曰："士诚小人也。"

注释

①尹士：齐国人。
②干泽：追求利禄。干，求。
③濡（rú）滞：长久停留。
④高子：孟子弟子，齐国人。
⑤反予：召我回去。

译文

孟子离开了齐国。齐国人尹士跟人说："孟子如果不知道齐王并不能做到像商汤、周武王那样的明君，就说明孟子并不够聪明；如果孟子明明知道齐王做不到，但他还是来了，就有追求利禄的嫌疑。孟子不远千里来见齐王，没有被重用所以离去，在昼邑住了三晚才离开，怎么这么慢啊？我对这点很不高兴。"

孟子的学生高子把尹士的话跟孟子说了。

孟子说："尹士如何能理解我呢？我不远千里来见大王，是我所向往的。没被重用而离开齐国，难道是我所期望的吗？我也是迫不得已啊。我在昼邑住了三个晚上才离开，我还觉得离开得太快呢，我以为大王能转变心意。如果他转变了心意，一定会召我回去。等到我离开昼邑而齐王都没有派人来追，我才下定决心要回去。即使如此，我心中就舍得王吗？大王是个做正事的人。他如果采纳我的主张，岂止能让齐国老百姓得以安居乐业，天下老百姓都能安居乐业。大王也许会转变心意，我日夜期盼着！

难道我像某些小人吗？劝谏君主的意见没被采纳，我就恼了，且怒形于色，离开的时候想快快地走，走了一整天累极了才找地方住下？"

尹士听说了孟子的这些话后，说："我的确是小人啊。"

第十三章

孟子去齐，充虞路问曰："夫子若有不豫色然。前日虞闻诸夫子曰：'君子不怨天，不尤人。'"

曰："彼一时，此一时也。五百年必有王者兴，其间必有名世者。由周而来，七百有余岁矣。以其数，则过矣；以其时考之，则可矣。夫天未欲平治天下也，如欲平治天下，当今之世，舍我其谁也？吾何为不豫哉？"

译文

孟子离开齐国时，弟子充虞在路上问道："老师好像不太高兴。过去我曾听您说：'君子既不抱怨上天，也不指责别人。'"

孟子说："当时有当时的情况，现在有现在的情况。大约五百年定会有王者兴起，那时一定有非凡的人物出现。从周兴起到现在，已经有七百多年了。从年数上看，已经多于五百年了；从现实来看，也应当出现王者了。或许上天还是不想让天下太平吧，如果上天想让天下太平，在今天的社会中，除我之外还有谁呢？我为何不高兴呢？"

第十四章

孟子去齐,居休①。公孙丑问曰:"仕而不受禄,古之道乎?"

曰:"非也。于崇②,吾得见王,退而有去志,不欲变,故不受也。继而有师命③,不可以请。久于齐,非我志也。"

注释

①休:地名,故城在今山东滕州北十五里,距孟子家约百里。
②崇:地名,今不可考。
③师命:师旅之命。

译文

孟子离开齐国,居于休地。公孙丑问道:"做官却不接受俸禄,是古人的行为准则吗?"

孟子说:"不。在崇地,我见到了齐王,回来便有离开的想法了,不想更改这个想法,所以我没有接受齐王给的俸禄。不久,齐国燃起战火,我不能申请离开。在齐国久居,并非我的心愿。"

第五篇　滕文公上

第一章

滕文公为世子，将之楚，过宋而见孟子。孟子道性善，言必称尧、舜。

世子自楚反，复见孟子。孟子曰："世子疑吾言乎？夫道一而已矣。成覸①谓齐景公曰：'彼，丈夫也；我，丈夫也。吾何畏彼哉？'颜渊曰：'舜，何人也？予，何人也？有为者亦若是。'公明仪②曰：'文王，我师也；周公岂欺我哉？'今滕，绝长补短，将五十里也，犹可以为善国。《书》曰：'若药不瞑眩，厥疾不瘳。'③"

注释

①成覸（jiàn）：人名。齐国人。
②公明仪：曾参的弟子。
③若药不瞑眩（míng xuàn），厥疾不瘳（chōu）：瞑眩，指头晕；瘳，病愈。

译文

滕文公当太子时，要去楚国，经过宋国时见了孟子。孟子宣扬人性本善，说的话总是离不开尧、舜。

太子从楚国回来时，又去见了孟子。孟子说："太子是对我的话有所怀疑吗？天下真理只有一个。成覸跟齐景公说道：'他是大丈夫，我也是大丈夫，我为何怕他呢？'颜回说：'舜是什么人？我又是什么人？想有所作为的人也应该跟舜一样！'公明仪说：'周文王是我的老师。周公这话是骗我的吗？'

滕国的土地将近方圆五十里，还是可以治理好的。《书经》上说：'如果药力不能让病人晕眩，病就好不了。'"

第二章

滕定公①薨②。世子谓然友③曰："昔者孟子尝与我言于宋，于心终不忘。今也不幸至于大故，吾欲使子问于孟子，然后行事。"

然友之邹，问于孟子。

孟子曰："不亦善乎！亲丧，固所自尽④也。曾子曰⑤：'生，事之以礼；死，葬之以礼，祭之以礼，可谓孝矣。'诸侯之礼，吾未之学也。虽然，吾尝闻之矣。三年之丧⑥，齐疏之服⑦，饘粥之食⑧。自天子达于庶人，三代共之。"

然友反命，定为三年之丧。父兄百官皆不欲，曰："吾宗国⑨鲁先君莫之行，吾先君亦莫之行也，至于子之身而反之，不可。且《志》⑩曰：'丧祭从先祖。'"曰："吾有所受之也。"

谓然友曰："吾他日未尝学问，好驰马试剑。今也父兄百官不我足⑪也，恐其不能尽于大事，子为我问孟子。"

然友复之邹问孟子。

孟子曰："然，不可以他求⑫者也。孔子曰：'君薨，听于冢宰⑬。歠粥⑭，面深墨⑮，即位而哭，百官有司莫敢不哀，先之也。'上有好者，下必有甚焉者矣。'君子之德，风也；小人之德，草也。草尚⑯之风，必偃⑰。'是在世子。"

然友反命。世子曰："然。是诚在我。"

五月居庐，未有命戒。百官族人可，谓曰知。及至葬，四方来观之，颜色之戚，哭泣之哀，吊者大悦。

注释

①滕定公：滕国国君，滕文公之父。

②薨（hōng）：诸侯去世。

③然友：滕文公的老师。

④自尽：主动尽孝。

⑤曾子曰：据《论语》记载，这本为孔子的话，大概孔子弟子以此言教人。

⑥三年之丧：古代臣为君、子为父、妻为夫服丧三年的居丧制度。

⑦齐疏之服：齐，缝边。疏，粗布。指守孝期间穿的丧服。

⑧馆(zhān)粥之食：吃粥。

⑨宗国：滕国面积小，是鲁国的附庸，故称鲁为"宗国。"

⑩《志》：古代记录礼制的一种书。

⑪不我足：对我不满意。

⑫不可以他求：此指不能强求他人。

⑬冢宰：周官名，为六卿之首，亦称太宰，相当于后来的宰相。

⑭歠(chuò)粥：喝稀饭。

⑮面深墨：脸上呈现出深黑色。

⑯尚：即"上"。

⑰偃：倒伏。

译 文

滕定公去世了。太子跟他的老师然友说："在宋国时，孟子曾经跟我聊过，我念念不忘。现在非常不幸，我父亲去世了，我想请您去跟孟子请教，再行丧葬之礼。"

然友就去了邹国，向孟子请教。

孟子说："这样做很好！父母的丧事本就应该主动尽孝心。曾子说：'父母在世时，根据礼仪制度来侍奉父母；去世以后，根据礼仪制度来安葬父母，根据礼仪制度来祭祀他们，就可以说是孝子了。'关于诸侯的丧礼，我没研究过。虽然如此，我曾听说过。父母去世，儿女要守三年孝，穿缝边的粗布丧服、吃粥。自夏商周以来，上至天子下至百姓都是如此。"

然友把孟子的话告诉太子，于是太子决定为父守孝三年。可是宗族长辈和百官都不愿意，说："我们的宗国鲁国历来没有国君守孝三年之说，我们的先王也没有这么做过。到了太子您这里却要违反祖制，这是不行的。并且《志》上说：'丧礼、祭礼要依从先代传下的规矩。'"他们还说："我们应该恪守这些规矩。"

太子对然友说："我过去没有好好做学问，只喜欢骑马和剑术。现在宗族长辈和百官都不赞同我的做法，恐怕他们无法在丧事上尽到礼数，您再去孟子那里请教一下。"

然友又到邹国去请教孟子了。

孟子说："既然如此，可这不能强求别人。孔子说：'君主去世了，政权暂时由宰相掌管。太子只喝稀饭，脸色黑沉，站在灵位前哭泣，百官没有人敢不悲痛，因为太子给他们做了表率。'上面的人喜欢什么，下面的人必定喜欢得更厉害。'君子的德行，像风；小人的德行，像草。风吹在草上，肯定把草吹倒。'这事关键还看太子如何做啊。"

然友把孟子的话告诉太子。太子说："是啊，这事的确在于我如何做。"

太子在灵堂里待了五个月，没发布过命令和戒律。百官和亲族都加以赞赏，说太子知礼。等到滕定公下葬的时候，四方之人都来观礼，看到太子面色悲伤，哭得悲痛，前来吊唁的人对太子的行为都很满意。

第三章

滕文公问为国。

孟子曰："民事不可缓也。《诗》云：'昼尔于茅，宵尔索绹；亟其乘屋，其始播百谷。'①民之为道也，有恒产者有恒心，无恒产者无恒心。苟无恒心，放辟邪侈，无不为已。及陷乎罪，然后从而刑之，是罔民也。焉有仁人在位罔民而可为也？是故贤君必恭俭礼下，取于民有制。阳虎②曰：'为富不仁矣，为仁不富矣。'

"夏后氏五十而贡，殷人七十而助，周人百亩而彻，其实皆什一也。彻者，彻③也；助者，藉④也。龙子⑤曰：'治地莫善于助，莫不善于贡。'贡者，校⑥数岁之中以为常。乐岁，粒米狼戾⑦，多取之而不为虐，则寡取之；

凶年，粪其田而不足，则必取盈焉。为民父母，使民盼盼然⑧，将终岁勤动，不得以养其父母，又称⑨贷而益之，使老稚转乎沟壑，恶在其为民父母也？夫世禄，滕固行之矣。《诗》云：'雨我公田，遂及我私。'⑩惟助为有公田。由此观之，虽周亦助也。

"设为庠序学校以教之。庠者，养也；校者，教也；序者，射也。夏曰校，殷曰序，周曰庠，学则三代共之，皆所以明人伦也。人伦明于上，小民亲于下。有王者起，必来取法，是为王者师也。《诗》云：'周虽旧邦，其命惟新。'⑪文王之谓也。子力行之，亦以新子之国！"

使毕战⑫问井地。

孟子曰："子之君将行仁政，选择而使子，子必勉之！夫仁政，必自经界⑬始。经界不正，井地不钧⑭，谷禄不平，是故暴君污吏必慢其经界。经界既正，分田制禄可坐而定也。

"夫滕壤地褊小，将为⑮君子焉，将为野人焉。无君子，莫治野人；无野人，莫养君子。请野九一而助，国中什一使自赋。卿以下必有圭田⑯，圭田五十亩，余夫二十五亩。死徙无出乡，乡田同井，出入相友，守望相助，疾病相扶持，则百姓亲睦。方里而井，井九百亩，其中为公田。八家皆私百亩，同养公田。公事毕，然后敢治私事，所以别野人也。此其大略也。若夫润泽之，则在君与子矣。"

注释

①"《诗》云"句：语出《诗经·豳风·七月》。昼，白天。茅，草。宵，夜里。索绹，搓绳子。亟，急。乘，修缮。

②阳虎：鲁国人，季孙氏的家臣。

③彻：通、通行。

④藉：借、凭借。

⑤龙子：古代贤人。

⑥挍：同"校"，比较。

⑦狼戾（lì）：狼藉，散乱，多而乱。

⑧盻(xì)盻然：劳累不眠的样子。

⑨称：举。

⑩"《诗》云"句：语出《诗经·小雅·大田》。井田制时期，有公、私田之分。百姓盼天下雨先落在公田，然后再落到自家的私田里。

⑪"《诗》云"句：语出《诗经·大雅·文王》。惟，助词，无义。意思是，周虽然是个古老的国家，但是它秉承天命，国运充满新气象。

⑫毕战：人名，滕国的大臣。

⑬经界：井田的边界。

⑭钧：通"均"。

⑮为：有。

⑯圭田：表示可供祭祀用的田地。

译文

滕文公问孟子该如何治理国家。

孟子说："百姓的事不可拖延。《诗》上说：'我们白天割茅草，晚上还要搓绳子。我们急急忙忙修房子，春天一到就要播种了。'百姓的作风就是有固定的产业之后才有坚定的道德观念，没有固定的产业就没有坚定的道德观念。一旦他们没有坚定的道德观念，就会违法乱纪，肆意妄为。等他们犯了罪，执政者再惩罚他们，这就是坑害他们。哪个有仁德的人执政却要做坑害老百姓的事呢？所以贤明的君主一定恭敬节俭、礼贤下士，且按照制度向百姓征税。阳虎说：'要想富贵就不能仁慈，要想仁慈就别想富贵。'

"夏禹时每户有五十亩田，实行贡法；殷商时每户有七十亩田，实行助法；周朝每户有百亩田，实行彻法。夏商周实际上都是向农民收取十分之一的地租。'彻'的意思就是'通'，'助'的意思就是'借'。龙子说：'管理土地助法最好，贡法最不好。'贡法就是计算出几年收成的平均数，当作征税的额度。收成好时，粮食多得遍地都是，多收一点儿也不算残暴，却不收那么多；收成不好时，连给田地施肥也不能，地租却一定要收够平均数才行。当老百姓的父母，却让老百姓劳苦不能休息，一年到头累死累活，收成还不够赡养

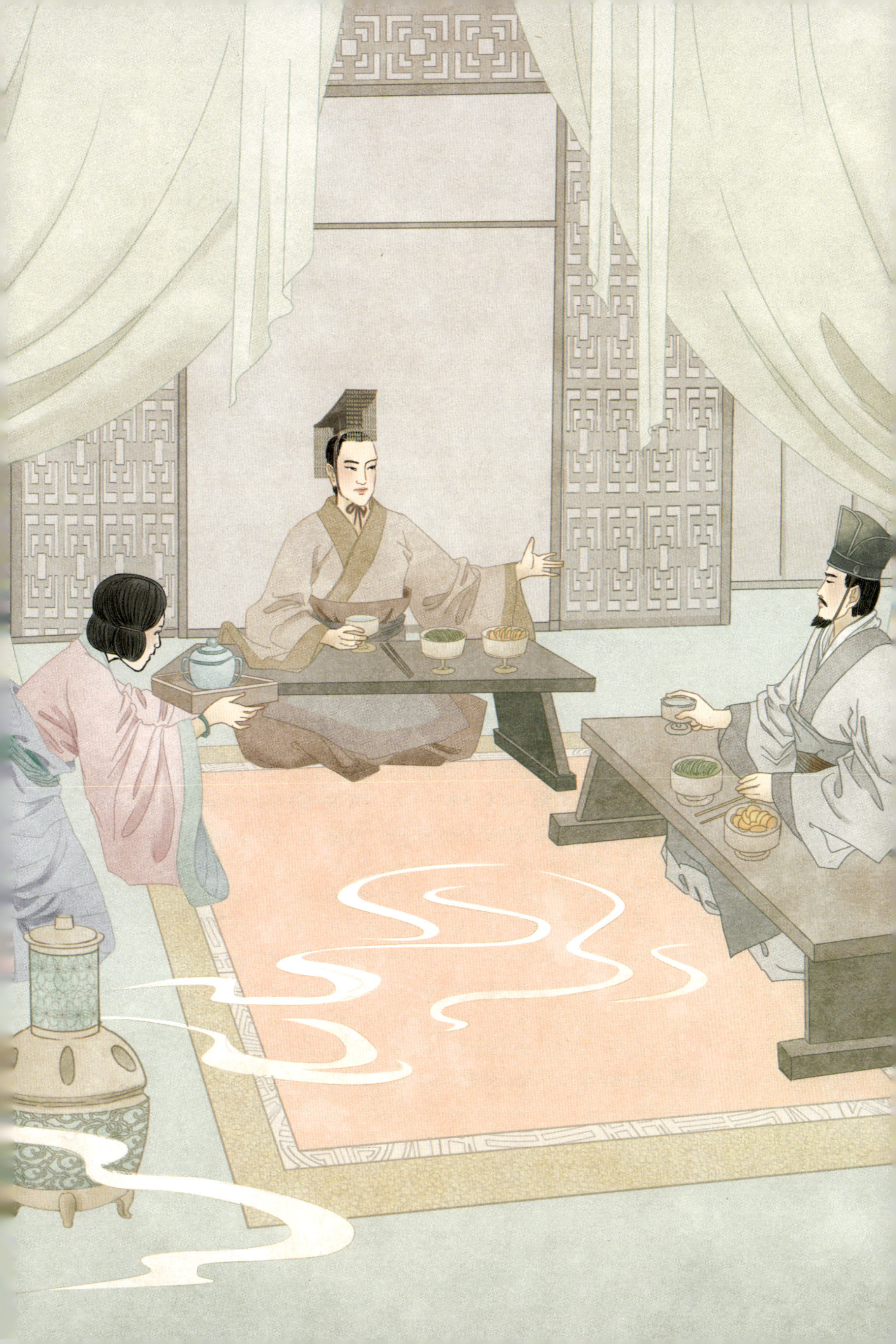

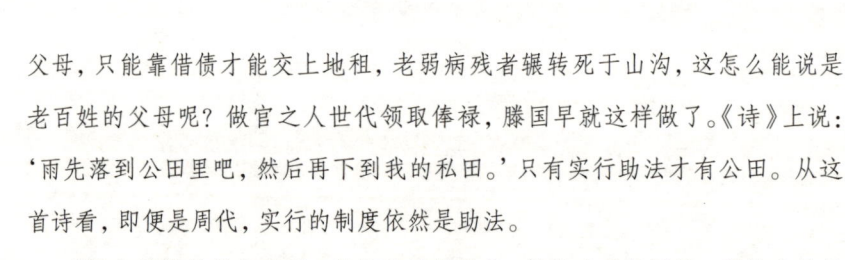

父母，只能靠借债才能交上地租，老弱病残者辗转死于山沟，这怎么能说是老百姓的父母呢？做官之人世代领取俸禄，滕国早就这样做了。《诗》上说：'雨先落到公田里吧，然后再下到我的私田。'只有实行助法才有公田。从这首诗看，即便是周代，实行的制度依然是助法。

"设立学校教导老百姓：庠的意思是教养，校的意思是训诲，序的意思是习射。乡学，夏朝叫'校'，商朝叫'序'，周朝叫'庠'，三个朝代都有叫'学'的，全是为了让百姓懂得人伦关系的。上层社会践行人伦之道，百姓也会和睦相处。若是有圣明的君主出现，必定要来取法，这就成了王者的老师了。《诗》上说：'周虽然是古老的国家，可它的国运充满新气象。'这是说周文王。您努力去做，也可以让您的国家面貌焕然一新。"

滕文公派毕战向孟子请教井田制度。

孟子说："你的君主准备实行仁政，特地让你来，你一定要尽心尽力啊！实行仁政，一定要从划分田界开始。若是田界划分得不公平，井田就会分配不均，那么被当作俸禄的谷物也会收得不公允，所以暴虐的君主和贪官污吏根本不把田界划分当回事。如果田界划分公允了，那么分配田地而制定俸禄的制度就可以毫不费力地确定下来。

"滕国土地虽小，可也有官员，有农民。若无官员，就无人管束农夫；若无农夫，就无人供养官员。请考虑在乡村实行九抽一的助法，都城中实行十抽一的贡法。卿相以下的官员一定要有圭田，每家五十亩，多余的劳动力每人二十五亩土地。无论丧葬或搬迁，都不能出本乡范围，同一井田的邻居，出入相互友爱，共同防御盗贼，相互帮助，有人身患疾病了大家相互照顾，如此，百姓就会亲密、和睦。方圆一里为一个井田，一个井田九百亩，正中间一百亩是公田。八家各自占有一百亩私田，共同耕种公田。公田耕种完毕，百姓才能耕种私田，用这个来区分当官的和农民。这只是井田制的大体轮廓。如果要调整得更合理些，就靠君主和你了。"

第四章

有为神农之言者许行①,自楚之滕,踵门②而告文公曰:"远方之人闻君行仁政,愿受一廛③而为氓④。"

文公与之处⑤。

其徒数十人,皆衣褐,捆屦、织席以为食⑥。

陈良⑦之徒陈相与其弟辛负耒耜⑧而自宋之滕,曰:"闻君行圣人之政,是亦圣人也,愿为圣人氓。"

陈相见许行而大悦,尽弃其学而学焉。

陈相见孟子,道许行之言曰:"滕君则诚贤君也。虽然,未闻道也。贤者与民并耕而食,饔飧而治⑨。今也滕有仓廪府库,则是厉民⑩而以自养也,恶得贤?"

孟子曰:"许子必种粟而后食乎?"

曰:"然。"

"许子必织布而后衣乎?"

曰:"否。许子衣褐。"

"许子冠乎?"

曰:"冠。"

曰:"奚冠?"

曰:"冠素⑪。"

曰:"自织之与?"

曰:"否。以粟易之。"

曰:"许子奚为不自织?"

曰:"害于耕⑫。"

曰:"许子以釜甑爨⑬,以铁耕乎?"

曰:"然。"

"自为之与?"

曰:"否。以粟易之。"

"以粟易械器者，不为厉陶冶；陶冶亦以其械器易粟者，岂为厉农夫哉？且许子何不为陶冶，舍⑭皆取诸其宫中⑮而用之？何为纷纷然与百工交易？何许子之不惮烦？"

曰："百工之事固不可耕且为也。"

"然则治天下独可耕且为与？有大人之事，有小人之事。且一人之身⑯，而百工之所为备，如必自为而后用之，是率天下而路也。故曰：或劳心，或劳力；劳心者治人，劳力者治于人；治于人者食人⑰，治人者食于人，天下之通义也。

"当尧之时，天下犹未平，洪水横流，泛滥于天下，草木畅茂，禽兽繁殖，五谷不登⑱，禽兽逼人，兽蹄鸟迹之道交于中国。尧独忧之，举舜而敷治⑲焉。舜使益⑳掌火，益烈山泽而焚之，禽兽逃匿。禹疏九河，瀹济、漯㉑而注诸海，决汝、汉，排淮、泗而注之江，然后中国可得而食也。当是时也，禹八年于外，三过其门而不入，虽欲耕，得乎？

"后稷㉒教民稼穑，树艺五谷。五谷熟而民人育。人之有道也，饱食、暖衣、逸居而无教，则近于禽兽。圣人有忧之，使契㉓为司徒，教以人伦：父子有亲，君臣有义，夫妇有别，长幼有叙，朋友有信。放勋㉔曰：'劳之来之㉕，匡之直之，辅之翼之，使自得之，又从而振德之㉖。'圣人之忧民如此，而暇耕乎？

"尧以不得舜为己忧，舜以不得禹、皋陶㉗为己忧。夫以百亩之不易为己忧者，农夫也。分人以财谓之惠，教人以善谓之忠，为天下得人者谓之仁。是故以天下与人易，为天下得人难。孔子曰：'大哉尧之为君！惟天为大，惟尧则之㉘。荡荡乎㉙民无能名焉！君哉舜也！巍巍乎㉚有天下而不与㉛焉！'尧、舜之治天下，岂无所用其心哉？亦不用于耕耳。

"吾闻用夏变夷者，未闻变于夷者也。陈良，楚产也，悦周公、仲尼之道，北学于中国。北方之学者，未能或之先也。彼所谓豪杰之士也。子之兄弟事之数十年，师死而遂倍㉜之。昔者孔子没，三年之外，门人治任㉝将归，入揖于子贡，相向而哭，皆失声，然后归。子贡反，筑室于场㉞，独居三年，然后归。他日，子夏、子张、子游以有若似圣人，欲以所事孔子事之，强曾子。曾子曰：'不可。江汉以濯㉟之，秋阳以暴之，皜皜乎不可尚已㊱。'今也南蛮𫘧舌之人㊲，非先王之道，子倍子之师而学之，亦异于曾子矣。吾闻出于幽谷迁于乔木者，未闻下乔木而入于幽谷者㊳。《鲁颂》曰：'戎狄是膺，荆舒是惩。'㊴周公方且膺之，子是之学，亦为不善变矣。"

"从许子之道，则市贾不贰，国中无伪。虽使五尺之童适市，莫之或欺。布帛长短同，则贾相若；麻缕丝絮轻重同，则贾相若；五谷多寡同，则贾相若；屦大小同，则贾相若。"

曰："夫物之不齐，物之情也。或相倍蓰㊵，或相什百，或相千万。子比而同之，是乱天下也。巨屦小屦同贾，人岂为之哉？从许子之道，相率而为伪者也，恶能治国家？"

注释

①有为神农之言者许行：有位信奉农家学说名叫许行的人。神农之言，指农家假托上古帝王神农氏的名义宣扬自己的主张。许行，楚国人，农家代表人物。

②踵（zhǒng）门：此指登门拜访。

③廛（chán）：住宅。

④氓（méng）：从其他地方迁来的百姓。

⑤与之处：给他住所。

⑥捆屦（jù）、织席以为食：编草鞋、织席子为生。

⑦陈良：楚国人，信奉儒家学说。

⑧耒耜（lěi sì）：农具。

⑨饔飧（yōng sūn）而治：早餐叫饔，晚餐叫飧。此指亲自烧火做饭。

⑩厉民：危害老百姓。

⑪冠素：戴白色丝绸织的帽子。

⑫害于耕：妨碍耕种。

⑬爨（cuàn）：烧火做饭。

⑭舍：不肯。

⑮宫中：房中。

⑯一人之身：一个人的生存必需品。

⑰食人：养活人。

⑱不登：不能成熟。

⑲敷治：全部治理。

⑳益：舜的大臣。

㉑瀹（yuè）济、漯（tà）：疏通济水、漯水。

㉒后稷：周始祖，传说是农业的发明者。

㉓契：商的先祖。

㉔放勋：即尧。

㉕劳之来之：使他们勤奋。

㉖振德之：提携、教导。

㉗皋陶：舜时掌管刑罚的官员。

㉘则之：效法天。

㉙荡荡乎：浩大无边的样子。

㉚巍巍乎：高大庄严的样子。

㉛有天下而不与：此指全心为天下而忘记一己之私。不与，不相干。

㉜倍：通"背"，背叛。

㉝治任：打点行装。

㉞场：坟前祭祀用的空地。

㉟濯：洗涤。

㊱皓（hào）皓乎不可尚已：光明洁白得谁也比不上。皓，光明洁白的样子。尚，超过。

㊲南蛮鴃舌之人：南蛮，先秦时代中原地区对南方部族的称呼。鴃舌，指伯劳的叫声，形容语言难懂。

㊳下乔木而入于幽谷者：乔木，高大的树木，喻高尚。幽谷，深幽的山谷，喻下流。

㊴"《鲁颂》曰"句：语出《诗经·鲁颂·閟宫》。戎狄，西周时西方和北方的部族。荆，即楚国。舒，靠近楚国的小国。

㊵蓰（xǐ）：五倍。

译文

有个宣扬农家学说的代表人物叫许行，他离开楚国到了滕国，登门拜访滕文公，说："听说君王要实行仁政，于是我远道而来，希望得到住处，成为您的百姓。"

滕文公给了他一处住所。

许行的学生有几十人，都穿粗麻布的衣服，以织草鞋、编席为生。

陈良的学生陈相和他的弟弟陈辛，扛着农具也从宋国到了滕国，也去拜见了滕文公，说："听说君王推行圣人之政，那您也是圣人了，我们很想成为圣人治理下的百姓。"

陈相遇到许行非常开心，便抛开他过去所学，一心一意地向许行学习。

陈相遇到孟子，转述许行的话："滕文公的确是个开明的君主，可是并非真正懂得道理。贤能的君王应该与老百姓一起种田而养活自己，自己亲自烧火做饭，同时治理国家。而今滕国却建有粮仓还有库房，这是迫害老百姓来供养自己，怎么能说是贤明呢？"

孟子说："许先生一定要吃自己种的粮食吗？"

陈相说："是的。"

孟子说："许先生一定要自己织布做衣服穿吗？"

陈相说："不是的。许先生穿粗麻布衣服。"

"许先生戴帽子吗？"

陈相说："戴。"

孟子说："许先生戴什么样的帽子呢？"

陈相说："戴白色丝绸织的帽子。"

孟子说："帽子是许先生自己织的吗？"

陈相说："不是的。帽子是用粮食换来的。"

孟子说:"许先生为什么不自己织帽子呢?"

陈相说:"那样会妨碍种庄稼的。"

孟子说:"许先生也用锅和陶器煮饭,也用铁具耕田吧?"

陈相说:"是的。"

"这些炊具和农具是他自己造的吗?"

陈相说:"不是的。炊具和农具是他用粮食换来的。"

孟子说:"农民用粮食换取各种器具,并不是迫害陶匠和铁匠。制陶和打铁的人也用他们的产品换取粮食,难道就是迫害农民吗?且许先生为什么不制陶、打铁?他怎么做不到什么东西都从自己房中拿出来用呢?他为什么还要忙忙碌碌地与各种匠人交换产品?许先生为何如此不怕麻烦呢?"

陈相说:"各种工匠的工作,本来就不能边种田边干的。"

孟子说:"那么治理天下就能边种田边干了吗?有统治者要做的事,也有被统治者要做的事。况且一个人生存所必需的东西要各种工匠提供。如果一定自己做的才能用,就等于让天下人整天在路上奔忙。所以说:有的人劳心,有的人劳力;劳心的人统治别人,劳力的人被统治;被统治的人要供养别人,统治人的人要被人供养,这是天下共通的道理。

"尧时,天下还不太平,洪水泛滥,草木茂盛,鸟兽繁衍,庄稼收成不好,鸟兽威胁人类的生存,中原地区到处是鸟兽的足迹。尧很忧虑,就提拔舜去治理。舜委派益掌管用火,益焚烧山泽的杂树杂草,鸟兽四处逃跑躲藏。大禹疏通多条河流,使济水、漯水注入大海,开掘汝水、汉水,疏浚淮水、泗水,让它们排入长江,这以后中原地区才适合种植作物。那时,大禹在外奔波八年,三次经过自家门口都来不及进去,就算他想种田,可能吗?

"后稷教老百姓种田，种植各种粮食，五谷成熟了，老百姓能很好地生活。人性本善，老百姓吃得饱了、穿得暖了、住得舒适了，但若不受教育，就跟禽兽没什么区别了。尧又担忧起来，便委派契管理老百姓，教导老百姓处理各种伦理关系：父子之间要相亲相爱，君臣之间要讲求礼义，夫妇之间要内外有别，长幼之间有先后次序，朋友之间要讲究信用。尧说：'鞭策百姓，匡正百姓，扶助百姓，让他们找到自己的本性，再加以提携和教导。'圣人为百姓忧虑至此，能有时间种田吗？

"尧为得不到舜这样的贤人而忧虑，舜为得不到大禹、皋陶这样的贤人而忧虑。担心自己的一百亩农田耕种不好的人，是农民。把财物分给别人叫恩惠，用善来教导别人叫忠诚，替天下选拔人才叫仁爱。所以把天下交给别人并不难，为百姓找到贤人才是困难的事。孔子说：'尧做君主做得伟大啊！天是最伟大的，只有尧能仿效上天。他胸怀宽广，老百姓无法用语言形容！大舜也是合格的君主呀！公而忘私地统治天下！'尧、舜统治天下，难道还不用心吗？只是他们没把心思用在种庄稼上而已。

"我只听说过用中原较高的文化同化边疆落后部族的，却没听说被落后部族所同化的。楚人陈良，推崇周公、孔子的学说，到中原地区去学习。北方的学者，没人比他强。他是人们所说的豪杰呀。你们兄弟二人追随他几十年，他去世之后你们却背弃了他。以前，孔子去世以后，弟子们守孝三年才打点行装，又到子贡的房中行礼，相对流泪，每个人都痛哭失声，然后才走。子贡回来在空地上建了一所房子，一个人在那里又住了三年才走。子夏、子张、子游几个人因为有若有点儿像孔子，想像对待孔子那样对待有若，他们强迫曾子接受。曾子却说：'不行。我们老师的德行像被长江、汉水洗过，又像被夏日的骄阳曝晒过般光洁，无人可比！'现在许行从落后地区出来，说着听不懂的语言，批评先王的政治，你却背叛自己的老师向他学习，跟曾子太不同了。我听说过鸟儿从深谷飞出迁到乔木上的，却没听说过从乔木上迁居到幽深的山谷里去的。《诗》说：'打击戎狄，惩治荆舒。'周公都要打击他们，你却要向他们学习，这是在向不好的方向转变。"

陈相说："如果按照许先生的主张行事，市场上商品的物价就统一了，国中也没人有欺骗行为。即使是小孩子到市场上，也不会有人骗他。布帛长短相同，价钱就一样；麻线丝帛的重量相同，价钱就一样；粮食多少相同，价钱就一样；鞋子大小相同，价钱就一样。"

孟子说："事物之间存在差别是很自然的。有的差一倍五倍，有的差十倍百倍，甚至千倍万倍。你硬要它们相同，这就是让天下大乱。大鞋子和小鞋子价钱相同，哪个鞋匠会这么做呢？若是按照许先生的主张实行，那就是带领大家一起弄虚作假，如何能管理好国家？"

第五章

墨者夷之①因徐辟②而求见孟子。孟子曰："吾固愿见，今吾尚病，病愈，我且往见，夷子不来！"

他日，又求见孟子。孟子曰："吾今则可以见矣。不直③则道不见④，我且直之。吾闻夷子墨者，墨之治丧也，以薄为其道也。夷子思以易天下，岂以为非是而不贵也？然而夷子葬其亲厚，则是以所贱事亲也。"

徐子以告夷子。夷子曰："儒者之道，古之人'若保赤子⑤'，此言何谓也？之则以为爱无差等，施由亲始。"

徐子以告孟子。孟子曰："夫夷子信以为人之亲其兄之子为若亲其邻之赤子乎？彼有取尔也⑥。赤子匍匐将入井，非赤子之罪也。且天之生物也，使之一本，而夷子二本故也⑦。盖上世⑧尝有不葬其亲者，其亲死，则举而委之于壑⑨。他日过之，狐狸食之，蝇蚋⑩姑⑪嘬⑫之。其颡⑬有泚⑭，睨而不视⑮。夫泚也，非为人泚，中心达于面目，盖归反虆梩而掩之⑯。掩之诚是也，则孝子仁人之掩其亲，亦必有道矣。"

徐子以告夷子。夷子怃然为间曰："命之矣。"

注　释

①墨者夷之：信奉墨家学说的学者夷之。墨家是战国时期反对儒学的一个派别。

②徐辟：孟子弟子，亦称徐子。

③不直：不直说。

④则道不见：真理就不明白。

⑤若保赤子：语见《尚书·康诰》。意为先王爱护人民像爱护小孩子一样。

⑥彼有取尔也：这句话是打个比方。

⑦而夷子二本故也：而夷子却认为人有两个来源，所以才这样认为。

⑧上世：上古之世。

⑨举而委之于壑：把父母的尸体丢弃在沟里。

⑩蝇蚋（ruì）：苍蝇和蚊虫。

⑪姑：语气助词。

⑫嘬：聚在一起吃。

⑬颡（sǎng）：额头。

⑭泚：出汗的样子。

⑮睨而不视：不忍正视，只能斜视。睨，斜视。

⑯反蘽（léi）梩（sì）而掩之：带来土筐和木锹来掩埋。

译文

墨家的夷子想通过孟子的学生徐辟求见孟子。孟子说："我本来是想见他的，但我正病着，待我病好了，我去见他，夷子就不用来了。"

过了几天，夷子又提出想见孟子。孟子说："现在能见他了。若我不直说，真理就不明白，我就直说吧。我听说夷先生信奉墨学，墨家办理丧事，把薄葬当标准。夷先生想用这个标准让天下更改习俗，难道觉得不如此就不可贵？可夷先生又厚葬他的父母，这正是用他所认为的低贱的方法对待他的父母啊。"

徐辟把孟子的话转给夷子。夷子说："儒家的理论认为，古人'像爱护小孩子那样爱护百姓'，这话是何意呢？我认为对别人的爱在程度上是没有差别的，只是实行的时候是从父母开始的。"

徐辟又把夷子的话告诉孟子。孟子说："夷先生真的认为一个人对他侄子的爱与对邻家小孩的爱是一样的吗？这句话只是打个比方。小孩子爬着爬着就要掉进井里了，这并不是小孩的过错呀。（百姓做错了，也不是百姓的错。'像爱护小孩子那样爱护百姓'，是这个意思，不是对别人的爱在程度上是没有差别的意思。）老天生万物，是让万物只有一个源头，而夷先生却认为源头有两个，所以才这样认为。可能远古的时候有人不埋葬父母，父母去世后就把他们的尸体扔到沟里。过几天他经过那里，见到狐狸在啃噬，蚊虫在叮咬。他的额头都冒汗了，斜着眼不敢正视。出汗并不是为了让别人看到，而是内心痛苦的真实流露。可能他会回去带来土筐和木锹埋葬尸体。埋葬尸体确实是正确的，那么孝子埋葬父母时，也是有道理的。"

　　徐辟把这话告诉了夷子。夷子怅然，顿了一会儿才说："我已受过他的教诲了。"

第六篇　滕文公下

第一章

陈代①曰："不见诸侯，宜若小然。今一见之，大则以王，小则以霸。且《志》曰'枉尺而直寻②'，宜若可为也。"

孟子曰："昔齐景公田，招虞人以旌，不至，将杀之。志士不忘在沟壑，勇士不忘丧其元③。孔子奚取焉？取非其招不往也。如不待其招而往，何哉？且夫枉尺而直寻者，以利言也。如以利，则枉寻直尺而利，亦可为与？昔者赵简子使王良与嬖奚乘，终日而不获一禽。嬖奚反命曰：'天下之贱工也。'或以告王良。良曰：'请复之。'强而后可，一朝而获十禽。嬖奚反命曰：'天下之良工也。'简子曰：'我使掌与女乘。'谓王良，良不可，曰：'吾为之范我驰驱，终日不获一；为之诡遇④，一朝而获十。《诗》云："不失其驰，舍矢如破。"我不贯与小人乘，请辞。'御者且羞与射者比⑤，比而得禽兽虽若丘陵，弗为也。如枉道而从彼，何也？且子过矣！枉己者，未有能直人者也。"

注释

①陈代：孟子弟子。
②寻：古代长度单位，八尺为一寻。
③元：头。
④诡遇：不循正道驾驶。
⑤比：并。此处为合作。

译文

陈代说："过去我认为不去拜见诸侯的行为似乎是心胸狭窄的表现。现在我与诸侯相见，从大处讲可以通过实行仁政称霸天下，从小处讲可以凭借武力称霸中原。《志》上讲'缩着只有一尺，伸开便长至八尺'，看来是可以的。"

孟子说："原来齐景公打猎时，用旗杆带羽毛的旗子召唤管理猎场的官员，可那个人并未应召前来，齐景公想杀了他。有志气的人不怕葬身沟壑，有勇气的人不怕丢掉脑袋。孔子认同这个官员的哪点呢？是认同他对于没有遵照礼仪制度的召唤就拒绝应召前往的举动。要是没受请便主动前往，又算什么行为？况且缩着一尺伸开八尺的说法，是从利益角度考虑的。但若仅仅从利益角度考虑的话，缩着八尺而伸开一尺是有利的，就可以做了吗？过去晋国的权臣赵鞅命令善于驾车的王良给他的宠臣奚驾车，奚一整天也没打到一只猎物。奚回去跟赵鞅说：'王良是天下最差的驭手。'有人把这话告诉了王良。王良说：'那就请再去一次。'奚经王良一再要求才同意，这次奚一个上午便打了十只猎物。回来后奚又对赵鞅说：'王良是天下最好的驭手。'赵鞅说：'那我派王良专门给你驾车。'赵鞅命人通知王良，王良不干，说：'第一次我按规矩驾车，结果他一只猎物都没打到；第二次我驾着车胡乱奔跑，他一早上反而打到了十只猎物。《诗》说："按规矩驾车，射出的箭就一定会命中目标。"再说我也不习惯为小人驾车，现在我请求辞职。'驾车的人都不愿与不好的射手合作，即使能够猎获堆积如山的禽兽，他也坚决不干。若是为了跟随诸侯而违背正道，又是什么呢？并且你是不对的！个人信念扭曲的人不可能纠正别人。"

第二章

景春①曰："公孙衍②、张仪③岂不诚大丈夫哉？一怒而诸侯惧，安居而天下熄④。"

孟子曰："是焉得为大丈夫乎？子未学礼乎？丈夫之冠⑤也，父命之；女子之嫁也，母命之。往送之门，戒之曰：'往之女家，必敬必戒，无违夫子！'以顺为正者，妾妇之道也。居天下之广居，立天下之正位，行天下之大道。得志，与民由之；不得志，独行其道。富贵不能淫，贫贱不能移,威武不能屈。此之谓大丈夫。"

注释

①景春:战国时期楚国贵族,纵横家。

②公孙衍:战国时期魏国人,著名的政治家、外交家、军事家、纵横家。

③张仪:战国时期魏国人,纵横家、外交家和谋略家。

④熄:同"息",指安宁。

⑤冠:加冠,即戴帽子。古代男子二十岁时举行加冠礼,是成人的标志。

译文

景春说:"公孙衍、张仪岂非大丈夫?他们一发怒,各国诸侯都恐惧;他们安稳后,天下便再无战火。"

孟子说:"他们怎么能算大丈夫呢?你难道没学过礼义吗?在男子举行成人礼时,父亲要教导他;女子出嫁时,母亲要教导她。送女儿出门时,告诫她:'到了婆家,要恭敬谨慎,不要违抗丈夫的话。'女子以顺从为行为准则,就是她们作为人妇的道德规范。男子要居住在宽广的大屋子(仁)里,要站立在最正直的位置(礼)上,要行走在天下最光明的大道(义)上。得志时,与民众一起;不得志时,走自己的路。身在富贵之中不骄纵,身在贫贱之中不改志,威武之下不屈服。这样的人才称得上大丈夫。"

第三章

周霄①问曰:"古之君子仕乎?"

孟子曰："仕。《传》曰：'孔子三月无君，则皇皇如也；出疆必载质②。'公明仪曰：'古之人三月无君则吊。'"

"三月无君则吊，不以急乎？"

曰："士之失位也，犹诸侯之失国家也。《礼》曰：'诸侯耕助，以供粢盛③；夫人蚕缫，以为衣服。牺牲④不成，粢盛不絜，衣服不备，不敢以祭。惟士无田，则亦不祭。'牲杀、器皿、衣服不备，不敢以祭，则不敢以宴，亦不足吊乎？"

"出疆必载质，何也？"

曰："士之仕也，犹农夫之耕也，农夫岂为出疆舍其耒耜哉？"

曰："晋国亦仕国也，未尝闻仕如此其急。仕如此其急也，君子之难仕，何也？"

曰："丈夫生而愿为之有室，女子生而愿为之有家。父母之心，人皆有之。不待父母之命、媒妁⑤之言，钻穴隙相窥，逾墙相从，则父母国人皆贱之。古之人未尝不欲仕也，又恶不由其道。不由其道而往者，与钻穴隙之类也。"

注 释

①周霄：魏国人。

②质：通"贽"，古时初次拜见别人时所带的礼物。

③粢（zī）盛：盛在器物中的谷物，做祭品。

④牺牲：古时祭祀时用作供品的牛、猪、羊等。

⑤媒妁：媒人。

译 文

周霄问："古代德才兼备的人也要为官吗？"

孟子说："当然要当官。《传》上记载：'孔子因三个月没有君主任用他，就整日担心；离开一个国家到另一个国家，一定要带上礼物。'公明仪说：'古时候的人若是三个月没有君主任用他就会感到悲哀。'"

周霄说："三个月不被任用就会感到悲哀，是不是太着急了？"

孟子说:"德才兼备的人失去官位,就像诸侯失去了国家。《礼》上说:'诸侯国君亲自参加劳动,是为了生产用于祭祀的粮食;夫人亲自养蚕缫丝,是为了织出用于祭祀时穿戴的礼服。要是祭祀用的牲畜不够壮实、粮食不洁净、礼服不合适,是不敢祭祀的。士人没有祭田,也不敢进行祭祀。'牲畜、器具、礼服准备不足就不能举行祭祀,不举行祭祀就不能聚会,这样还不该感到悲哀吗?"

周霄问:"离开一个国家到另一个国家,一定要带上礼物,是为什么呢?"

孟子答:"士人当官就像农民耕地一样。农民难道会因为离开一个国家就扔掉他的耕种工具吗?"

周霄说:"魏国也是一个士人容易求取官职的国度,我却没听说有谁为了当官就这么着急的。如此急不可待地想当官,真正贤明的士人却又不是随随便便就去做官,这是为什么呢?"

孟子说:"男孩生下来,做父母的总想给他找个好媳妇;女孩生下来,父母就想让她嫁个好人家。普天之下的父母都有这样的心愿。要是子女不等父母的安排、不经过媒妁的撮合,就钻墙洞、扒门缝相互偷看,甚至爬墙前去幽会,那么父母及所有人都会鄙视他们。过去的贤明的士人并不是不想当官,只是不喜欢违背正确的谋取官职的方式。要是士人通过非正当手段谋取官职,就跟钻墙洞、扒门缝的人一样了。"

第四章

彭更①问曰:"后车数十乘,从者数百人,以传食②于诸侯,不以泰③乎?"

孟子曰:"非其道,则一箪食不可受于人;如其道,则舜受尧之天下不以为泰。子以为泰乎?"

曰:"否。士无事而食,不可也。"

曰:"子不通功④易事⑤以羡补不足,则农有余粟,女有余布;子如通之,则梓匠轮舆皆得食于子。于此有人焉,入则孝,出则悌,守先王之道,以待后之学者,而不得食于子。子何尊梓匠轮舆而轻为仁义者哉?"

曰："梓匠轮舆，其志将以求食也；君子之为道也，其志亦将以求食与？"

曰："子何以其志为哉？其有功于子，可食⑥而食之矣。且子食志乎？食功乎？"

曰："食志。"

曰："有人于此，毁瓦画墁⑦，其志将以求食也，则子食之乎？"

曰："否。"

曰："然则子非食志也，食功也。"

注释

①彭更：孟子弟子。
②传食：此指接受供养。
③泰：同"太"，过分。
④功：同"工"，各个行业做的事情。
⑤事：产品。
⑥食：供给饮食，引申为给予报酬。
⑦墁（màn）：在墙壁上涂抹。

译文

彭更问："先生从行的车辆几十辆，追随人员有几百人，在各个诸侯国之间来回不停地接受他们的供养，这是否有些过分？"

孟子说："如果不是正当途径，那么别人给的一小筐饭也不能接受；如果是正当途径，那么舜接受尧给的整个天下都不过分。你认为我这样做过分了吗？"

彭更说："不是。读书之人不干活白吃饭，我觉得是不应该的。"

孟子说："你如果不让各行各业的人靠交换产品来补充自己所缺少的东西，那么农民就会有剩余的粮食，女人就会有剩余的布匹；你如果让各种劳动者交换产品，那么木匠和造车匠都可以得到他们所需要的东西。就算有个人在家孝敬父母，出门顺从长辈，严格遵守前代贤王流传下来的道德规范，并等着提携后人踵事增华，这样的人在你这里却不能谋生。你为何独独看重那些木匠却轻视实行仁义的读书人呢？"

彭更说："木匠和造车匠劳作的目的就是谋生，贤明人士遵行道义的目的也是谋生吗？"

孟子说："你为什么偏要以目的为标准呢？他们给你办事，你能给他们报酬就给他们报酬。那么你是因为他们谋生的目的而给他们报酬呢，还是因为他们给你办事了才给他们报酬呢？"

彭更说："因为目的。"

孟子说："这里有个人揭了你房上的瓦，弄脏了你新刷过的墙，他的目的也是谋生，你也会给他报酬吗？"

彭更说："当然不给。"

孟子说："那你就不是因为对方的目的而给报酬，而是因为对方具体做的事情。"

第五章

万章问曰："宋，小国也。今将行王政，齐楚恶而伐之，则如之何？"

孟子曰："汤居亳，与葛为邻。葛伯放①而不祀。汤使人问之曰：'何为不祀？'曰：'无以供牺牲也。'汤使人遗②之牛羊。葛伯食之，又不以祀。汤又使人问之曰：'何为不祀？'曰：'无以供粢盛也。'汤使亳众往为之耕，老弱馈食。葛伯率其民，要③其有酒食黍稻者夺之，不授者杀之。有童子以黍肉饷，杀而夺之。《书》曰'葛伯仇饷'此之谓也。为其杀是童子而征之，四海之内皆曰：'非富天下也，为匹夫匹妇④复仇也。'汤始征，自葛载⑤，十一征而无敌于天下。东面而征，西夷怨；南面而征，北狄怨。曰：'奚为后我？'民之望之，若大旱之望雨也。归市者弗止，芸⑥者不变。诛其君，吊其民，如时雨降。民大悦。《书》曰：'徯我后，后来其无罚。''有攸⑦不惟臣，东征，绥厥士女，篚⑧厥玄黄⑨，绍我周王见休⑩，惟臣附于大邑周。'其君子实玄黄于篚以迎其君子，其小人⑪箪食壶浆以迎其小人。救民于水火之中，取其残而已矣。《泰誓》⑫曰：'我武惟扬，侵于之疆，则取于残，杀伐用张，于汤有光。'不行王政云尔；苟行王政，四海之内皆举首而望之，欲以为君。齐楚虽大，何畏焉？"

注释

① 放：放纵，不加检点约束。
② 遗：赠予。
③ 要：同"腰"，半路上。
④ 匹夫匹妇：平民百姓。
⑤ 载：开始。
⑥ 芸：同"耘"，耕种土地的农民。
⑦ 攸：古国名。
⑧ 篚（fěi）：盛东西的竹篮子。
⑨ 玄黄：黑色和黄色。这里指黑色和黄色丝绸。
⑩ 休：美好。
⑪ 小人：此指百姓。后面的"小人"指周王的士兵。
⑫ 《泰誓》：《尚书》篇名，共三篇，为武王伐纣至孟津会盟誓师之文。

译文

万章问："宋国是个相对弱小的国家。现在准备实行仁政称王天下，要是此举招致邻国齐、楚的讨伐，该怎么办呢？"

孟子说："商汤在亳地时，与葛国相邻。葛国君主葛伯是个行为放纵不守礼法的人，他从来不祭祀天地和祖先。汤派人去问：'为何不举行祭祀活动呢？'葛伯说：'没有牛羊作祭品。'汤派人送去了牛羊，但葛伯将牛羊杀了吃了，又不祭祀。汤再次派人去问：'为什么仍不祭祀呢？'葛伯回答：'我没有祭祀用的谷物。'汤派百姓去帮葛伯耕种土地，老弱者负责往田边送饭。葛伯率领他的百姓在半路上截拦送饭的人，夺取所携饭菜，不交的就

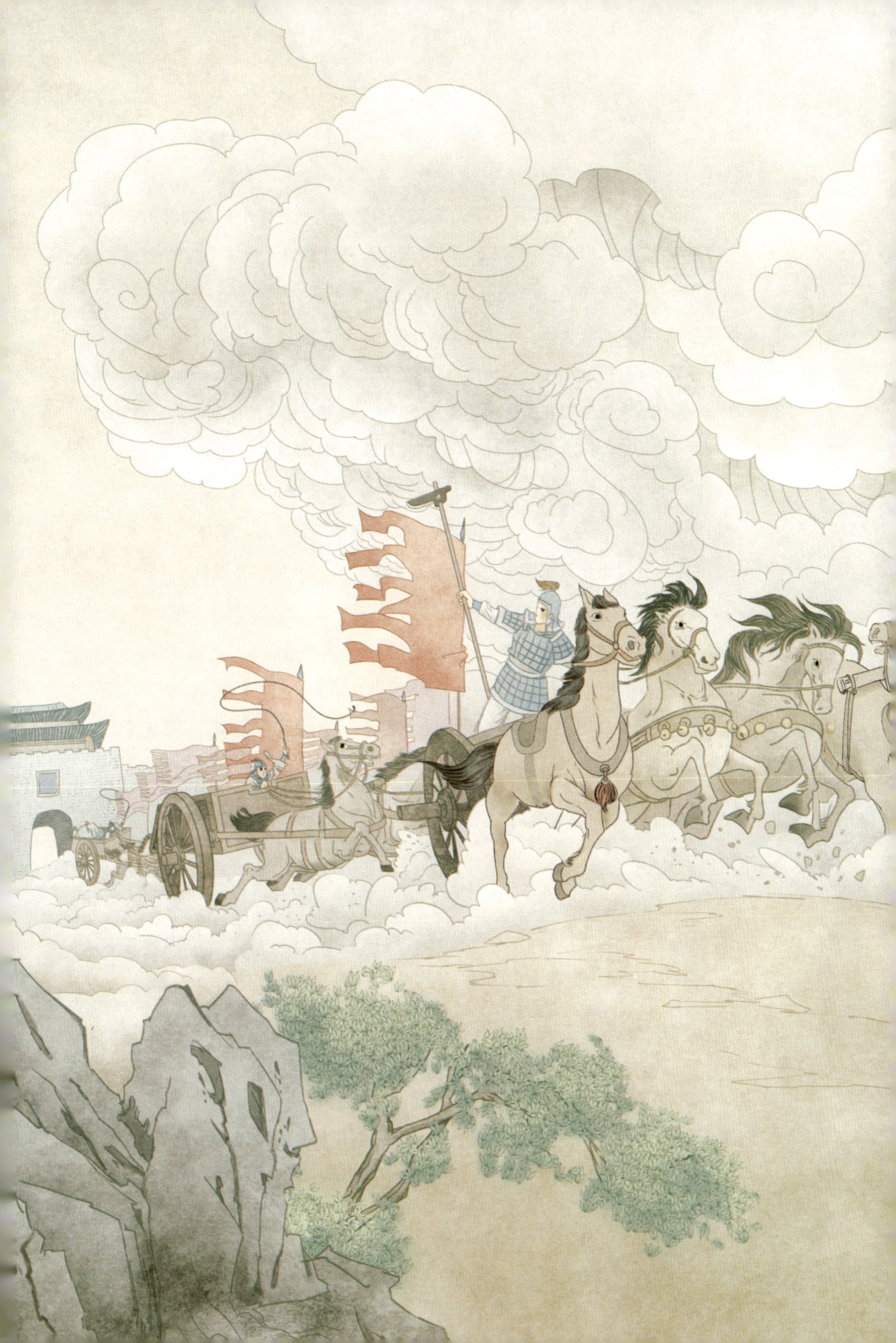

杀死。有一个小孩去田间送黄米和肉，葛伯杀了小孩，夺了他所带的饭菜。《书经》上说'葛伯恨送饭的人'就指这件事。商汤因为小孩被杀而起兵征讨，四海之内的人都说：'汤并不是想搜刮天下的财富，而是要为屈死的平民百姓报仇雪恨。'汤统一天下的大业，就是从征讨葛国开始的，自此，经过十一次的征伐，天下没有哪个国家可以抵挡。汤率兵讨伐东面，西边的百姓就抱怨；汤率兵讨伐南面，北边的百姓就抱怨。他们纷纷说：'为什么把我们排在后面呢？'可见百姓盼望汤的心情，就像久旱之后盼望下雨一样。商人继续做生意，农民仍旧耕田种地。汤诛杀暴君，安抚百姓，就像及时雨一样。百姓极为高兴。《书经》上说：'等待我们的商汤王啊，他来后我们就不必遭受残酷的刑罚了。''东方有个攸国不愿归顺周朝时，周王派兵征讨，安抚他们国家的百姓，当地的人们用竹篮子盛着黑色、黄色丝绸，请人介绍自己一见周王，并以得见周王而深感荣幸，衷心归附于周国。'当地的官员用放有黑、黄色丝绸的篮子迎接周王的官员，平民百姓携带着干粮、美酒欢迎周王的士兵。因为周王的军队使百姓逃离水深火热的生活，只杀那些欺压百姓的残暴君主。《泰誓》上说：'充分发挥我们的武力，占领商纣的国土，诛杀暴君，发扬正道，这是比商汤的征伐更光荣的事。'宋国没有实行仁政称王天下就算了；若是真施仁政，那么天下的百姓都伸长了脖子盼着，想拜宋国君主为王。即便齐、楚都是相邻的大国，宋国又有什么好怕他们的呢？"

第六章

孟子谓戴不胜①曰："子欲子之王之善与？我明告子。有楚大夫于此，欲其子之齐语也，则使齐人傅②诸？使楚人傅诸？"

曰："使齐人傅之。"

曰："一齐人傅之，众楚人咻③之，虽日挞而求其齐也，不可得矣；引而置之庄岳之间数年，虽日挞而求其楚，亦不可得矣。子谓薛居州④，善士也，使之居于王所。在于王所者，长幼卑尊皆薛居州也，王谁与为不善？在王所者，长幼卑尊皆非薛居州也，王谁与为善？一薛居州，独如宋王何？"

注释

①戴不胜：宋国大臣。

②傅：教导。

③咻(xiū)：吵闹。

④薛居州：战国时期宋国人，有善士之名。

译文

孟子对宋国大臣戴不胜说："你想让你们的大王达到多行善事的境界吗？让我明明白白地告诉你。假如有一位楚国的大臣在这里，想让他的儿子学会齐国话，那么是请齐国人教育他呢，还是请楚国人教他？"

戴不胜说："当然是请个齐国人教他。"

孟子说："若是只有一个齐国人教他，却有好多楚国人整天纷纷攘攘地围在他身边说楚国话，即使你天天用鞭子抽打他让他说齐国话，也是办不到的；若是领他到齐国的村庄里住上几年，就是天天抽打让他讲楚国话，也同样是办不到的。你所说的薛居州，倒是个诚实善良的人，就让他跟在宋王身边住在宫里吧。若是跟宋王同住的人全是薛居州一样的好人，大王能跟着谁干坏事呢？若是与宋王同住的人全是跟薛居州完全不一样的人，大王又跟谁一起做好事呢？单凭一个薛居州能对宋王产生多大影响呢？"

第七章

公孙丑问曰："不见诸侯何义？"

孟子曰："古者不为臣不见。段干木①逾垣而辟②之，泄柳闭门而不内，是皆已甚；迫，斯可以见矣。阳货欲见孔子③而恶无礼。大夫有赐于士，不得受于其家，则往拜其门。阳货瞰④孔子之亡也，而馈孔子蒸豚。孔子亦瞰其亡也，而往拜之。当是时，阳货先，岂得不见？曾子曰：'胁肩谄笑，病于夏畦。⑤'子路曰：'未同而言，观其色赧赧然，非由之所知也。'由是观之，则君子之所养可知已矣。"

注 释

①段干木：姓段干，名木，魏国人，清高而不屑为官。魏文侯去拜访他，他却翻墙逃走不见。

②辟：同"避"。

③阳货欲见孔子：事见《论语·阳货》。"见"在这里为使动用法，是阳货想让孔子来拜见他的意思。

④瞰：窥探。

⑤胁肩谄笑，病于夏畦（qí）：胁肩，耸起肩头。畦，本指菜地间划分的行列，这里作动词用，指在菜地里劳动。

译 文

公孙丑问道："不主动去拜见诸侯是什么原因？"

孟子说："在古代，一个人如果不是诸侯的臣属便不会去拜见诸侯。段干木为了躲避魏文侯翻墙而走，泄柳闭门不接待鲁缪公，这些都做得太过分了；若是对方迫切要见，还是应该见的。从前阳货想让孔子去拜见他，又不想让别人说他不懂礼仪。大夫赏赐士人，士人如果没能在家里接受，就要去登门拜谢。于是，阳货便趁孔子不在家时，给孔子送去一只蒸乳猪。相对地，孔子也在阳货不在家的时候登门拜谢。当时，要是阳货先去看孔子，孔子岂会不见他？曾子说：'耸起两个肩头，装出一副讨好人的笑脸，这真比顶着夏天的毒日头在菜地里干活还要令人难受啊。'子路说：'明明不是一路人却要勉强攀谈，脸上还要做出羞惭的样子，这种人我是无法理解的。'从这里就可以看出君子是如何修身养性的了。"

第八章

戴盈之①曰："什一，去关市之征，今兹未能，请轻之，以待来年，然后已，何如？"

孟子曰："今有人日攘②其邻之鸡者，或告之曰：'是非君子之道。'

108

曰：'请损之，月攘一鸡，以待来年，然后已。'如知其非义，斯速已矣，何待来年？"

注释

①戴盈之：宋国大臣。
②攘：偷盗。

译文

宋国大臣戴盈之说："征取十分之一的地税、免掉关卡和集市的税费，今年还很难做到。现在我们先减轻些税收，等明年再完全执行，如何？"

孟子说："现在有这样一个人，每天都要偷邻居家养的鸡，有人跟他说：'这不是好人干的事。'他说：'那我就少偷点儿，改成每个月偷一只，等到明年，我再彻底不偷。'如果知道一件事情是不合道义的，就该马上改正，为什么要等到明年呢？"

第九章

公都子曰："外人皆称夫子好辩，敢问何也？"

孟子曰："我岂好辩哉？予不得已也。天下之生久矣，一治一乱。当尧之时，水逆行，氾滥于中国，蛇龙居之，民无所定。下者为巢，上者为营窟。《书》曰：'洚水警余。'洚水者，洪水也。使禹治之。禹掘地而注之海，驱蛇龙而放之菹①。水由地中行，江、淮、河、汉是也。险阻既远，鸟兽之害人者消，然后人得平土而居之。

"尧、舜既没，圣人之道衰，暴君代②作。坏宫室③以为污池，民无所安息；弃田以为园囿，使民不得衣食。邪说暴行又作，园囿、污池、沛泽多而禽兽至。及纣之身，天下又大乱。周公相武王诛纣，伐奄三年讨其君，驱飞廉④于海隅而戮之，灭国者五十，驱虎、豹、犀、象而远之，天下大悦。《书》曰：'丕⑤显哉，文王谟⑥！丕承哉，武王烈！佑启我后人，咸

以正无缺。'

"世衰道微，邪说暴行有作。臣弑其君者有之，子弑其父者有之。孔子惧，作《春秋》。《春秋》，天子之事也。是故孔子曰：'知我者其惟《春秋》乎！罪我者其惟《春秋》乎！'

"圣王不作，诸侯放恣，处士横议，杨朱⑦、墨翟之言盈天下。天下之言不归杨，则归墨。杨氏为我，是无君也；墨氏兼爱，是无父也。无父无君，是禽兽也。公明仪曰：'庖有肥肉，厩有肥马；民有饥色，野有饿莩。此率兽而食人也。'杨墨之道不息，孔子之道不著，是邪说诬民，充塞仁义也。仁义充塞，则率兽食人，人将相食。吾为此惧，闲⑧先圣之道，距⑨杨墨，放淫辞，邪说者不得作。作于其心，害于其事；作于其事，害于其政。圣人复起，不易吾言矣。

"昔者禹抑洪水而天下平，周公兼夷狄、驱猛兽而百姓宁，孔子成《春秋》而乱臣贼子惧。《诗》云：'戎狄是膺，荆舒是惩，则莫我敢承。'无父无君，是周公所膺也。我亦欲正人心，息邪说，距诐行，放淫辞，以承三圣者。岂好辩哉？予不得已也。能言距杨墨者，圣人之徒也。"

注释

① 菹（jū）：多水草的沼泽地带。

② 代：更替。

③ 宫室：此指民众房屋。

④ 飞廉：又作"蜚廉"，纣的宠臣。

⑤ 丕：大。

⑥ 谟：计谋。

⑦ 杨朱：战国初期思想家，主张"贵己""重生""人人不损一毫"的思想。

⑧ 闲：同"衔"，遵从，捍卫。

⑨ 距：同"拒"，批驳，抗拒。

译 文

公都子说:"别人都说先生喜欢辩论,请问这是什么原因?"

孟子回答:"我哪里是喜欢辩论呀?我这是迫不得已。人类的出现已经有很长时间了,总是一段时间安宁,一段时间发生战乱。在尧帝统治时期,洪水泛滥,大地成为龙和蛇的住处,百姓没有了住处。住在低处的人只好像鸟一样在树上安家,住在山坡上的人以窑洞为家。《书经》上说:'洚水是在警告我们。'洚水就是洪水的意思。于是,尧派大禹去治水。禹挖掘河道把洪水引到海里,把盘踞的龙和蛇赶到长满杂草的沼泽里。这时大水顺着河道在土地中间流过,形成今天的长江、淮河、黄河、汉水。治理了恶劣的环境,危害人类的走兽飞禽消失了,人们才又在陆地上安定下来。

"尧、舜去世之后,他们的良好道德也日渐衰微,残暴的君主一个接一个地出现。他们毁坏房舍挖成池塘,百姓就没了住处;霸占耕地改建成园林,百姓就没有了吃穿的来源。这时歪理邪说及残暴的行径再次兴盛,园林、池塘、沼泽多了,飞禽走兽也随之聚集。到了纣王统治时,天下又混乱起来。周公辅佐武王诛灭纣王,又(襄助成王)历时三年讨伐奄国国君,驱赶飞廉到海边将之杀死,攻占了五十个小国,把虎、豹、犀、象赶到边远地区,天下百姓都极为高兴。《书经》上说:'英明啊,文王的计谋!光大啊,武王的功勋!保佑、警醒后世正确行事而不犯错误。'

"周朝国力衰微之后,良好的风尚随之渐消,歪理邪说及残暴行径又一次盛行。有大臣犯上作乱弑其君主的,有忤逆行凶杀其父亲的。孔子很担忧,因此著《春秋》一书。《春秋》讲的是天子的事情。孔子曾说:'人们可以通过这本《春秋》了解我!人们也可以通过这本《春秋》责难我!'

"圣明君主没有出现,各诸侯国君都放纵不羁,有的读书人也是胡说八道,杨朱、墨翟创建的学派占据主导地位。人们的言论不是倾向于杨朱,就是倾向于墨翟。杨氏学派的根本是'为我',这是没有君主的概念;墨翟学派的根本是'兼爱',这是没有父亲的概念。一个人要是不讲纲常,就成禽兽了。公明仪说:'厨房里有肥肉,马棚里有壮马;而百姓面黄肌瘦,田野上有饿死者的尸体。这就是统治者带领野兽吃人啊!'要是杨朱、墨翟的学派不消除、孔子的学说思想不发扬光大，等于是用歪理邪说蒙蔽百姓、堵塞仁义道德的发展道路。仁义道德发扬不了，就跟领着野兽吃人一样了，人们也会自相残杀。我很担忧目前这种状况，所以坚决捍卫古代圣人的道义，排斥杨朱、墨翟的学派，批驳其错误言论，使邪说无法推广。歪理邪说在内心滋生，就会干扰人们的行为；干扰人们的行为，就会干扰政治。即使圣人再次降临，也不会改变我这个观点。

"过去大禹治理了洪水，天下才太平；周公平定四方各族，驱赶了凶猛的野兽，百姓才有了安定的生活；孔子著成《春秋》一书，那些乱臣贼子才有所畏忌。《诗》上说：'打击戎狄，惩治荆舒，就无人敢不遵从我的命令。'不讲纲常的人，周公要打击他们。现在我想端正人们的思想观念、平息各种歪理邪说、批驳各种错误的行为、反对放纵的言论，就是想继承大禹、周公、孔子三位圣人的丰功伟业啊！我哪里是喜欢辩论呀？我实在是迫不得已啊！若是能通过辩论来排斥杨朱、墨翟的学派，我也是圣人弟子了！"

第十章

匡章[①]曰："陈仲子岂不诚廉士哉？居於陵，三日不食，耳无闻，目无见也。井上有李，螬[②]食实者过半矣，匍匐往，将[③]食之。三咽，然后耳有闻，目有见。"

孟子曰："于齐国之士，吾必以仲子为巨擘[④]焉。虽然，仲子恶能廉？充仲子之操，则蚓而后可者也。夫蚓，上食槁壤，下饮黄泉。仲子所居之室，伯夷之所筑与？抑亦盗跖[⑤]之所筑与？所食之粟，伯夷之所树与？抑亦盗跖之所树与？是未可知也。"

曰："是何伤哉？彼身织屦，妻辟纑，以易之也。"

曰："仲子，齐之世家也；兄戴，盖[⑥]禄万钟。以兄之禄为不义之禄而不食也，以兄之室为不义之室而不居也。辟[⑦]兄离母，处于於陵。他日归，则有馈其兄生鹅者，已频顑[⑧]曰：'恶用是鶂鶂[⑨]者为哉？'他日，其母杀是鹅也，与之食之。其兄自外至，曰：'是鶂鶂之肉也。'出而哇[⑩]之。以母则不食，以妻则食之；以兄之室则弗居，以於陵则居之，是尚为能充其类也乎？若仲子者，蚓而后充其操者也。"

注　释

①匡章：战国时齐国名将，人称章子或匡子。

②螬（cáo）：金龟子。

③将：取。

④巨擘（bò）：大拇指，这里指杰出的人才。

⑤盗跖（zhí）：春秋时期有名的大盗。

⑥盖：陈仲子之兄的封地。

⑦辟：同"避"。

⑧频顣：同"颦蹙"，皱眉皱额，比喻忧愁不乐。

⑨鶂（yì）鶂：大鹅的叫声。

⑩哇：呕吐。

译　文

匡章说："陈仲子岂非清廉之人？他住在於陵这个地方，三天没有饭吃，饿得耳朵听不到声音，眼睛也看不清东西了。这时他发现井边上有一个李子，还被金龟子吃了一大半，陈仲子坚持着爬过去，拿下来吃了。咽了三口，耳朵才能听见声音，眼睛才能看见东西。"

孟子说："在齐国的读书人里，我确实觉得陈仲子是杰出的人物。尽管如此，他如何算清廉之人呢？他要推广自己的德行，得当了蚯蚓才行。你看蚯蚓，爬到上面就吃泥土，钻到底下喝点儿土里的积水就能生活。倒是陈仲子，他住的房子，是伯夷那样的好人盖的呢，还是盗跖那样的坏人盖的呢？他吃的粮食，是伯夷那样的好人种出来的，还是盗跖那样的坏人种的呢？这些都不清楚啊！"

匡章说："这又有何关系？他自己编草鞋，妻子纺麻线，他们用这些东西换取日用品。"

孟子说："陈仲子出身于齐国大家族，他的哥哥陈戴仅在盖地一年的收入就有万钟粮食。陈仲子认为哥哥的俸禄是不义之财就坚决不吃，认为哥哥的房子是不义之室就坚决不住。他避开哥哥，告别母亲，独自住在於陵那个地方。有一次他回家，见有人送给哥哥一只活鹅，就皱着眉头缩着鼻子说：'要这么一只嘎嘎叫的东西做什么？'过了几天，他的母亲把鹅杀了给他吃。正好哥哥从门外进来，说：'这就是嘎嘎叫的东西的肉呀！'陈仲子马上跑出门吐了出来。母亲做的饭他不吃，妻子做的他就吃；因为是哥哥的房子他就不住，在於陵的房子他就住，这是能够推广的德行吗？像陈仲子这样的人，只有当蚯蚓才能推广自己的德行。"

第七篇　离娄上

第一章

孟子曰："离娄①之明、公输子②之巧，不以规矩，不能成方员③；师旷④之聪，不以六律⑤，不能正五音⑥；尧、舜之道，不以仁政，不能平治天下。今有仁心仁闻⑦而民不被其泽，不可法于后世者，不行先王之道也。故曰：徒善不足以为政，徒法不能以自行。《诗》云：'不愆不忘，率由旧章。'⑧遵先王之法而过者，未之有也。圣人既竭目力焉，继之以规矩准绳⑨，以为方员平直，不可胜用也；既竭耳力焉，继之以六律正五音，不可胜用也；既竭心思焉，继之以不忍人之政，而仁覆天下矣。故曰：为高必因丘陵，为下必因川泽，为政不因先王之道，可谓智乎？是以惟仁者宜在高位。不仁而在高位，是播其恶于众也。上无道揆⑩也，下无法守也。朝不信道，工不信度，君子犯义，小人犯刑，国之所存者幸也。故曰：城郭不完，兵甲不多，非国之灾也；田野不辟⑪，货财不聚，非国之害也；上无礼，下无学，贼民兴，丧无日矣。《诗》云：'天之方蹶，无然泄泄。'⑫泄泄犹沓沓也。事君无义，进退无礼，言则非先王之道者，犹沓沓也。故曰：责难于君谓之恭，陈善闭⑬邪谓之敬，吾君不能谓之贼。"

注释

①离娄：亦称"离朱"，相传黄帝时人，能千百步之外见秋毫之末。

②公输子：名般（亦作"班"），春秋末年鲁国的巧匠，故亦称鲁班。

③员：同"圆"。

④师旷：春秋晋平公时的乐师，善于辨音。

⑤六律：阴阳各六的十二律。相传黄帝时伶伦截竹为管，以管之长短

区别音之高低，并以此作为音乐的标准音高。

⑥五音：古代以宫、商、角、徵、羽为名的五声音阶。

⑦闻：声誉。

⑧不愆(qiān)不忘，率由旧章：语出《诗经·大雅·假乐》，是一首赞美周成王的诗。愆，过错。

⑨准绳：准是测量水平的仪器，绳是规范垂直的工具。

⑩道揆(kuí)：道，义理。揆，衡量。

⑪辟：垦殖，开辟。

⑫"《诗》云"句：语出《诗经·大雅·板》。蹶，动也。泄，同"呭"，原义为多嘴。

⑬闲：通"辟"，排斥，抵制。

译文

孟子说："离娄眼力好、鲁班技艺高超，如果没有圆规和直尺，也画不出圆形和方形；师旷听力好，如果不用六律，也不能校准五音；即便有尧、舜之道，如果不实行仁政，也不能让天下安享太平。现在虽然有的诸侯有仁爱的心思和名声，但老百姓没有获得他的恩惠，他无法成为后代学习的榜样，这是因为他不实行前代圣王的仁政。所以，光有善心还不足以治理好天下，光有法度也不足以让人自动遵守。《诗》说：'不犯错误没有疏忽，一切都遵循旧的规章制度。'遵循旧的规章制度而犯错的人，我从来没有听说过。圣人既已穷尽目力，又用圆规、直角尺、水平仪和绳墨，制作方的、圆的、平的、直的东西时就可以运用无穷；圣人既已穷尽听力，又用六律校准五音，各种音阶就用不尽了；圣人既已穷尽心思，又实行仁政，仁爱就遍布天下了。所以修筑高台一定要依附于山陵，挖深池一定要依傍于沼泽。执政者如不借助于圣王之道，能称作明智吗？所以，只有具备仁德的人才适合处于高位。不讲仁德的人处在高位，这等于把恶劣品质宣扬给百姓。居于上位的人不按义理的标准衡量事物，下面的人就不受法规制约。朝廷不讲道义，官吏不辨是非，士族背离义理，百姓触犯刑律，如果这样的国家还能存在，实属侥幸。所以，城墙不坚固，装备不充足，并不是国家的灾难；田野荒芜，财物不足，也不是国家的灾祸；如果在上位的人不遵循礼仪，在下位的人不受教育，刁民起来作乱，那么国家也就快灭亡了。《诗》说：'上天正在变动，不要无所顾忌。'无所顾忌，也就是行为懒散，妄加议论。侍奉君王不合道义，行为举止不合礼规，开口就诋毁先王之道，这就是行为懒散，妄加议论。所以说：要君王迎难而上，这叫'恭'；宣扬美善、驳斥邪说，这叫'敬'；认为君王不会做善事，这叫'贼'。"

第二章

孟子曰："规矩，方员之至也；圣人，人伦之至也。欲为君，尽君道；欲为臣，尽臣道。二者皆法尧、舜而已矣。不以舜之所以事尧事君，不敬其君者也；不以尧之所以治民治民，贼其民者也。孔子曰：'道二，仁与不仁而已矣。'暴其民甚，则身弑国亡；不甚，则身危国削，名之曰'幽''厉'①。虽孝子慈孙，百世不能改也。《诗》云：'殷鉴不远，在夏后之世。'②此之谓也。"

注 释

①幽、厉：指暴君周幽王和周厉王，"幽""厉"都是不好的谥号。
②"《诗》云"句：语出《诗经·大雅·荡》，是一首哀悼周衰落的诗。鉴，原指铜镜，引申为教训。

译 文

孟子说："圆规和直尺，是画圆形和方形的基准。圣人，是做人的极致。要做君王，就要全力实行君王之道；要做臣下，就要尽量遵守为臣之道。君道和臣道都应该以尧、舜为标准。不遵循舜侍奉尧的准则去侍奉自己的君王，是对君王的不敬；不遵循尧管理百姓的准则去管理百姓，就是迫害百姓。孔子说过：'只有两条路，实行仁政和不实行仁政。'国君对百姓过分暴虐，自己丧命，国家覆灭；即使不过分，也会危及自身，国势衰弱，死后被人冠以'幽''厉'这样不好的谥号。即使他们有孝顺的子孙，经过一百代这个恶谥还是改变不了。《诗》说'殷商有一面不远的历史镜子,就是夏桀统治时期',就是这个道理。"

第三章

孟子曰:"三代之得天下也以仁,其失天下也以不仁。国之所以废兴存亡者亦然。天子不仁,不保四海;诸侯不仁,不保社稷;卿大夫不仁,不保宗庙①;士庶人不仁,不保四体。今恶死亡而乐不仁,是犹恶醉而强②酒。"

注释

①宗庙:这里指采邑(封地),因为卿大夫先有采邑然后才有宗庙。
②强:硬要。

译文

孟子说:"夏商周三代获得天下是因为仁,丢了天下是因为不仁。国家的兴衰存亡也是同样的原因。天子不仁,就保不住天下;诸侯不仁,就保不住国家;卿大夫不仁,就保不住采邑;士人和平民百姓不仁,就保不住身家性命。现在的人既害怕死亡却又乐于做不仁义的事,这就好像既害怕喝醉却又偏偏拼命喝酒一样。"

第四章

孟子曰:"爱人不亲,反其仁①;治人不治,反其智;礼人不答,反其敬。行有不得者皆反求诸己。其身正而天下归之。《诗》云:'永言配命,自求多福。'"

注释

①反其仁:反问自己仁爱是否做到位了。

译文

孟子说:"爱别人却得不到别人的亲近,那就应该反问自己的仁爱是否不够;管理别人却无法管理好,那就应该反问自己的管理才智是否有问题;礼貌待人却得不到别人相应的回礼,那就应该反问自己对待别人是否足够尊敬。凡是行为没有得到想象中的回应,都应该反过来检讨自己。自身行为端正了,天下的人自然会归服。《诗》说:'长久地遵从天命,自己努力寻求更多的幸福。'"

第五章

孟子曰:"人有恒言,皆曰'天下国家'。天下之本在国,国之本在家,家之本在身。"

译文

孟子说:"人们有句口头语,都说'天下国家'。天下的根本是国,国的根本是家,家的根本是个人。"

第六章

孟子曰:"为政不难,不得罪于巨室。巨室①之所慕,一国慕之;一国之所慕,天下慕之。故沛然德教溢乎四海。"

注释

①巨室:此处指为国人所钦敬、仿效的贤卿大夫的家族。

译文

孟子说:"治理国家并不难,不要得罪贤明的世家大族。世家大族所仰慕的,整个国家也会仰慕;整个国家所仰慕的,天下之人也会仰慕。因此德教仁政就会声势浩大,不可阻挡地遍布各个地方。"

第七章

孟子曰:"天下有道,小德役①大德,小贤役大贤;天下无道,小役大,弱役强。斯二者,天也。顺天者存,逆天者亡。齐景公曰:'既不能令,又不受命,是绝物②也。'涕出而女于吴③。今也小国师大国而耻受命焉,是犹弟子而耻受命于先师也。如耻之,莫若师文王。师文王,大国五年,小国七年,必为政于天下矣。《诗》云:'商之孙子,其丽不亿。上帝既命,侯于周服。侯服于周,天命靡常。殷士肤敏,裸将于京。'④孔子曰:'仁不可为众也。夫国君好仁,天下无敌。'今也欲无敌于天下而不以仁,是犹执热而不以濯也。《诗》云:'谁能执热,逝不以濯?'⑤"

> **注 释**

①役:此处的"役"与下一句的"役"都是"役于"的意思。

②绝物:没有国家与之来往,即走投无路。

③涕出而女于吴:齐景公因不能抵御吴国的进攻,只好把女儿嫁到吴国和亲。

④"《诗》云"句:语出《诗经·大雅·文王》。

⑤"《诗》云"句:语出《诗经·大雅·桑柔》。执热,一种解释为拿了烫手的东西,另一种解释为强顶着酷热。此处取后者译。

> **译 文**

孟子说:"政治清明时,道德低下的人就会被道德高尚的人驱使,不贤之人就会被贤明之人驱使;政治黑暗时,力量小的就会被力量大的驱使,弱者就会被强者驱使。这两种情况都是天意。顺从天意的人就会活下来,忤逆天意的人就会灭亡。齐景公曾说过:'既不能命令别人,又不愿接受别人的命令,这就是死路啊。'因此他哭泣着将女儿嫁到了吴国。现在小国向大国学习而又把接受大国命令看成耻辱,这就像做学生的把听从老师的命令当成耻辱一样。如果把接受命令看成耻辱,不如向文王学习。以文王为师,大国需用五年时间、小国需用七年时间，就能一统天下了。《诗》说：'殷商的后代，即便数量超过十万，当上天已授命，他们也要服从周朝。他们服从周朝，说明天意不是固定不变的。殷商的臣下即便睿智，也都到镐京洒酒助祭。'孔子说过：'仁德不在人多势众。如果君王重视仁德，就能天下无敌。'现在许多人想天下无敌，却又不遵循仁义之道，这就像强顶着酷热而不冲凉解暑一样。《诗》说：'谁能强顶着酷热而不冲凉解暑呢？'"

第八章

孟子曰："不仁者可与言哉？安其危而利其菑①，乐其所以亡者。不仁而可与言，则何亡国败家之有？有孺子歌曰：'沧浪之水清兮，可以濯我缨；沧浪之水浊兮，可以濯我足。'孔子曰：'小子听之！清斯濯缨，浊斯濯足矣。自取之也。'夫人必自侮，然后人侮之；家必自毁，而后人毁之；国必自伐，而后人伐之。《太甲》曰：'天作孽，犹可违；自作孽，不可活。'此之谓也。"

注释

①菑：同"灾"。

译文

孟子说："和不仁德的人还能谈论什么呢？他们把危险的境地当作安逸，把潜在的灾祸视为有利可图，把自取灭亡的事当成享乐。如果可以和不仁德的人讲明白道理，那怎么会发生亡国灭家之事呢？有小孩子唱道：'沧浪的水清澈呀，可以洗我的帽缨；沧浪的水浑浊呀，可以洗我的双脚。'孔子说：'你们听着！水清澈，就洗帽缨；水浑浊，就洗双脚。这都是水自身决定的。'对人来说，一定是先有自招侮辱的地方，然后别人才能侮辱你；对家来说，一定是先有自招毁灭的原因，然后别人才能毁灭它；对国来说，一定是先有自讨攻伐的地方，然后别国才来讨伐它。《书经·太甲》说：'上天降下的灾祸可以躲避，自己作的孽却是逃不掉的。'说的就是这个道理。"

第九章

孟子曰:"桀纣之失天下也,失其民也;失其民者,失其心也。得天下有道:得其民,斯得天下矣。得其民有道:得其心,斯得民矣。得其心有道:所欲与之聚之,所恶勿施,尔也。民之归仁也,犹水之就下、兽之走圹①也。故为渊驱鱼者,獭也;为丛驱爵②者,鹯③也;为汤武驱民者,桀与纣也。今天下之君有好仁者,则诸侯皆为之驱矣。虽欲无王,不可得矣。今之欲王者,犹七年之病求三年之艾也。苟为不畜,终身不得。苟不志于仁,终身忧辱,以陷于死亡。《诗》云:'其何能淑,载胥及溺。'④此之谓也。"

> 注 释

①圹(kuàng):旷野。

②爵:通"雀"。

③鹯(zhān):一种似鹞的猛禽。

④"《诗》云"句:语出《诗经·大雅·桑柔》。淑,善。载,则,就。胥,共同。

> 译 文

孟子说:"桀、纣丢了天下,是因为他们失去了百姓的拥戴;失去了百姓的拥戴,是因为失去了百姓的心。得天下的办法是:得到百姓拥戴,就可以得天下。得百姓拥戴的办法是:得到百姓的心,就能得到百姓的拥戴。得到百姓的心的办法是:百姓想得到的,就帮助他们得到;百姓厌恶的,就不要强迫他们接受,如此而已。百姓顺服仁政,就像水往低处流、野兽在旷野跑一样。所以替深潭把鱼驱赶到那里的,是水獭;替丛林把鸟雀赶去那里的,是猛鹰;替商汤、周武王把百姓赶到他们那里的,是夏桀和殷纣。现在若天下有君王爱好仁政,那么诸侯都会替他把百姓赶到他那里。即使他不想得到天下,也是不行的。可是现在那些想得到天下的人,就好像已经得了七年之久的病才去寻求干燥了三年的陈艾这种良药来医治一样。如果平时不做准备，一辈子都得不到。如果君王不决心实行仁政，一辈子都会担心蒙受耻辱，最终陷入死亡的境地。《诗》说：'这些人怎么能有好结果，只能玉石俱焚。'说的就是这个道理。"

第十章

孟子曰："自暴者，不可与有言也；自弃者，不可与有为也。言非礼义，谓之自暴也；吾身不能居仁由①义，谓之自弃也。仁，人之安宅也；义，人之正路也。旷②安宅而弗居，舍正路而不由，哀哉！"

注释

①由：遵循。
②旷：动词，意为空出。

译文

孟子说："害自己的人，不能和他谈论什么；自我放弃的人，不能和他一起做什么。有的人开口就诋毁礼义，这是害自己；有的人认为自己不能坚守仁义、循义而行，这是自我放弃。仁，是人安乐的居所；义，是人的正路。不住安乐的居所、不走正路，真是可悲呀！"

第十一章

孟子曰:"道在迩①而求诸远,事在易而求诸难——人人亲其亲、长其长,②而天下平。"

注释

①迩(ěr):近。

②人人亲其亲、长其长:前一个"亲"和"长"作动词,后一个"亲"和"长"作名词。

译文

孟子说:"本来很近的路,却偏偏要跑老远去寻找;本来很容易的事,却偏偏要往难处去做——其实,只要人人都爱护父母、敬重长辈,天下就太平了。"

第十二章

孟子曰:"居下位而不获①于上,民不可得而治也。获于上有道:不信于友,弗获于上矣。信于友有道:事亲弗悦,弗信于友矣。悦亲有道:反身不诚,不悦于亲矣。诚身有道:不明乎善,不诚其身矣。是故诚者,天之道也;思诚者,人之道也。至诚而不动者,未之有也。不诚,未有能动者也。"

注释

①获:取得信任。

译文

孟子说:"职位低且得不到上级信任,是无法把百姓管理好的。得到上级信任有办法:首先要取信于朋友,若得不到朋友的信任,就无法让上级信任。

取得朋友的信任有办法：首先要让父母高兴，服侍父母无法让父母高兴，也就得不到朋友的信任。让父母高兴有办法：首先要对父母真诚，自己不真诚，也就不能让父母高兴。使自己真诚有办法：首先应该知道何为善，不明白何为善，也就不能使自己真诚。所以真诚是天道本然，追求真诚是做人理所当然的。真诚到了极致却无法感动别人，这样的事从没发生过；不真诚，是无法感动别人的。"

第十三章

孟子曰："伯夷辟纣，居北海之滨，闻文王作兴，曰：'盍归乎来！吾闻西伯善养老者。'太公辟纣，居东海之滨，闻文王作兴，曰：'盍归乎来！吾闻西伯善养老者。'二老者，天下之大老也，而归之，是天下之父归之也。天下之父归之，其子焉往？诸侯有行文王之政者，七年之内，必为政于天下矣。"

译文

孟子说："伯夷为躲避商纣，住到北海边上，听说文王兴起，说：'为何不归顺西伯（即后来的周文王）呢！我听说西伯善待老人。'姜太公躲避商纣，住在东海边上，听说文王兴起，说：'为何不归顺西伯呢！我听说西伯善待老人。'他们是年高德劭之人，都归顺文王，这就等于天下所有长辈都归顺文王了。天下所有长辈都归顺文王了，他们的晚辈还能归顺谁呢？如果诸侯中有人能像文王那样实行仁政，七年之内，一定能得到天下。"

第十四章

孟子曰："求也为季氏宰[①]，无能改于其德，而赋粟倍他日。孔子曰：'求非我徒也，小子鸣鼓而攻之可也。'由此观之，君不行仁政而富之，皆弃于孔子者也，况于为之强战？争地以战，杀人盈野；争城以战，杀人盈城。此所谓率土地而食人肉，罪不容于死。故善战者服上刑，连诸侯者次之,辟草莱、任土地②者次之。"

注释

①求也为季氏宰:求,孔子的弟子冉求,字子有。季氏,当时在鲁国执掌大权的季孙氏。宰,家臣。

②任土地:以地分授百姓。

译文

孟子说:"冉求给季孙做家臣,不但不能改变季孙氏的德行,还把季孙氏的田租增加了一倍。孔子就说:'冉求不再是我的门徒,你们可以大张旗鼓地声讨他。'从这点来看,不辅佐君王实行仁政而帮他聚敛钱财的人都是被孔子唾弃的,何况那些鼓动君王发动战争的人呢?为抢占土地而发动战争,罹难的人漫山遍野;为争夺城池而发动战争,罹难的人满城都是。这就叫为争夺土地而去吃人,即使处死也不能偿清他们的罪责。所以好战之人就该受到最严酷的刑罚,联合诸侯挑起战争的人受次一等的刑罚,(以开疆拓土、聚敛财富为目的)迫使百姓开荒种地、将地分授给百姓的人受再次一等的刑罚。"

第十五章

孟子曰:"存①乎人者,莫良于眸子。眸子不能掩其恶。胸中正,则眸子瞭②焉;胸中不正,则眸子眊③焉。听其言也,观其眸子,人焉廋④哉?"

注释

①存:观察。

②瞭(liǎo):明亮。

③眊(mào):暗昧不明。

④廋(sōu):藏匿。

译文

孟子说:"观察一个人,没有比观察他的眼睛更好的办法了。眼睛不会掩盖一个人的邪恶。心术正,眼睛就明亮;心术不正,眼睛就暗昧不明。听一个人说话时,观察他的眼睛,这个人内心的善恶能藏到哪里呢?"

第十六章

孟子曰:"恭者不侮人,俭者不夺人。侮夺人之君,惟恐不顺焉,恶得为恭俭?恭俭岂可以声音笑貌为哉?"

译文

孟子说:"谦恭者不欺侮他人,俭朴者不掠夺他人。欺侮、抢夺他人的国君,唯恐别人不服从他,怎么做得到谦恭和省俭呢?谦恭和省俭难道可以用言辞和笑脸装出来吗?"

第十七章

淳于髡[①]曰:"男女授受不亲,礼与?"

孟子曰:"礼也。"

曰:"嫂溺,则援之以手乎?"

曰:"嫂溺不援,是豺狼也。男女授受不亲,礼也;嫂溺,援之以手者,权[②]也。"

曰:"今天下溺矣,夫子之不援,何也?"

曰:"天下溺,援之以道;嫂溺,援之以手。——子欲手援天下乎?"

注释

①淳于髡(kūn):姓淳于,名髡,齐国人,曾仕于齐威王、齐宣王、梁惠王。

②权:变通。

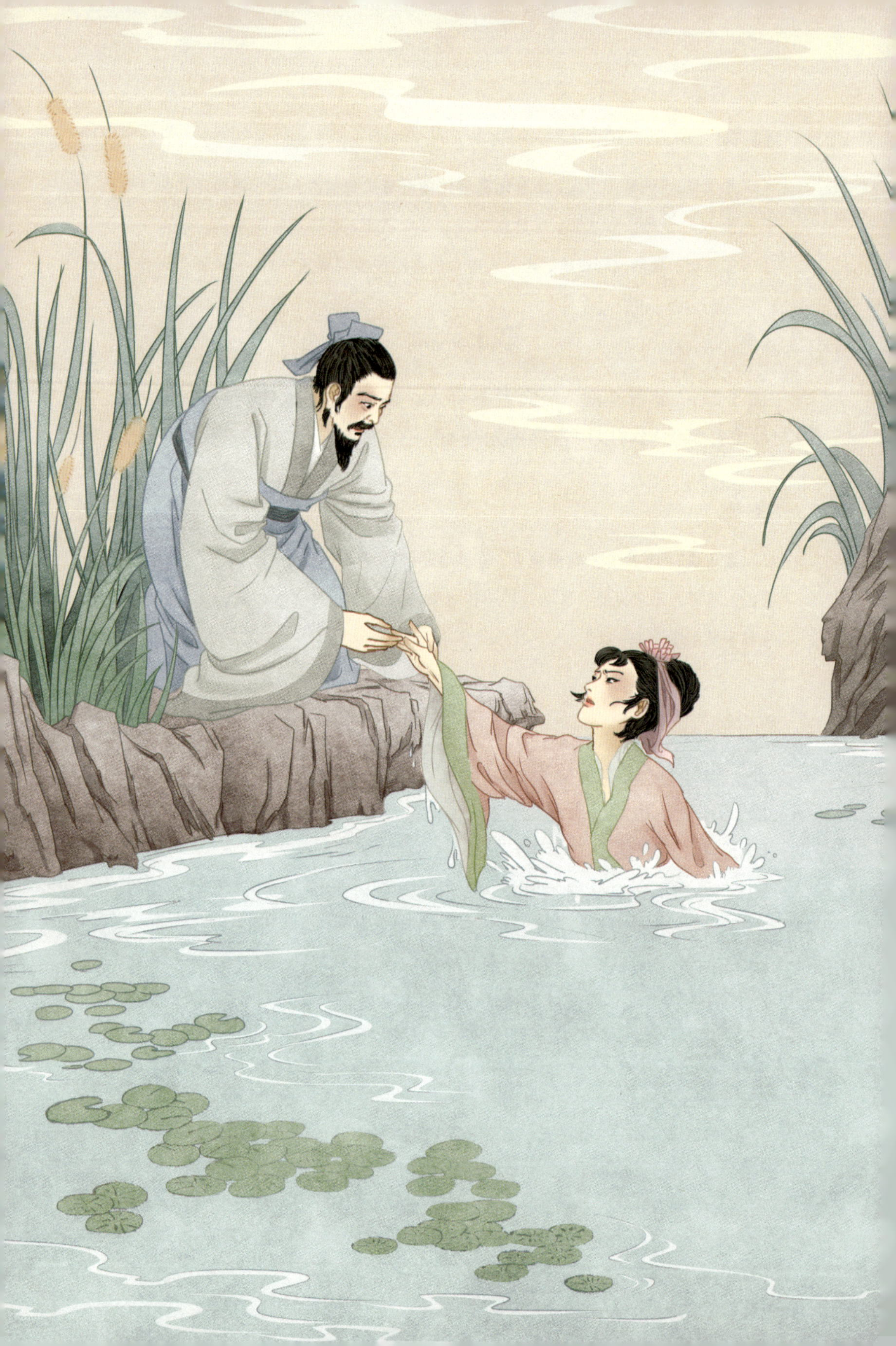

译文

淳于髡说:"男女之间传递东西时手不相互接触,这是礼的要求吗?"

孟子说:"正是礼的要求。"

淳于髡又问:"如果嫂嫂掉进水里,那么是否可以伸手拉她?"

孟子说:"嫂嫂落水而不伸手拉她的人,简直是豺狼。男女之间传递东西时手不相触碰,这是礼的要求;嫂嫂落水伸手去拉,这是变通。"

淳于髡说:"现在天下都掉进水里,您不伸手拉一把,这是为什么呢?"

孟子说:"天下掉进水里了,应该用道义去救;嫂嫂掉进水里,应用手去拉。——您是要用手去挽救天下吗?"

第十八章

公孙丑曰:"君子之不教子,何也?"

孟子曰:"势不行也。教者必以正。以正不行,继之以怒。继之以怒,则反夷①矣。'夫子教我以正,夫子未出于正也。'则是父子相夷也。父子相夷,则恶矣。古者易子而教之,父子之间不责善②。责善则离,离则不祥莫大焉。"

注释

① 夷:伤。
② 责善:劝勉为善。

译文

公孙丑说:"君子不亲自教育儿子,为什么?"

孟子说:"这在情势上无法行得通。执教者必定要用正确的道理去教育别人。用正确的道理行不通,执教者紧接着就会发怒。如果作为执教者的父亲发怒就会伤害父子之间的感情。'您以正确的道理教育我,您却不从正确的道理出发。'这样父子间就伤了感情。父子间伤了感情,就不好了。古时候的人都是跟别人交换儿子来教育，父子之间不要彼此劝勉为善。因为劝勉为善父子之间就会有嫌隙，没有比这更不好的事了。"

第十九章

孟子曰："事孰为大？事亲为大。守孰为大？守身为大。不失其身而能事其亲者，吾闻之矣；失其身而能事其亲者，吾未之闻也。孰不为事？事亲，事之本也。孰不为守？守身，守之本也。曾子养曾皙①，必有酒肉。将彻，必请所与。问有余，必曰有。曾皙死，曾元②养曾子，必有酒肉。将彻，不请所与。问有余，曰亡矣。将以复进也。此所谓养口体者也。若曾子，则可谓养志也。事亲若曾子者，可也。"

注释

①曾皙（xī）：曾参的父亲，也是孔子的学生。
②曾元：曾参的儿子。

译文

孟子说："侍奉谁最重要？侍奉父母最重要。守护什么最重要？守护自身的品德节操最重要。保持节操又能侍奉好父母的人，我听说过；丧失节操却能侍奉好父母的人，我却没听说过。有谁不做侍奉之事呢？侍奉父母是侍奉的基础。有谁没有做守护之事呢？守护自身的品德节操是守护的根本。曾子奉养他的父亲曾皙，每顿饭一定有酒肉。收拾桌子时，曾子一定要请示父亲剩下的饭菜给谁。若父亲问曾子有没有剩下的饭菜，曾子一定回答有。曾皙死了以后，曾子的儿子曾元奉养曾子，每顿饭一定有酒肉。收拾桌子时，曾元不再请示父亲剩下的饭菜给谁了。曾子问曾元有没有剩下的饭菜，曾元就说没有了。曾元的意思是将剩下的食物下顿再给曾子吃，不想送给别人。这就叫奉养口腹。像曾子那样，那可以叫奉养心意。人们若是像曾子那样侍奉父母，就行了。"

第二十章

孟子曰："人不足与适①也，政不足间也。惟大人为能格②君心之非。君仁，莫不仁；君义，莫不义；君正，莫不正。一正君而国定矣。"

注释

①适：通"谪"，批评，指责。
②格：纠正。

译文

孟子说："小人当政不值得批评，政事有失不值得议论。只有贤明的人才能纠正君主思想上的错误。君主仁爱，就无人不仁爱；君主讲道义，就无人不讲道义；君主行为端正，就无人不端正。只要君主的思想端正了，国家也就稳定了。"

第二十一章

孟子曰："有不虞①之誉，有求全之毁。"

注释

①虞：预料。

译文

孟子说："有意料之外的赞誉，也有过分苛求的诋毁。"

第二十二章

孟子曰："人之易①其言也，无责耳矣②。"

注释

①易：轻易。

②无责耳矣：意思同第二十章之"不足与适"。

译文

孟子说："有些话人之所以能轻易说出口，是因为那些话他不必承担责任。"

第二十三章

孟子曰："人之患在好为人师。"

译文

孟子说："人的毛病在于喜欢当别人的老师。"

第二十四章

乐正子从于子敖之齐。

乐正子见孟子。孟子曰："子亦来见我乎？"

曰："先生何为出此言也？"

曰："子来几日矣？"

曰："昔者。"

曰："昔者！则我出此言也，不亦宜乎？"

曰："舍馆未定。"

曰："子闻之也，舍馆定，然后求见长者乎？"

曰："克有罪。"

译文

乐正子跟从子敖来到了齐国。

乐正子去拜见孟子。孟子说："你还知道来看我吗？"

乐正子说:"老师为什么说这样的话呢?"

孟子说:"你到齐国几天了?"

乐正子说:"昨天到的。"

孟子说:"昨天!那么我说这话不对吗?"

乐正子说:"因为我的住处还没找好。"

孟子说:"你听说过非要找到住处才去拜见长辈的规矩吗?"

乐正子说:"是我有过错。"

第二十五章

孟子谓乐正子曰:"子之从于子敖来,徒餔啜①也。我不意子学古之道而以餔啜也。"

注释

①餔啜(bū chuò):吃喝。

译文

孟子对乐正子说:"你跟着王子敖来这里,只是为了吃喝罢了。我没想到你学习古人的大道,竟然是为了吃喝。"

第二十六章

孟子曰:"不孝有三,无后为大。舜不告而娶,为无后也。君子以为犹告也。"

译文

孟子说:"不孝的情况有三种,其中以没有子嗣的罪过最大。舜没有禀告父母就娶妻,就是怕没有子嗣。所以,君子认为虽然他没有禀告父母,但实际上和禀告了父母一样。"

第二十七章

孟子曰:"仁之实,事亲是也;义之实,从兄是也;智之实,知斯二者弗去是也;礼之实,节文斯二者是也;乐之实,乐斯二者,乐则生矣;生则恶可已也,恶可已,则不知足之蹈之,手之舞之。"

译文

孟子说:"仁的根本,是侍奉父母;义的根本,是听从兄长;智的根本,是明白仁和义并不舍弃它们;礼的根本是调节、修饰上述两项内容;乐的根本,是乐于实行上述两项内容,于是就有了快乐;只要有了快乐,那如何能控制得了呢,如何能停止呢?因此就会高兴得手脚一起舞动起来。"

第二十八章

孟子曰:"天下大悦而将归己,视天下悦而归己犹草芥也,惟舜为然。不得乎亲,不可以为人;不顺乎亲,不可以为子。舜尽事亲之道而瞽瞍①厎豫②。瞽瞍厎豫而天下化,瞽瞍厎豫而天下之为父子者定,此之谓大孝。"

注释

①瞽瞍(gǔ sǒu):舜的父亲。
②厎豫:厎,致。豫,快乐。

译文

孟子说:"当天下的人都非常高兴而将要归顺自己,能把这件事看得如同草芥一样,只有舜才能做到。不得父母的欢心的人,就不可为人;不能顺从父母意志的人,不可为人子。舜用心侍奉父亲,他的父亲瞽瞍很高兴。瞽瞍一高兴,天下的风气就大变;瞽瞍一高兴,天下父子间的准则就确定了,这就叫大孝。"

第八篇　离娄下

第一章

孟子曰："舜生于诸冯，迁于负夏，卒于鸣条①，东夷之人也。文王生于岐周②，卒于毕郢③，西夷之人也。地之相去也，千有余里；世之相后也，千有余岁。得志行乎中国，若合符节④，先圣后圣，其揆⑤一也。"

注释

①诸冯、负夏、鸣条：都是地名，大致在我国东部，今已不明其详。

②岐周：周朝兴于岐一带，故称岐周。岐，山名，在今陕西省。

③毕郢：地名，在今陕西咸阳市东。

④符节：古代朝廷用作凭证的信物，用竹、木或金属制成，剖成两半，各执其一，使用时以两片相合来验真假。这里用来比喻事物两相吻合。

⑤揆：准则、原则。

译文

孟子说："舜出生于诸冯，后迁居到负夏，死于鸣条，是一个东部的人。文王出生于周国的岐山，死于毕郢，是个西部的人。他们生活的地方相距一千多里，时间相差一千多年。但他们实现志向时在中原的所作所为，就像符节那样契合。一个是先代圣王，一个是后代圣王，他们的行为准则却是一样的。"

第二章

子产①听郑国之政，以其乘舆济人于溱、洧。孟子曰："惠而不知为政。岁十一月，徒杠②成；十二月，舆梁③成，民未病涉也。君子平其政，行辟人可也，焉得人人而济之？故为政者，每人而悦之，日亦不足矣。"

注释

①子产：春秋时郑国大夫，姓公孙，名侨，字子产。
②徒杠：简陋的独木桥。
③舆梁：有盖板的小桥。

译文

子产在郑国执政时，曾经用他所乘坐的车子帮别人渡过溱水和洧水。孟子说："子产虽然给人带来点儿恩惠，却不懂得如何执政。如果他在十一月修成供人行走的独木桥，十二月修成有盖板可以通车的桥，百姓就不用担心过河了。君子如果搞好了政治，出行时驱使路人回避都可以，怎能一个一个地帮他们过河呢？所以执政的人，若一个个地讨人欢心，时间就太不够用了。"

第三章

孟子告齐宣王曰："君之视臣如手足，则臣视君如腹心；君之视臣如犬马，则臣视君如国人；君之视臣如土芥，则臣视君如寇雠①。"

王曰："礼，为旧君有服，何如斯可为服矣？"

曰："谏行言听，膏泽下于民；有故而去，则君使人导之出疆，又先于其所往；去三年不反，然后收其田里。此之谓三有礼焉。如此，则为之服矣。今也为臣，谏则不行，言则不听，膏泽不下于民；有故而去，则君搏执之，又极②之于其所往；去之日，遂收其田里。此之谓寇雠。寇雠，何服之有？"

注释

①寇雠：强盗、敌人。
②极：穷困，这里作使动用法，意思是使其处境极端困难。

译文

孟子对齐宣王说:"君王把臣子当手足,那臣子就会把君王当心腹;君王把臣子当犬马,臣子就会把君王当陌路人;君王把臣子当泥土小草,臣子就会把君王当仇敌。"

齐宣王说:"按照礼制,臣子要为他曾服侍过的先王穿一段时间的孝服,在怎样的情况下臣子才肯给他穿孝服呢?"

孟子说:"臣子的劝谏君王要采纳照办、臣子的建议君王要听取,把恩惠落实到百姓头上;臣子因故离开本国,君王要派人当向导带他出境,还要先派人到他要去的地方安排好;臣子走了三年还没有归来,君王才让人收回他的土地和房子。这叫三有礼。这样,臣子就肯为他穿孝服了。现在臣子的劝谏君王不采纳、建议君王不听取,不把恩惠落实到百姓头上;臣子因故离开,君王会把他绑起来,还想尽办法在他要去的地方设置种种障碍;臣子离开当天,君王就收回他的田地和房子。这叫仇敌。臣子对待仇敌一样的君王,哪还肯为他穿孝服呢?"

孟子 第八篇 离娄下

第四章

孟子曰:"无罪而杀士,则大夫可以去;无罪而戮民,则士可以徙。"

译文

孟子说:"如果士人没有犯罪,君王却把士人杀了,那么大夫就可以离去;如果百姓没有犯罪,君王却把百姓杀了,那么士人就可以离开。"

第五章

孟子曰:"君仁,莫不仁;君义,莫不义。"

译文

孟子说:"君王仁爱,就没有谁不仁爱;君王坚守道义,就没有谁不坚守道义。"

第六章

孟子曰:"非礼之礼,非义之义,大人弗为。"

译文

孟子说:"不符合礼仪制度的礼,不符合道义的义,品德高尚的人是不会做的。"

第七章

孟子曰:"中也养不中①,才也养不才,故人乐有贤父兄也。如中也弃不中,才也弃不才,则贤不肖之相去,其间不能以寸②。"

注释

①中也养不中：中，指无过无不及的中庸之道，代指品德好的人。养，培养、熏陶、教育。

②其间不能以寸：省略了"以寸量"的"量"字。

译文

孟子说："中庸之人会教导过度中庸或者中庸不及之人，有才能的人会教导没有才能的人，因此人人都喜爱有才能的父亲和兄长。如果中庸之人放弃过度中庸或者中庸不及之人，有才能的人放弃没有才能的人，那贤与不贤的距离就近得不足以用寸来计量了。"

第八章

孟子曰："人有不为也，而后可以有为。"

译文

孟子说："人要有不做的事，然后才能把该做的事做好。"

第九章

孟子曰："言人之不善，当如后患何？"

译文

孟子说："说人家的坏话，要如何应对后患呢？"

第十章

孟子曰："仲尼不为已甚者。"

译文

孟子说:"孔子不会做过分的事。"

第十一章

孟子曰:"大人者,言不必信,行不必果,惟义所在。"

译文

孟子说:"通达的人说话不一定句句守信,做事不一定始终如一地墨守既定目标,只要合乎道义就行。"

第十二章

孟子曰:"大人者,不失其赤子之心者也。"

译文

孟子说:"伟大的人,都是保持着婴儿般纯真无邪之心的人。"

第十三章

孟子曰:"养生者不足以当大事,惟送死可以当大事。"

译文

孟子说:"奉养父母不值得当作大事,只有给父母送终才称得上大事。"

第十四章

孟子曰:"君子深造之以道,欲其自得之也。自得之,则居之安;居之安,则资①之深;资之深,则取之左右逢其原②。故君子欲其自得之也。"

注释

①资：积累。

②原：同"源"。

译文

孟子说："君子用正确的方法获得高深的学识素养，就是要自己心领神会。自己心领神会，就掌握得牢固；掌握得牢固，就会积累深厚；积累深厚，用的时候就可以得心应手。因此，君子学知识时希望自己心领神会。"

第十五章

孟子曰："博学而详说之，将以反说约也。"

译文

孟子说："广泛学习、详细解说，最后终究要达到以简单的话语总结深奥的道理的境界。"

第十六章

孟子曰："以善服人者，未有能服人者也；以善养人，然后能服天下。天下不心服而王者，未之有也。"

译文

孟子说："倚仗着善使别人服气，没有能让人心服口服的；运用善来教化别人，才能使天下人心悦诚服。天下人心不服却能统一天下的事，从来没有发生过。"

第十七章

孟子曰:"言无实不祥。不祥之实,蔽贤者当之。"

译文

孟子说:"言论没有真实内容,是不好的。不好的结果,应由埋没贤才的人来承担。"

第十八章

徐子曰:"仲尼亟称于水,曰:'水哉,水哉!'何取于水也?"

孟子曰:"原泉混混,不舍昼夜,盈科而后进,放乎四海。有本者如是,是之取尔。苟为无本,七八月之间雨集,沟浍皆盈,其涸也,可立而待也。故声闻过情,君子耻之。"

译文

徐子说:"孔子多次赞美水,说:'水啊,水啊!'那他赞美水的哪方面呢?"

孟子说:"有源头的泉水日夜不停地滚滚向前流淌,填满水坑之后又继续向前流去,直到流入大海。有源头的水就是这样,孔子正是赞美它这一点。如果水没有源头,七八月间,雨水集中,水沟、河渠就都被填满了,但它很快就会干涸。所以如果名声超过实际才能,君子认为这是可耻的。"

第十九章

孟子曰:"人之所以异于禽兽者几希①,庶民去之,君子存之。舜明于庶物,察于人伦,由仁义行,非行仁义也。"

注释

①几希:少,一点点。

译文

孟子说:"人与禽兽之间的区别只有一点点,百姓抛弃了这一点点的差别,君子却将它们留存下来。舜知道万物的法则,了解人类常情,于是按照仁义之路而行,而不是强行推广仁义。"

第二十章

孟子曰:"禹恶旨酒而好善言;汤执中,立贤无方;文王视民如伤,望道而未之见;武王不泄迩,不忘远。周公思兼三王,以施四事。其有不合者,仰而思之,夜以继日;幸而得之,坐以待旦。"

译文

孟子说:"夏禹不喜欢美酒,喜欢有益的话;商汤坚持中庸,选拔贤才不拘于常规；周文王把百姓看成受到伤害的人，他对真理的渴求就像从未见过真理似的；周武王不轻慢朝廷近臣，也不忘远方的贤才。周公想效仿夏、商、周三代贤王，以践行夏禹、商汤、周文王、周武王的事迹。自己的经验跟他们不同，周公就仰头思考，白天想不明白，晚上继续想；如果有幸想出了结果，他就一直坐到天亮，然后付诸实践。"

第二十一章

孟子曰："王者之迹熄而《诗》亡，《诗》亡然后《春秋》作。晋之《乘》、楚之《梼杌》①、鲁之《春秋》，一也。其事则齐桓、晋文，其文则史。孔子曰：'其义则丘窃取之矣。'"

注释

①《乘》《梼杌（táo wù）》：分别为晋国与楚国的史书名。

译文

孟子说："圣王之道消失之后国家不再采诗，《诗》也就不再有新篇章了；《诗》没有新篇章，孔子就编写了《春秋》。晋国的《乘》、楚国的《梼杌》、鲁国的《春秋》，都是一样的。这些书里记载的都是关于齐桓公、晋文公称霸的事，行文都是按照史书的写法。孔子说：'《诗》里扬善贬恶的思想我全都用在了《春秋》里。'"

第二十二章

孟子曰："君子之泽①五世而斩，小人之泽五世而斩。予未得为孔子徒也，予私淑②诸人也。"

注释

①泽：前辈留给后人的传统、影响。朱熹解释为"流风余韵"。

②淑：学习、取法。

译文

孟子说："君子留给后人的传统经历五代人以后就没有了，小人的影响经历五代人以后也没有了。我不是孔子的学生，我是私下向众人学习的。"

第二十三章

孟子曰："可以取，可以无取，取伤廉；可以与，可以无与，与伤惠；可以死，可以无死，死伤勇。"

译文

孟子说："可以拿，也可以不拿的东西，拿了有损清廉；可以给，也可以不给的东西，给了有损恩惠；可以死，也可以不死的事，死了有损勇敢。"

第二十四章

逢蒙①学射于羿②，尽羿之道，思天下惟羿为愈己，于是杀羿。孟子曰："是亦羿有罪焉。"

公明仪曰："宜若无罪焉。"

曰："薄乎云尔，恶得无罪？郑人使子濯孺子③侵卫，卫使庾公之斯④追之。子濯孺子曰：'今日我疾作，不可以执弓，吾死矣夫！'问其仆曰：'追我者谁也？'其仆曰：'庾公之斯也。'曰：'吾生矣。'其仆曰：'庾公之斯，卫之善射者也。夫子曰"吾生"，何谓也？'曰：'庾公之斯学射于尹公之他⑤，尹公之他学射于我。夫尹公之他，端人也，其取友必端矣。'庾公之斯至，曰：'夫子何为不执弓？'曰：'今日我疾作，不可以执弓。'曰：'小人学射于尹公之他，尹公之他学射于夫子。我不忍以夫子之道反害夫子。虽然，今日之事，君事也，我不敢废。'抽矢，扣轮去其金，发乘矢而后反。"

注释

① 逢（páng）蒙：人名，羿的学生。
② 羿：此处指尧帝时期射落九日的神射手。
③ 子濯孺子：人名，郑国的大夫。
④ 庾公之斯：人名，卫国的大夫。名中"之"是助字，古人名字中常夹一助字以区分姓与氏，下文的"尹公之他"也是如此。
⑤ 尹公之他：人名，卫国人。

译文

逢蒙跟羿学习射箭，把羿的本领全学到手了，心想普天之下只有羿的本领比自己大，于是他就杀了羿。孟子说："这事羿也有错。"

公明仪说："他好像没什么错吧。"

孟子说："错误不过小一点儿罢了，他怎能没有错呢？郑国派子濯孺子侵犯卫国，卫国派庾公之斯去追击他。子濯孺子说：'我今天疾病发作，无法拿弓，我必死无疑了！'他问车夫：'追我的人是谁？'车夫说：'是庾公之斯。'子濯孺子说：'我能活下来了。'车夫说：'庾公之斯是卫国善于射箭的人，您却说"我能活下来了"，这是为什么呢？'子濯孺子说：'庾公之斯跟尹公之他学的射箭，尹公之他是跟我学的射箭。尹公之他是正直的人，他的朋友也一定是正直的人。'庾公之斯追上了，问：'您为什么不拿弓？'子濯孺子说：'我今天疾病发作，无法拿弓。'庾公之斯说：'我是跟尹公之他学的射箭，尹公之他是跟您学的射箭。我不忍心用您的技术伤害您。尽管如此，今天的事是君王有令的公事，我不敢不执行。'于是，他抽出箭，在车轮上敲了几下，敲掉了金属箭头，然后射了四支箭就回去了。"

第二十五章

孟子曰："西子①蒙不洁，则人皆掩鼻而过之。虽有恶②人，齐③戒沐浴，则可以祀上帝。"

注释

①西子：春秋时越国美女西施，这里泛指美女。
②恶：这里与"西子"相对，主要指丑陋。
③齐：通"斋"。

译文

孟子说："像西施那么美丽的女子，如果她沾染上污秽恶臭的东西，别人也会捂着鼻子从她身旁走过去。即便是一个面貌奇丑的人，如果他斋戒沐浴，也同样可以祭祀上天。"

第二十六章

孟子曰："天下之言性也，则故而已矣。故者以利为本。所恶于智者，为其凿也。如智者若禹之行水也，则无恶于智矣。禹之行水也，行其所无事也。如智者亦行其所无事，则智亦大矣。天之高也，星辰之远也，苟求其故，千岁之日至，可坐而致也。"

译文

孟子说："天下谈论万物的本性，只要寻求它已有的运行轨迹就可以了。它已有的运行轨迹，以符合自然规律为准。人们讨厌自作聪明，是因为自作聪明时往往穿凿附会。如果聪明人像禹疏导水流一样，就没有人讨厌聪明了。禹疏导水流，就是顺应自然，别人看着仿佛没有作为一样。如果聪明人也能让别人看着仿佛没有作为一样，那就相当聪明了。天很高，星辰很远，如果能找寻到它们的运行轨迹，那么千年之后的夏至和冬至，人们只要坐着就能推算出来了。"

第二十七章

公行子①有子之丧，右师②往吊。入门，有进而与右师言者，有就右师之位而与右师言者。孟子不与右师言，右师不悦，曰："诸君子皆与驩言，孟子独不与驩言，是简驩也。"

孟子闻之，曰："礼，朝廷不历位而相与言，不逾阶而相揖也。我欲行礼，子敖以我为简，不亦异乎？"

注释

①公行子：齐国大夫。
②右师：官名，这里指齐王宠臣王驩，字子敖。

译文

公行子的儿子去世了，右师子敖前去吊唁。子敖一进门就有人跟他说话，入座后又有人到他的座位旁跟他说话。孟子没有跟子敖说话，子敖不高兴了，说："别人都跟我打招呼，唯独孟子不跟我说话，这是怠慢我。"

孟子听说这件事后，说："按照礼制，在朝廷中不能跨过座位互相说话，也不能越过台阶相互拱手行礼。我按照礼节行事，子敖却以为我怠慢他？这不是太奇怪了吗？"

第二十八章

孟子曰："君子所以异于人者，以其存心也。君子以仁存心，以礼存心。仁者爱人，有礼者敬人。爱人者，人恒爱之；敬人者，人恒敬之。有人于此，其待我以横逆①，则君子必自反也：我必不仁也，必无礼也，此物奚宜②至哉？其自反而仁矣，自反而有礼矣，其横逆由③是也，君子必自反也：我必不忠。自反而忠矣，其横逆由是也，君子曰：'此亦妄人也已矣。如此，则与禽兽奚择④哉？于禽兽又何难⑤焉？'是故君子有终身之忧，无一朝之患也。

孟子・第八篇 离娄下

乃若所忧则有之：舜，人也，我，亦人也；舜为法⑥于天下，可传于后世，我由未免为乡人也，是则可忧也。忧之如何？如舜而已矣。若夫君子所患则亡矣。非仁无为也，非礼无行也。如有一朝之患，则君子不患矣。"

注 释

①横逆：蛮横无理。

②奚宜：怎么会。

③由：通"犹"。下文"我由未免为乡人也"中的"由"也通"犹"。

④择：差别。

⑤难：计较，责难。

⑥法：楷模。

译 文

孟子说："君子与常人的区别，就在于他们所怀的心思。君子心里存仁，心里存礼。仁爱的人爱别人，有礼的人尊敬别人。爱别人的人，别人会持久不变地爱他；尊敬别人的人，别人也会持久不变地尊敬他。如果这里有个人，他对我蛮横不讲理，那么君子必然反思：一定是我不够仁爱，一定是我失礼了，要不怎么会发生这种事呢？反思之后，他觉得自己是仁爱的，反思之后，他觉得自己是有礼的，而那人还这样蛮横不讲理，君子必然会再次自我反思：一定是我不够忠诚。反思之后，他认为自己是忠诚的，那人还是这样蛮横不讲理，君子就会说：'这不过是个狂妄之人而已。既如此，他跟禽兽有什么不同呢？我跟禽兽又有什么好计较的呢？'所以君子有一生之忧，却没有一时之灾难。至于一生之忧的事是：舜是人，我也是人；舜成为天下的榜样，他的事迹可以流传千古，而我不过是个平凡之人罢了。这是应该忧虑的。忧虑了又该如何做呢？那就力求做得像舜一样就行了。至于君子所担心的一时之灾难，是没有的。不仁之事我不去做，不合礼节的事我不干。即使有一时之灾难，君子也不因它而感到痛苦。"

第二十九章

禹、稷当平世，三过其门而不入，孔子贤之；颜子当乱世，居于陋巷，一箪食、一瓢饮，人不堪其忧，颜子不改其乐，孔子贤之。孟子曰："禹、稷、颜回同道。禹思天下有溺者，由己溺之也；稷思天下有饥者，由己饥之也，是以如是其急也。禹、稷、颜子易地则皆然。今有同室之人斗者，救之，虽被发缨冠而救之，可也；乡邻有斗者，被发缨冠而往救之，则惑也，虽闭户可也。"

译文

禹、稷都处在政治清明的时代，三次路过自己的家都没有回去，孔子称赞他们；颜子处在政治混乱的时代，住在窄巷里，一小筐饭、一瓢水，别人都吃不了这种苦，颜子却一点儿都不改变他乐观的态度，孔子也称赞他。孟子说："禹、稷和颜回所坚守的信念是一样的。禹想着天下有被大水淹没之人，就好像自己被大水淹没一样；稷想着天下有挨饿之人，就好像自己挨饿一样，所以他们才如此着急。要是禹、稷和颜回换一换处境，颜回也会三次路过自己家而不回去，禹、稷也会住在窄巷而不改其乐。如果现在自己家的人在打架，你就要去制止他们，哪怕披头散发、帽带都没有结好就去制止也行。如果本地乡邻有人在打架，你也披头散发、顾不上结帽带就去制止，那就是糊涂了，哪怕关起门来不管都是可以的。"

第三十章

公都子曰："匡章，通国皆称不孝焉。夫子与之游，又从而礼貌之，敢问何也？"

孟子曰："世俗所谓不孝者五：惰其四支①，不顾父母之养，一不孝也；博弈、好饮酒，不顾父母之养，二不孝也；好货财、私妻子，不顾父母之养，三不孝也；从②耳目之欲，以为父母戮③，四不孝也；好勇斗很④，以危父母，五不孝也。章子有一于是乎？夫章子，子父责善而不相遇也。责善，朋友之道也。父子责善，贼恩之大者。夫章子，岂不欲有夫妻子母之属哉？为得罪于父，不得近，出妻屏子，终身不养焉。其设心以为不若是，是则罪之大者，是则章子而已矣。"

注释

①四支：即四肢。

②从：同"纵"。

③戮：羞辱。

④很：同"狠"。

译文

公都子说："匡章，所有人都说他不孝顺。您与他交往，还很有礼貌地对待他，请问这是为什么呢？"

孟子说："世俗认为不孝的表现有五条：四体不勤，不顾父母，这是一不孝；喜欢赌博、喝酒，不顾父母，这是二不孝；喜欢钱财、偏爱妻子儿女，不顾父母，这是三不孝；寻欢作乐，使父母受辱，这是四不孝；好逞威风、好争斗，并使父母处于危险之中，这是五不孝。章子在这五条里占一条吗？章子是因为父子间劝勉为善才彼此合不来的。劝勉他人为善，是朋友之间相处的原则。父子间相互劝勉为善，是最伤感情的。章子难道不想夫妻母子团圆吗？因为他得罪了父亲，不能亲近，于是他把妻子赶走了，把孩子也赶走了，一辈子不要他们奉养。他心里觉得如果不这样做，就是更大的罪过。这就是章子的品行呀。"

第三十一章

曾子居武城①，有越寇。或曰："寇至，盍去诸？"曰："无寓人于我室，毁伤其薪木。"寇退，则曰："修我墙屋，我将反。"寇退，曾子反。左右曰："待先生如此其忠且敬也，寇至，则先去，以为民望；寇退，则反，殆于不可。"沈犹行②曰："是非汝所知也。昔沈犹有负刍③之祸，从先生者七十人，未有与焉。"

子思居于卫，有齐寇。或曰："寇至，盍去诸？"子思曰："如伋去，君谁与守？"

孟子曰："曾子、子思同道。曾子，师也，父兄也；子思，臣也，微也。曾子、子思易地则皆然。"

注释

①武城：鲁国邑名。
②沈犹行：曾子的弟子，姓沈犹，名行。
③负刍：人名。

译文

曾子住在武城，越国军队来袭。有人说："敌人马上就到了，你为什么不离开这里呢？"曾子说："不要让别人住在我家里，毁了那些草木。"敌人退了，曾子说："把我家修好，我要回来了。"敌人退了，曾子回来了。他的弟子说："武城人待先生如此忠实、崇敬，敌人来了，先生就先撤离了，成为百姓效仿的对象；敌人一退，您就回来，这样恐怕不太好吧。"沈犹行说："这不是你所了解的。以前先生住在我那儿，负刍作乱，有七十个人跟随先生，他们都跟着先生离开了，没有人参与抗敌。"

子思住在卫国，齐国军队来袭。有人说："敌人马上就到了，您为什么不离开呢？"子思说："如果我离开了，君王跟谁一起守卫城池呢？"

孟子说："曾子、子思所坚守的信念是一样的。曾子在鲁国是老师，是父兄一辈的人；子思在卫国是臣子，是地位低微的小官。曾子、子思如果换一换位置，也都会这样做的。"

第三十二章

储子①曰："王使人瞷②夫子，果有以异于人乎？"

孟子曰："何以异于人哉？尧、舜与人同耳。"

注释

①储子：齐国人。
②瞯：窥视。

译文

储子说："齐王派人窥探您，您真的有什么地方与别人不同吗？"

孟子说："我有什么与别人不同的呢？就是尧、舜也跟普通人一样。"

第三十三章

齐人有一妻一妾而处室者。其良人①出，则必餍酒肉而后反。其妻问所与饮食者，则尽富贵也。其妻告其妾曰："良人出，则必餍酒肉而后反，问其与饮食者，尽富贵也，而未尝有显者来，吾将瞯良人之所之也。"

蚤起，施从良人之所之，遍国中无与立谈者。卒之东郭墦②间，之祭者，乞其余；不足，又顾而之他。此其为餍足之道也。

其妻归，告其妾，曰："良人者，所仰望而终身也，今若此。"与其妾讪其良人，而相泣于中庭。而良人未之知也，施施从外来，骄其妻妾。

由君子观之，则人之所以求富贵利达者，其妻妾不羞也而不相泣者，几希矣。

注 释

①良人：当时称丈夫为良人。
②墦（fán）：坟冢。

译 文

有个齐国人和一妻一妾住在一起。丈夫每次出门，都一定要吃饱喝足才回家。妻子问他同哪些人一块吃喝，他就说是些有钱有势的人。他的妻子告诉他的小妾："丈夫出去，一定是吃饱喝足才回家，问他跟谁一块吃喝，他说都是些有钱有势的人，但我从来没看到有体面的人到我们家来，我要悄悄跟着他去看看他到底去了什么地方。"

早上起来，她悄悄跟在丈夫后面，看他往哪里去，但走遍全城，并没见有一个人停下来跟他说话。最后他到了城东坟地，走向祭扫坟墓的人，乞讨剩余的祭食；没吃饱，又四处打量，然后到别的扫墓人那儿去讨吃食。这就是他吃饱喝足的门道。

妻子回到家里，把实情告诉了小妾，又说："丈夫，是我们要依靠一辈子的人，可是现在他居然这样做。"她就跟小妾在庭院里挖苦她们的丈夫，然后相对哭泣，但丈夫并不知道这事，还神气活现地从外面进来，又在他的妻妾面前摆起了架子。

按照君子的眼光看来，人们用来追求升官发财的手段中能使他们的妻妾不感到羞耻而相对哭泣的，真是太少了。

第九篇　万章上

第一章

万章问曰："舜往于田，号泣于旻天①，何为其号泣也？"

孟子曰："怨慕②也。"

万章曰："'父母爱之，喜而不忘。父母恶之，劳而不怨。'然则舜怨乎？"

曰："长息③问于公明高④曰：'舜往于田，则吾既得闻命矣。号泣于旻天，于父母，则吾不知也。'公明高曰：'是非尔所知也。'夫公明高以孝子之心，为不若是恝⑤：我竭力耕田，共为子职而已矣；父母之不我爱，于我何哉？帝⑥使其子九男二女，百官牛羊仓廪备，以事舜于畎亩之中；天下之士多就之者；帝将胥⑦天下而迁之⑧焉。为不顺于父母，如穷人无所归。天下之士悦之，人之所欲也，而不足以解忧；好色，人之所欲，妻帝之二女而不足以解忧；富，人之所欲，富有天下，而不足以解忧；贵，人之所欲，贵为天子而不足以解忧。人悦之、好色、富贵无足以解忧者，惟顺于父母可以解忧。人少，则慕父母；知好色，则慕少艾⑨；有妻子，则慕妻子；仕则慕君，不得于君则热中⑩。大孝终身慕父母。五十而慕者，予于大舜见之矣。"

注释

① 旻(mín)天：天空。

② 怨慕：既怨自己不被父母喜欢，又思念他们。

③ 长息：公明高的弟子。

④ 公明高：曾子的弟子。

⑤恝(jiá)：不在乎，没有忧愁的样子。

⑥帝：指尧。

⑦胥：全部。

⑧迁之：交给他。

⑨少艾：青春貌美。艾，美好。

⑩热中：内心焦躁。

译文

万章问："舜到田野里，对着天空哭诉，他为什么要这样做呢？"

孟子说："因为他对父母既有怨气又有思念。"

万章说："'父母喜欢他，他既开心又不敢怠慢。父母不喜欢他，他即便郁闷也不应该有怨气。'可舜是对父母有怨气吗？"

孟子说："长息问公明高：'舜到田野里，我理解了。可他向苍天哭诉父母的不对之处，我还不能理解。'公明高说：'这就不是你能理解的。'公明高认为孝子之心不该如这般满不在乎：我努力种地，尽一个做儿子的责任就行了；父母不喜欢我，我又有何办法呢？尧派九个儿子和两个女儿，还有百官，准备了牛羊、五谷等，在田间为舜服务；天下士人中有很多去找舜；尧想把天下让给舜。可是因为不被父母喜欢，舜就像走投无路的人那样无所依靠。士人的喜欢，是谁都想得到的，但这并不能驱散舜的忧愁；美丽的女子，也是谁都想得到的，可尧把两个女儿嫁给舜也不能驱散舜的忧愁；财富，也是谁都想得到的，可拥有全天下的财富依旧不能驱散舜的忧愁；权贵，是谁都想得到的，可舜贵为天子依旧不能驱散他的忧愁。士人的喜欢、美丽的女子、财富、权贵都不能驱散他的忧愁，只有父母的喜爱才能驱散他的忧愁。小时候，人会依赖父母；长大了，就会爱慕年轻美丽的女子；有了妻子儿女，就会爱护妻儿；出仕了，就爱自己的君主，要是不被君主喜欢，内心就会很焦虑。大孝之人，一辈子都会爱他的父母。五十岁还爱着父母，我在舜身上看到了这种品质。"

第二章

万章问曰:"《诗》云:'娶妻如之何?必告父母。'①信斯言也,宜莫如舜。舜之不告而娶,何也?"

孟子曰:"告则不得娶。男女居室,人之大伦也。如告,则废人之大伦,以怼②父母,是以不告也。"

万章曰:"舜之不告而娶,则吾既得闻命矣;帝之妻③舜而不告,何也?"

曰:"帝亦告焉则不得妻也。"

万章曰:"父母使舜完廪,捐阶,瞽瞍焚廪。使浚井,出,从而掩之。象④曰:'谟盖都君咸我绩⑤。牛羊父母,仓廪父母,干戈朕,琴朕,弤⑥朕,二嫂使治朕栖⑦。'象往入舜宫,舜在床琴。象曰:'郁陶⑧思君尔。'忸怩⑨。舜曰:'惟兹臣庶,汝其于予治。'不识舜不知象之将杀己与?"

曰:"奚而不知也?象忧亦忧,象喜亦喜。"

曰:"然则舜伪喜者与?"

曰:"否。昔者有馈生鱼于郑子产,子产使校人⑩畜之池。校人烹之,反命曰:'始舍之圉圉⑪焉,少则洋洋焉,攸然而逝。'子产曰:'得其所哉!得其所哉!'校人出,曰:'孰谓子产智?予既烹而食之,曰:得其所哉!得其所哉!'故君子可欺以其方⑫,难罔以非其道⑬。彼以爱兄之道来,故诚信而喜之,奚伪焉?"

注 释

① "《诗》云"句:语出《诗经·齐风·南山》。
② 怼:怨。
③ 妻:嫁女。
④ 象:舜同父异母的弟弟。
⑤ 谟盖都君咸我绩:谋杀舜都是我的功劳。谟,谋划。盖,同"害"。都君,指舜。咸,都。绩,功。

⑥弤（dǐ）：弓名，为舜所有。
⑦使治朕栖：让她们为我铺床。栖，床。
⑧郁陶：思念的样子。
⑨忸怩（niǔ ní）：惭愧的样子。
⑩校人：管理池塘的小官。
⑪圉（yǔ）圉：此指鱼在水里气息奄奄的样子。
⑫欺以其方：用合乎情理的方式欺骗。
⑬罔以非其道：用不合情理的方式去欺骗。

译文

万章说："《诗》上说：'娶妻要如何做？必定得先告知父母。'相信这句话的人，没有谁可以比得上舜。可舜娶妻的时候，却没有告知他的父母，这是为何呢？"

孟子说："若舜告知了父母，他便无法娶妻了。男婚女嫁，是人生的大伦常。如果舜告知父母，父母不同意，那就破坏了这种伦常，从而会怨恨父母，所以他就不告知他们了。"

万章说："舜不告知父母就娶妻，我已经理解了；可尧要把自己的女儿嫁给舜也不告诉舜的父母，这又是为什么呢？"

孟子说："尧也知道，若是把这件事告诉舜的父母就无法把女儿嫁给舜了。"

万章说："父母让舜去修粮仓，可是当舜爬到屋顶，他们拿走了梯子，舜的父亲瞽瞍还一把火烧了粮仓。他们让舜去挖井，趁舜没出来，就用土把井填上。象：'谋杀舜都是我的功劳。牛羊、仓库都给父母，干戈、琴、雕弓都归我，两个嫂子要给我铺床。'象去了舜的房间，舜正在床边弹琴。象说：'我想你想得好苦啊。'说完他露出惭愧的神色。舜说：'我思念我的百姓和官员，你帮我治理吧。'舜难道还不知道象要杀他吗？"

孟子说："他怎么会不知道呢？不过象愁苦，他也愁苦；象开心，他也开心。"

万章说："这么说来，舜的开心是不是装的呢？"

孟子说："不是。有人曾经给子产送了一条活鱼，子产让管池塘的小官把它养在池塘。可小官却把鱼给煮熟吃了，回去向子产汇报说：'那条鱼刚放进水中时还气息奄奄，不久它便在水里欢快地游了起来，然后就不知道游到哪里去了。'子产说：'到了它应该去的地方啊！到了它应该去的地方啊！'小官出来跟人说：'子产哪里聪明了？我都把那条鱼煮熟吃了，他却说"到了它应该去的地方啊！到了它应该去的地方啊！"'所以对待君子可以用合乎情理的方式去欺骗，但不可以用不合情理的方式去欺骗。象是装作爱兄长去舜的房间，因此舜也是真的相信象爱自己而且很开心，他的开心怎么会是装的呢？"

第三章

万章问曰："象日以杀舜为事，立为天子则放之，何也？"

孟子曰："封之也，或曰放焉。"

万章曰："舜流共工①于幽州，放驩兜②于崇山，杀三苗于三危③，殛鲧于羽山④，四罪而天下咸服，诛不仁也。象至不仁，封之有庳⑤，有庳之人奚罪焉？仁人固如是乎？在他人则诛之，在弟则封之。"

曰："仁人之于弟也，不藏怒焉，不宿怨焉，亲爱之而已矣。亲之，欲其贵也；爱之，欲其富也。封之有庳，富贵之也。身为天子，弟为匹夫，可谓亲爱之乎？"

"敢问或曰放者，何谓也？"

曰："象不得有为于其国，天子使吏治其国而纳其贡税焉，故谓之放。岂得暴彼民哉？虽然，欲常常而见之，故源源而来。'不及贡，以政接于有庳。'此之谓也。"

注释

①共工：水官名。

②驩兜：尧时的大臣。

③杀三苗于三危：三苗，国名。三危，山名，此指西边非常偏远的地方。

④殛(jí)鲧于羽山：殛，杀。鲧，相传是禹的父亲。

⑤有庳(bì)：国名。

译文

万章问道："象每天都在盘算着谋杀舜，等舜做了天子，却仅仅是把象流放了，这是为什么？"

孟子说："其实舜给象封了诸侯，有人却说舜把象流放了。"

万章说："舜将共工流放到幽州，将驩兜流放到崇山，将三苗的国君杀死在三危，在羽山杀了鲧，处置了这四个罪人，天下便都归顺了舜，这是因为讨伐了不仁者。而象是最不仁的，却被封为有庳侯。有庳国的百姓到底有什么罪过？难道仁人就可以这样吗？别人犯罪就讨伐，弟弟犯罪就封赏。"

孟子说："仁人对弟弟，心里不藏怒气，不积怨恨，只是对他亲近、爱护他罢了。亲近他，就让他获得权贵；爱护他，就要让他拥有财富。舜把有庳封赏给他，就是要让他享受富贵。自己为天子，弟弟为平民，这能说是亲近他、爱他吗？"

万章说："我想再向您请教，有人说舜把象流放了，这是为何呢？"

孟子说："象无权在他的封地内治国，舜另派官吏管理他的封地，缴纳贡税，因此有人说舜把象流放了。难道能虐待百姓吗？尽管这样，舜还是经常想见到他，所以象经常来见舜。'不到朝贡的时候，就以政事为由接见有庳。'说的就是这件事。"

第四章

咸丘蒙①问曰："语云：盛德之士，君不得而臣，父不得而子。舜南面而立，尧帅诸侯北面而朝之，瞽瞍亦北面而朝之。舜见瞽瞍，其容有蹙②。孔子曰：'于斯时也，天下殆哉，岌岌乎③！'不识此语诚然乎哉？"

孟子曰："否！此非君子之言，齐东野人之语也。尧老而舜摄④也。《尧典》⑤曰：'二十有八载，放勋⑥乃徂落⑦，百姓如丧考妣⑧。三年，四海遏密八音⑨。'孔子曰：'天无二日，民无二王。'舜既为天子矣，又帅天下诸侯以为尧三年丧，是二天子矣。"

咸丘蒙曰："舜之不臣尧，则吾既得闻命矣。《诗》云：'普天之下，莫非王土。率土之滨，莫非王臣。'而舜既为天子矣，敢问瞽瞍之非臣，如何？"

曰："是诗也，非是之谓也；劳于王事而不得养父母也。曰：'此莫非王事，我独贤劳⑩也。'故说诗者，不以文害辞，不以辞害志。以意逆志，是为得之。如以辞而已矣，《云汉》之诗曰：'周余黎民，靡有孑遗。'⑪信斯言也，是周无遗民也。孝子之至，莫大乎尊亲；尊亲之至，莫大乎以天下养。为天子父，尊之至也；以天下养，养之至也。《诗》曰：'永言孝思，孝思维则。'⑫此之谓也。《书》曰：'祗载见瞽瞍，夔夔斋栗，瞽瞍亦允若。'⑬是为父不得而子也？"

注释

①咸丘蒙：孟子的弟子。

②蹙：不安。

③岌岌乎：危险的样子。

④摄：代理。

⑤《尧典》:《尚书》篇名,记载尧舜禅让之事。

⑥放勋:即尧。

⑦徂(cú)落:去世。

⑧考妣(bǐ):对去世的父母的称呼。考,已死的父亲;妣,已死的母亲。

⑨遏密八音:停止演奏音乐。八音,八种材料制成的乐器所发出的声音。

⑩贤劳:劳苦。

⑪"《云汉》之诗曰"句:语出《诗经·大雅·云汉》。

⑫"《诗》曰"句:语出《诗经·大雅·下武》。

⑬"《书》曰"句:语出《尚书·大禹谟》。祇,敬。载,事。夔夔斋栗,恭敬、谨慎、恐惧的样子。允,真诚。若,顺。

译文

咸丘蒙问道:"古语说:'道德非常高尚的人,君主不能把他当成臣子,父亲不能把他当成儿子。'舜即天子之位,尧带着众诸侯面向北方朝拜他,舜的父亲瞽瞍也面向北方朝拜舜。舜见了父亲,脸上显出不安的神色。孔子说:'这时候的天下很危险啊!'不知道这话对不对?"

孟子说:"不对。这不是君子说的话,而是齐国东部乡人的流言。尧年老的时候只是由舜代理朝政。《尧典》说:'二十八年后,尧去世了,老百姓像自己的父母去世那样伤心。三年丧期,天下没有演奏音乐的。'孔子说:'天上没有两个太阳,老百姓也不会有两个王。'如果舜在尧去世前就做了天子,又带领天下诸侯替尧守三年丧,等于是有两个天子了。"

咸丘蒙说:"舜没有把尧当臣子,我已经明白了。《诗》上说:'整个天下,没有一块地方不属于君主;从内陆到海边,没有一个人不是君王的臣民。'舜已经做了天子,瞽瞍却不是他的臣子,这是为何?"

孟子说:"这首诗的意思不是这样的。诗中说的是臣子为王事辛苦而不能供养自己的父母。他说:'这些事没有一件不是君王的公事,为什么让我一个人如此辛苦。'所以解说《诗》的人，不要拘泥于单字而误解了整句话，也不要停留在一句话而误解了整首诗歌的原意主旨。解说诗的人要用自己的心去领会作诗者要表达的思想，才是正确的做法。如果仅凭词句，《云汉》诗中说：'周剩下的老百姓没有一个活下来的。'如果这话是真的，就等于周没有后代了。孝子的极致境界，没有比敬重父母规格更高的了；敬重父母的极致境界，没有比用全天下赡养父母规格更高的了。作为天子的父亲，这是最高的敬重；舜用天下去赡养父母，这是最高的赡养规格。《诗》上说：'永存孝心，孝心可作为天下的准则。'说的就是这个道理。《书经》上说：'舜孝敬他的父亲，毕恭毕敬地来到父亲面前，父亲的行为也遵循道理。'这是瞽瞍不把舜当作儿子看待吗？"

第五章

万章曰："尧以天下与舜，有诸？"

孟子曰："否。天子不能以天下与人。"

"然则舜有天下也，孰与之？"

曰："天与之。"

"天与之者，谆谆①然命之乎？"

曰："否。天不言，以行与事示之而已矣。"

曰："以行与事示之者，如之何？"

曰："天子能荐人于天，不能使天与之天下；诸侯能荐人于天子，不能使天子与之诸侯；大夫能荐人于诸侯，不能使诸侯与之大夫。昔者，尧荐舜于天而天受之，暴②之于民而民受之。故曰：天不言，以行与事示之而已矣。"

曰："敢问荐之于天而天受之，暴之于民而民受之，如何？"

曰："使之主祭，而百神享之，是天受之；使之主事而事治，百姓安之，是民受之也。天与之，人与之，故曰天子不能以天下与人。舜相尧二十有八载，非人之所能为也，天也。尧崩，三年之丧毕，舜避尧之子于南河③之南。天下诸侯朝觐者，不之尧之子而之舜；讼狱者，不之尧之子而之舜；讴歌者，不讴歌尧之子而讴歌舜。故曰天也。夫然后之中国④，践天子位焉。而⑤居尧之宫，逼尧之子，是篡也，非天与也。《泰誓》曰：'天视自我民视，天听自我民听。'此之谓也。"

注释

①谆谆：反复叮咛。

②暴：显露，公开。

③南河：舜避居处，在今山东濮县东二十五里，河在尧都之南，故称南河。

④中国：这里指帝都。

⑤而：如果。

译文

万章说："尧把天下让给了舜，有这回事吗？"

孟子说："不是。天子不能把天下让给别人。"

"那么舜得到天下，又是谁给他的呢？"

孟子说："是上天。"

"天把天下给他，是先谆谆教导过他吗？"

孟子说："不是的。天不说话，是用行为和事件来暗示他的。"

万章说："怎么用行为和事件暗示呢？"

孟子说："天子可以向上天推荐人，却不能让上天把天下交给被推荐之人；诸侯可以向天子推荐人，却不能让天子封赏被推荐之人为诸侯；大夫可以向诸侯推荐人，却不能让诸侯封赏被推荐之人为大夫。曾经，尧向上天推荐了舜，上天接受了舜；在民间公布了这件事，老百姓也接受了。所以说：上天不说话，只用行为与事件暗示他罢了。"

万章说："请问尧向上天推荐了舜，上天接受了舜；在民间公布了这件事，老百姓也接受了，这又是怎么回事呢？"

孟子说："派他主持祭祀而诸神都愿意享受祭品，这就是天接受他；让他办理的政事，他办得很好，老百姓很高兴，这就是老百姓接受了他。上天给了他天下，百姓给了他天下，所以说天子不能把天下让给别人。舜帮助尧治理天下二十八年，这不是单凭个人决定就能做到的，这是天意。尧去世了，三年的丧期结束，舜回避尧的儿子，一直到了南河之南。可诸侯要朝拜天子，不去朝拜尧的儿子而去朝拜舜；打官司的人，不去找尧的儿子而是去找舜；歌功颂德的人，不去歌颂尧的儿子而是歌颂舜。所以说这是天意。这之后舜才到中原，登上天子之位。如果最开始舜就住在尧的宫殿里，逼走尧的儿子，那这是篡位，不是上天给的。《泰誓》上说：'上天用老百姓的眼睛在看，用老百姓的耳朵在听。'说得也是这个道理。"

第六章

万章问曰："人有言'至于禹而德衰，不传于贤而传于子'，有诸？"

孟子曰："否，不然也。天与贤，则与贤；天与子，则与子。昔者，舜荐禹于天，十有七年，舜崩。三年之丧毕，禹避舜之子于阳城，天下之民从之，若尧崩之后不从尧之子而从舜也。禹荐益于天，七年，禹崩。三年之丧毕，益避禹之子于箕山之阴。朝觐、讼狱者不之益而之启，曰：'吾君之子也。'讴歌者不讴歌益而讴歌启，曰：'吾君之子也。'丹朱之不肖，舜之子亦不肖。舜之相尧、禹之相舜也，历年多，施泽于民久。启贤，能敬承继禹之道。益之相禹也，历年少，施泽于民未久。舜、禹、益相去久远，其子之贤不肖，皆天也，非人之所能为也。莫之为而为者，天也；莫之致而至者，命也。匹夫而有天下者，德必若舜、禹，而又有天子荐之者，故仲尼不有天下。继世以有天下，天之所废，必若桀、纣者也，故益、伊尹、周公不有天下。伊尹相汤以王于天下。汤崩，太丁①未立，外丙②二年，仲壬四年。太甲③颠覆汤之典刑，伊尹放之于桐。三年，太甲悔过，自怨自艾，于桐处仁迁义。三年，以听伊尹之训己也，复归于亳。周公之不有天下，犹益之于夏、伊尹之于殷也。孔子曰：'唐虞禅，夏后、殷、周继，其义一也。'"

注释

①太丁：汤的太子，未得立而死。
②外丙：太丁的弟弟。下文仲壬也是太丁的弟弟。
③太甲：太丁之子。

译文

万章问道："人们说，'到了大禹道德就衰微了，不把天子之位传给贤人而是传给了自己的儿子'，有这回事吗？"

孟子说："不是这样。天要传给贤人，则传给贤人；天要传给儿子，则传给儿子。过去舜向上天推荐禹，十七年之后，舜去世了。过了三年丧期，禹到阳城以回避舜的儿子，天下的老百姓跟随他，就像尧死后不跟从尧的儿子而跟从舜一样。禹向天推荐益，过了七年，禹去世了。过了三年丧期，益到箕山的北面以回避禹的儿子。朝见和打官司的人不找益而找禹的儿子启，说：'他是我们君王的儿子呀。'歌功颂德的人也是歌颂启而不歌颂益，说：'他是我们国君的儿子呀。'尧的儿子丹朱不够贤能，舜的儿子也不够贤能。舜辅佐尧、禹辅佐舜，都辅佐了很多年，对老百姓施恩比较久。夏启贤能，能够继承禹的治国方法。益辅佐禹的时间短，对老百姓施以恩惠的时间不够长。舜和禹、禹和益相差的时间有长有短，他们的儿子有的贤能，有的不贤，这都是天意，不是人力可以更改的。没有人告诉他这么做，他做对了，这是天意；没有人去争，可他却得到了，这是命运。普通人想要得到天下，一定要有舜、禹的道德品质，而且还要天子向上天推荐。孔子没有机会得到推荐，所以孔子没能统治天下。因世袭而继承天下的人，要是上天放弃了他，那他一定是像桀、纣一样暴虐。益、伊尹、周公没有机会赶上桀、纣那样的暴君，所以也没有统治天下。伊尹辅助商汤一统天下。汤去世后，太子太丁没即位就死了，太丁的弟弟外丙在位两年，仲壬在位四年。太甲继承天下之后改变了商汤定下的法律制度，伊尹把他流放到桐。经过三年，太甲后悔了，埋怨自己，并改正自己的错误，在桐践行仁义之道。三年之后，他已能听伊尹训诫自己，于是又迁回亳地当天子。周公之所以没统治天下，也是像益处在夏、

伊尹处在商的情形一样。孔子说：'尧、舜是禅让，夏、商、周三代是父子相承，但他们的本质是一样的。'"

第七章

万章问曰："人有言'伊尹以割烹要汤①'，有诸？"

孟子曰："否，不然。伊尹耕于有莘②之野，而乐尧、舜之道焉。非其义也，非其道也，禄之以天下弗顾也，系马千驷弗视也。非其义也，非其道也，一介③不以与人，一介不以取诸人。汤使人以币聘之，嚣嚣④然曰：'我何以汤之聘币为哉？我岂若处畎亩之中，由是以乐尧、舜之道哉？'汤三使往聘之，既而幡然改曰：'与⑤我处畎亩之中，由是以乐尧、舜之道，吾岂若使是君为尧、舜之君哉？吾岂若使是民为尧、舜之民哉？吾岂若于吾身亲见之哉？天之生此民也，使先知觉后知，使先觉觉后觉也。予，天民之先觉者也，予将以斯道觉斯民也。非予觉之而谁也？'思天下之民，匹夫匹妇有不被尧、舜之泽者，若己推而内⑥之沟中，其自任以天下之重如此，故就汤而说⑦之以伐夏救民。吾未闻枉己而正人者也，况辱己以正天下者乎？圣人之行不同也，或远或近，或去或不去，归洁其身而已矣。吾闻其以尧、舜之道要汤，未闻以割烹也。《伊训》曰：'天诛造攻自牧宫，朕载自亳⑧。'"

孟子・第九篇 万章上

注释

①割烹要汤：割烹，割肉而烹，指烹饪。要，干谒。

②有莘：古国名，在今河南陈留县。

③一介：同"一芥"，一粒芥籽，形容量小。

④嚣嚣：悠然自得。

⑤与：与其。

⑥内：同"纳"。

⑦说：游说、说服。

⑧天诛造攻自牧宫，朕载自亳：天诛，上天的讨伐。造，始、开始。牧宫，桀宫。朕，第一人称，我。载，始、开始。自，从、由。

译文

万章问："有人说伊尹用给汤当厨师的办法来接近汤，有这样的事吗？"

孟子回答说："没有，不是这样的。伊尹在有莘国的郊野种田，而以尧、舜之道为乐事。如果不合乎义，不合乎道，就算把天下的财富都给他当俸禄，他也不回头看一下；就算把四千匹好马拴在那里，他也不会看一眼。如果不合乎义，不合乎道，他连一粒芥籽都不会给别人，也不会用一粒芥籽去取悦别人。汤曾经派人带着礼物去请他，他悠然自得地说：'我要汤的礼物做什么呢？这怎么比得上我在田野之中以尧、舜之道为乐事呢？'汤多次派人去请他，他改变了原先的态度说：'我与其住在田野之中，以尧、舜之道为乐事，何不如让现在的君主变成尧、舜一样的君主呢？我何不如让现在的百姓变成尧、舜时代的百姓呢？我何不如让自己亲眼看到尧、舜之道在天下实行呢？上天养育百姓，就是要让先知者启发后知者，先觉者引导后觉者。我是百姓中的先觉者，我要用尧、舜之道去启发引导后觉者。若我不去启发引导他们，还有谁去呢？'他惦记天下的百姓，若平民男女中有人没有受到尧、舜之道的恩泽，就仿佛是他把那些人推到了深沟里一样。他就是这样把天下重担扛在自己身上，所以到了汤那里，说服汤去讨伐夏桀拯救百姓。我从来没有听说过自己行为不正而能匡正别人行为的，更何况是先使自己遭受侮辱来匡正天下的呢？圣人的行为各有不同，有的疏远君主，有的亲近君主；有的离开朝廷，有的在朝为官。归根结底，圣人都是要保持自身清白干净。我只听说伊尹用尧、舜之道接近汤而获得重用，没有听说他用给汤当厨师来接近汤而获得重用。《伊训》说：'上天的讨伐是在夏桀的宫室里开始的，我从殷都亳邑开始。'"

第八章

万章问曰："或谓孔子于卫主痈疽①，于齐主侍人瘠环②，有诸乎？"

孟子曰："否，不然也。好事者为之也。于卫主颜雠由③。弥子④之妻与子路之妻，兄弟也。弥子谓子路曰：'孔子主我，卫卿可得也。'子路以告。孔子曰：'有命。'孔子进以礼，退以义，得之⑤不得曰'有命'。而主痈疽与侍人瘠环，是无义无命也。孔子不悦于鲁、卫，遭宋桓司马将要而杀之⑥，微服⑦而过宋。是时孔子当阨⑧，主司城贞子⑨，为陈侯周⑩臣。吾闻观近臣⑪，以其所为主；观远臣⑫，以其所主。若孔子主痈疽与侍人瘠环，何以为孔子？"

注释

① 痈疽（yōng jū）：人名，或指治疗痈疽的医生，是卫灵公宠幸的宦官。

② 瘠环：人名，齐国宦官。

③ 颜雠（chóu）由：人名，卫国人。

④ 弥子：卫灵公的宠臣弥子瑕。

⑤ 得之：之，同"与"。得之不得，意思是得与不得。

⑥ 遭宋桓司马将要而杀之：遭，遭遇。宋桓司马，宋国司马桓魋。要，拦截。

⑦ 微服：改换了平日的装扮。

⑧ 阨：困厄，处境艰难。

⑨ 司城贞子：陈湣公的臣子，谥贞子。

⑩ 陈侯周：即陈湣公，陈怀公的儿子。

⑪ 近臣：在朝的臣子。

⑫远臣：远方而来的臣子。

译文

万章问："有人说，孔子在卫国住在卫灵公宠幸的宦官痈疽家里，在齐国也住在宦官瘠环家里，有这样的事吗？"

孟子回答说："没有，不是这样的。这是造谣的人散布出来的。孔子在卫国，住在颜雠由家中。弥子瑕的妻子和子路的妻子是姐妹。弥子瑕对子路说：'若是孔子住在我家，可以得到卫国卿相的官职。'子路把这话告诉了孔子。孔子说：'能不能得到卿相是天命安排的。'孔子按照礼仪而进，根据道义而退，无论得到官职还是没有得到官职都说是天命的安排。如果他住在痈疽和宦官瘠环家里，那就是无视礼仪和道义，不顾天命。孔子在鲁国和卫国时不得志，又碰到宋国的司马桓魋拦截他并想将他杀死，他只得化装悄悄地离开宋国。当时孔子处境艰难，寄居在司城贞子家中，做了陈侯周的臣子。我听说观察当朝臣子是什么样的人，就看他招待了什么样的客人；观察远方而来的臣子是什么样的人，就看他寄居在什么样的人家里。假如孔子真的寄居在痈疽和宦官瘠环家里，那怎么还算是孔子呢？"

第九章

万章问曰："或曰：'百里奚①自鬻②于秦养牲者五羊之皮，食牛，以要秦穆公。'信乎？"

孟子曰："否，不然。好事者为之也。百里奚，虞人也。晋人以垂棘之璧与屈产之乘③，假道于虞以伐虢。宫之奇谏，百里奚不谏。知虞公之不可谏而去，之秦，年已七十矣。曾不知以食牛干秦穆公之为污也，可谓智乎？不可谏而不谏，可谓不智乎？知虞公之将亡而先去之，不可谓不智也。时举于秦，知穆公之可与有行也而相之，可谓不智乎？相秦而显其君于天下，可传于后世，不贤而能之乎？自鬻以成其君，乡党自好者不为，而谓贤者为之乎？"

注释

①百里奚：春秋末期虞国人，后被当奴隶卖到秦国，辅佐秦穆公成就霸业。

②鬻：卖。

③垂棘之璧与屈产之乘：垂棘，地名。屈，地名。

译文

万章问道："有人说：'百里奚用五张羊皮的价钱，把自己卖到秦国养牲口的人家，通过放牛来接近秦穆公。'有这回事吗？"

孟子说："没有，不是这样。这是喜欢造谣的人散播的谣言。百里奚是虞国人。晋国用垂棘产的美玉与屈地产的良马，借道虞国去讨伐虢国。宫之奇劝谏虞国国君，但百里奚没有劝谏。百里奚知道虞君不会听从劝阻，就干脆离开虞国去了秦国，此时他已经七十岁了。不知道靠喂牛去求见秦穆公是低下的事，能说是聪明吗？但他知道无法劝谏虞国国君就不再劝谏，这能说不聪明吗？他知道虞国将要灭亡而提前离开，这也不能说不聪明。他在秦国被人举荐，知道秦穆公大有作为就辅佐秦穆公，这能说不聪明吗？他在秦国辅佐秦穆公，使秦穆公声名远播，足以流芳百世，不是贤能的人能做到吗？卖掉自己去成就君王，就是乡下那些清高之人都不会这么干，你说贤能的人会这么干吗？"

第十篇　万章下

第一章

孟子曰："伯夷，目不视恶色，耳不听恶声；非其君不事，非其民不使；治则进，乱则退；横①政之所出，横民之所止，不忍居也。思与乡人处，如以朝衣朝冠坐于涂炭也。当纣之时，居北海之滨，以待天下之清也。故闻伯夷之风者，顽②夫廉，懦夫有立志。

"伊尹曰：'何事非君？何使非民？'治亦进，乱亦进，曰：'天之生斯民也，使先知觉后知，使先觉觉后觉。予，天民之先觉者也，予将以此道觉此民也。'思天下之民，匹夫匹妇有不与被尧、舜之泽者，若己推而内之沟中。其自任以天下之重也。

"柳下惠不羞污君，不辞小官；进不隐贤，必以其道；遗佚而不怨，阨穷而不悯；与乡人处，由由然不忍去也。'尔为尔，我为我，虽袒裼裸裎于我侧，尔焉能浼我哉？'故闻柳下惠之风者，鄙夫③宽，薄夫④敦。

"孔子之去齐，接淅⑤而行；去鲁，曰：'迟迟吾行也。'去父母国之道也。可以速而⑥速，可以久而久，可以处而处，可以仕而仕，孔子也。"

孟子曰："伯夷，圣之清者也；伊尹，圣之任者也；柳下惠，圣之和者也；孔子，圣之时者也。孔子之谓集大成。集大成也者，金声而玉振之也⑦。金声也者，始条理也；玉振之也者，终条理也。始条理者，智之事也；终条理者，圣之事也。智，譬则巧也；圣，譬则力也。由⑧射于百步之外也，其至，尔力也；其中，非尔力也。"

注释

①横：暴。

②顽：贪婪。

③鄙夫：心胸狭窄的人。

④薄夫：刻薄的人。

⑤接淅：捧着已经淘湿的米。

⑥而：则。以下几句同。

⑦金声而玉振之也：金声，指镈、钟发出的声音。玉振，指玉磬收束的余韵。古代奏乐，以镈、钟起音，以玉磬收尾。

⑧由：通"犹"。

译文

孟子说："伯夷这个人，眼睛从来不看不好的色彩，耳朵从来不听不好的声音；不符合他理想的君主他不去侍奉，不符合他理想中的百姓他不去使唤；太平盛世他积极进取，天下混乱他就隐居；有暴政的地方，有暴民的地方，他都不喜欢去。他觉得跟乡里人相处，就仿佛是穿着朝服、戴着礼帽坐在泥土和炭灰上一样。纣当权的时候，伯夷就隐居在北海边，以待政治清明。听到过伯夷品格的人，贪夫也会清廉，怯弱的人也能有自力更生的意识。

"伊尹说：'侍奉什么样的君主不是侍奉呢？使唤什么样的民众不是使唤呢？'太平盛世他积极进取，天下混乱他也积极进取。他说：'上天养育百姓，就是要让先知者启发后知者，先觉者引导后觉者。我是百姓中的先觉者，我要用尧、舜之道去启发引导后觉者。'他惦记天下的百姓，若平民男女中有人没有受到尧、舜之道的恩泽，就仿佛是他把那些人推到了深沟里一样。他就是这样把天下重担扛在自己身上。

"柳下惠这个人，侍奉的君主不好他不觉得是耻辱，官职小他也不认为自己卑微；做官时他也不会遮掩自己的能力，定会根据自己的准则处理事务；他被免职了也不抱怨，穷困潦倒也不担忧；他与乡里人开开心心地交往，不想离开。他说：'你是你，我是我，你即使光着身子在我身边，又怎能污染到我呢？'所以听到柳下惠品格的人，气量小的人也变得宽容，刻薄的人也变得宽厚。

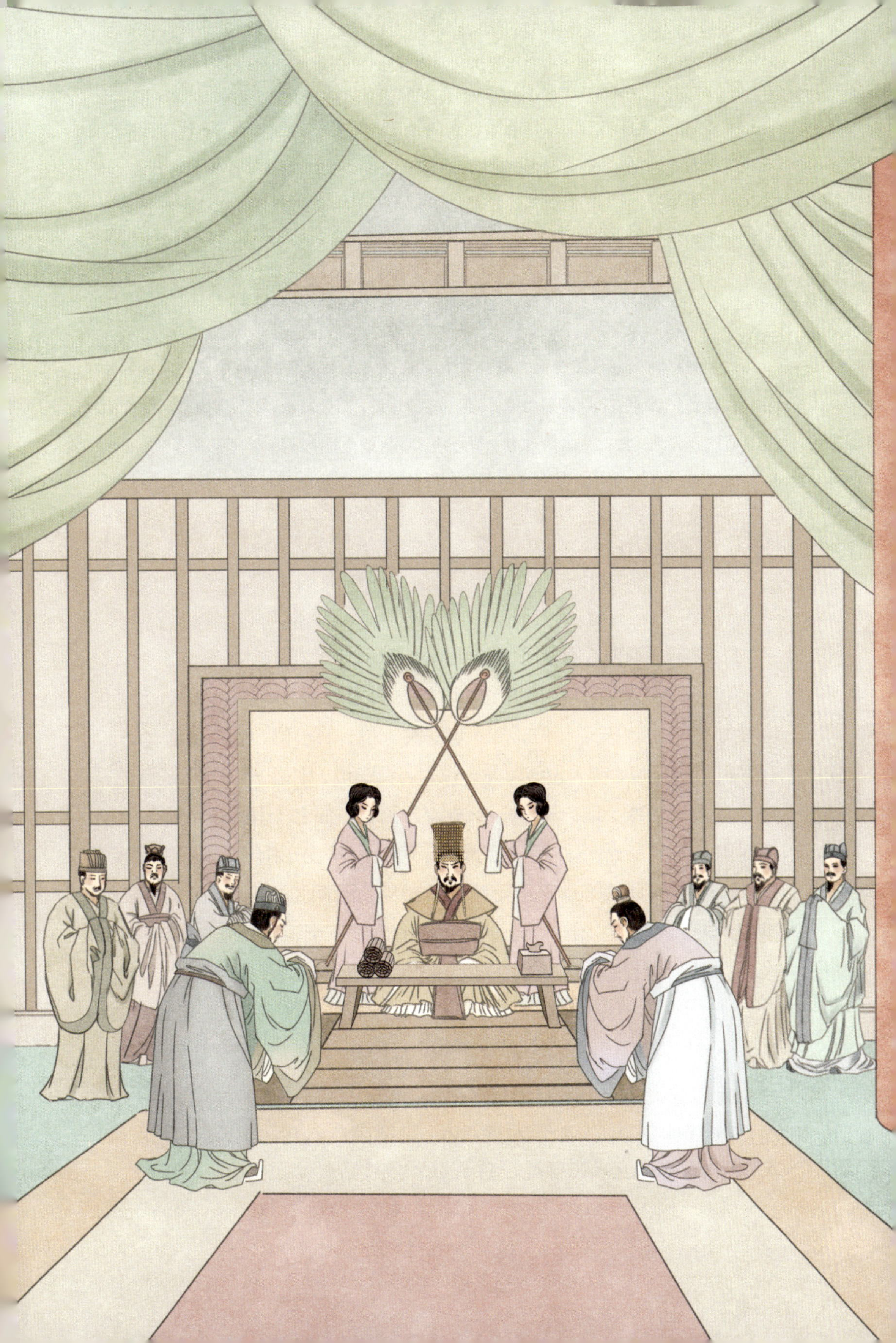

"孔子离开齐国时，捧着已经淘湿的米，不等做饭就离开了；他离开鲁国时却说：'我们慢点儿走吧。'这是离开祖国该有的态度。该快走就快走，该久留就久留，该赋闲在家就赋闲在家，该出仕当官就出仕当官，这就是孔子。"

孟子说："伯夷，是圣人中的清高的人；伊尹，是圣人中有责任感的人；柳下惠，是圣人中随和的人；孔子，是圣人中能够随情况变化而变化的人。孔子可以说是前代圣人优点的集大成者。所谓集大成者，也就像演奏音乐时由敲击钟镈开头，以击磬结束一样。敲击钟镈，是开好头；敲击玉磬，是结好尾。开好头，靠的是人的智慧；结好尾，靠的就是圣德了。智慧像技巧，圣贤像力量。这就像从百步之外射箭，射到靶子，这是力量的作用；而射中靶心，就不单单是靠力量了。"

第二章

北宫锜①问曰："周室班②爵禄也，如之何？"

孟子曰："其详不可得闻也，诸侯恶其害己也，而皆去其籍；然而轲也尝闻其略也。天子一位，公一位，侯一位，伯一位，子、男同一位，凡五等也。君一位，卿一位，大夫一位，上士一位，中士一位，下士一位，凡六等。天子之制，地方千里，公侯皆方百里，伯七十里，子、男五十里，凡四等。不能③五十里，不达于天子，附于诸侯，曰附庸。天子之卿受地视④侯，大夫受地视伯，元士受地视子、男。大国地方百里，君十卿禄，卿禄四大夫，大夫倍上士，上士倍中士，中士倍下士，下士与庶人在官者同禄，禄足以代其耕也。次国地方七十里，君十卿禄，卿禄三大夫，大夫倍上士，上士倍中士，中士倍下士，下士与庶人在官者同禄，禄足以代其耕也。小国地方五十里，君十卿禄，卿禄二大夫，大夫倍上士，上士倍中士，中士倍下士，下士与庶人在官者同禄，禄足以代其耕也。耕者之所获，一夫百亩，百亩之粪⑤，上农夫食九人，上次食八人，中食七人，中次食六人，下食五人。庶人在官者，其禄以是为差⑥。"

注释

① 北宫锜（qí）：卫国人。

② 班：排列。

③ 不能：不足，不及。

④ 视：比。

⑤ 粪：施肥耕种。

⑥ 差：等级。

译文

北宫锜问道："周朝排列的官爵和俸禄的等级制度，是怎样的呢？"

孟子答道："详细情况已经不知道了，因为诸侯厌恶那些不利于自己的制度，把文献资料都毁了；但是我也曾听到一些。中央爵位制度是，天子为一级，公为一级，侯为一级，伯为一级，子和男同为一级，共分五级。各诸侯国的官位制度是，君为一级，卿为一级，大夫为一级，上士为一级，中士为一级，下士为一级，共分六级。俸禄的制度是，天子直接管理的土地方圆千里，公和侯各管理的土地是方圆百里，伯管理的土地是方圆七十里，子和男各管理的土地是方圆五十里，一共四级。土地不够方圆五十里的国家，不受天子管辖，而是附属于诸侯，叫附庸。天子的卿所受的封地相当于侯，大夫所受的封地相当于伯，元士所受的封地相当于子、男。公、侯大国的土地方圆百里，国君的俸禄是卿的十倍，卿的俸禄是大夫的四倍，大夫的俸禄是上士的两倍，上士的俸禄是中士的两倍，中士的俸禄是下士的两倍，下士的俸禄与百姓中在官府当差的相同，所得的俸禄也足以抵上他们耕种所得的收入。中等国家的土地方圆七十里，国君的俸禄是卿的十倍，卿的俸禄是大夫的三倍，大夫的俸禄是上士的两倍，上士的俸禄是中士的两倍，中士的俸禄是下士的两倍，下士的俸禄与百姓中在官府当差的相同，所得的俸禄也足以抵上他们耕种所得的收入。小国的土地方圆五十里，国君的俸禄是卿的十倍，卿的俸禄是大夫的两倍，大夫的俸禄是上士的两倍，上士的俸禄是中士的两倍，中士的俸禄是下士的两倍，下士的俸禄与百姓中在官府当差的相同，所得的俸禄也足以抵上他们耕种所得的收入。农民所得，是一夫分田百亩。百亩土地施肥耕种，上等的农民可以养活九人，上等偏下的农民可以养活八人，中等的农民可以养活七人，中等偏下的农民可以养活六人，下等农民可以养活五人。普通百姓在官府当差的，他们的俸禄也照此等级分配。"

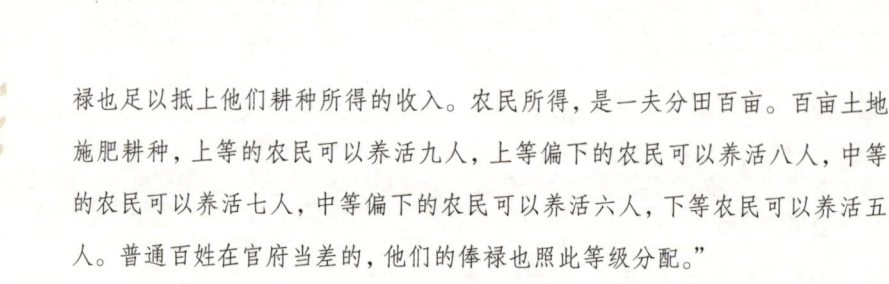

第三章

万章问曰："敢问友。"

孟子曰："不挟长，不挟贵，不挟兄弟而友。友也者，友其德也，不可以有挟也。孟献子①，百乘之家也，有友五人焉：乐正裘，牧仲，其三人则予忘之矣。献子之与此五人者友也，无献子之家者也。此五人者，亦有献子之家，则不与之友矣。非惟百乘之家为然也，虽小国之君亦有之。费惠公②曰：'吾于子思，则师之矣；吾于颜般，则友之矣；王顺、长息，则事我者也。'非惟小国之君为然也，虽大国之君亦有之。晋平公之于亥唐③也，入云④则入，坐云则坐，食云则食。虽蔬食菜羹，未尝不饱，盖不敢不饱也。然终于此而已矣，弗与共天位也，弗与治天职也，弗与食天禄也，士之尊贤者也，非王公之尊贤也。舜尚见帝，帝馆甥于贰室，亦飨舜，迭为宾主，是天子而友匹夫也。用下敬上，谓之贵贵；用上敬下，谓之尊贤。贵贵、尊贤，其义一也。"

注　释

①孟献子：鲁国大夫仲孙蔑。

②费惠公：战国时期费国国君，鲁国季孙氏的后代。

③亥唐：春秋时期晋国贤者。

④入云："云入"的倒装。

译　文

万章问道："请问如何结交朋友？"

孟子说："不仗着自己年长，不仗着自己的身份显贵，也不仗着兄弟的亲近关系去交朋友。交朋友,要看他的道德水平,而不能有所倚仗。孟献子是有百辆马车的大夫,他有五位朋友:乐正裘、牧仲,另外三人我忘记了。孟献子与五人做朋友的时候,是没有想过自己是大夫的。这五个人也是如此,他们和他交往的时候,若是把他当大夫看待,就没法跟他做朋友了。不单有百辆马车的大夫是这样,小国的国君也有这样的。费惠公说:'对子思,我是把他当老师看待的;对于颜般,我是把他当朋友看待的。王顺、长息两个人则是侍奉我的。'不单小国的君主有这样的人,即使是大国的君主也有这样的人。晋平公对亥唐就是这样:亥唐说进来,晋平公才进去;亥唐说坐下,晋平公才坐下;亥唐说吃饭吧,晋平公就吃饭。即使吃的是粗粮青菜,晋平公也不曾不吃饱,因为他不敢不吃饱。但也就仅此而已,晋平公并不跟亥唐共享高位,不跟他共同处理政事,不跟他共享爵禄。这是士人尊贤的方式,而不是王公贵族尊贤的方式。舜去拜见尧,尧把他这位女婿安排在别宫居住,也请舜吃饭,两人轮流做东,这是天子跟普通人的交友之道。地位低的尊重地位高的,叫尊重贵人。地位高的尊重地位低的,叫尊重贤人。尊重贵人和尊重贤人,本质上是一样的。"

第四章

万章问曰:"敢问交际何心也?"

孟子曰:"恭也。"

曰:"'却之却之为不恭',何哉?"

曰:"尊者赐之,曰:'其所取之者义乎?不义乎?'而后受之,以是为不恭,故弗却也。"

曰:"请无以辞却之,以心却之,曰'其取诸民之不义也'而以他辞无受,不可乎?"

曰:"其交也以道,其接也以礼,斯孔子受之矣。"

万章曰:"今有御人于国门之外①者,其交也以道,其馈也以礼,斯可受御与?"

曰:"不可。《康诰》②曰:'杀越人于货,闵不畏死,凡民罔不譈。'是不待教而诛之者也。殷受夏，周受殷，所不辞也。于今为烈，如之何其受之？"

曰："今之诸侯取之于民也，犹御也。苟善其礼际矣，斯君子受之，敢问何说也？"

曰："子以为有王者作，将比③今之诸侯而诛之乎？其教之不改而后诛之乎？夫谓非其有而取之者盗也，充类至义之尽也。孔子之仕于鲁也，鲁人猎较④，孔子亦猎较。猎较犹可，而况受其赐乎？"

曰："然则孔子之仕也，非事道⑤与？"

曰："事道也。"

"事道奚猎较也？"

曰："孔子先簿正祭器⑥，不以四方之食供簿正。"

曰："奚不去也？"

曰："为之兆⑦也。兆足以行矣，而不行，而后去，是以未尝有所终三年淹也。孔子有见行可之仕，有际可⑧之仕，有公养⑨之仕也。于季桓子，见行可之仕也；于卫灵公，际可之仕也；于卫孝公⑩，公养之仕也。"

注 释

①御人于国门之外：御，止。这句是说用暴力拦截行人而杀之。

②《康诰》：《尚书》篇名，周成王打败管、蔡后，将殷国余下的百姓封给康叔统治，作《康诰》。

③比：连。

④猎较：田猎时互相比较夺得禽兽的多少。

⑤事道：以行道为职志。

⑥簿正祭器：用簿书规定祭品。

⑦兆：始。

⑧际可：有礼节地接待某个人。

⑨公养：指国君对一般贤人的礼遇。

⑩卫孝公：即卫出公，名辄。一个人两个谥号，本有此例。

译文

万章问道:"请问与人交往时应该持有怎样的心态?"

孟子说:"恭敬。"

万章又问:"'老是拒绝接受别人赠送的礼物便是不恭敬',这是为何?"

孟子说:"对显贵之人赐下的礼物,自己要先想他得到这些东西的方法与义相合还是与义不合,考虑好了之后再接受,这样做是不恭敬的,因此不应该拒绝。"

万章说:"不用语言直接拒绝,而在心里拒绝,心里说,'他的赠物是不义之财',然后用其他借口拒绝,这样做不可以吗?"

孟子说:"别人依照规矩跟我相交,以礼相待,即便是孔子也会接受的。"

万章说:"假如现在有人在京郊拦路抢劫别人,他依照规矩跟我相交,以礼相待,这样还能接受他所馈赠的不义之财吗?"

孟子说:"不能。《康诰》中曾经这样说:'杀害行人、劫夺财物、一味强横不怕死的人,没有人不恨之入骨。'这种人是不必等待教育就可以直接杀了的。殷朝继承了夏朝这条法规,周朝又继承了殷朝这条法规,这条法规没有更改过。现在这种杀人抢劫财物的行为更猖獗了,怎么能接受这种人的馈赠呢?"

万章说:"现在的诸侯从百姓那里榨取血汗,跟强盗杀人劫物的行径差不多。如果他们把交往的礼节做得很好,这样君子就可以接受他们的馈赠,请问这又该怎样解释呢?"

孟子说:"你觉得若是天下有圣王兴起,会把现在的诸侯全部诛杀,还是先教育他们,如果他们还不悔改再诛杀呢?不是自己的东西而把它据为己有的人叫强盗,这只是类推到标准的最高处。孔子在鲁国做官时,鲁国士大夫

孟子·第十篇 万章下

181

打猎会争夺猎物，孔子也参与其中。打猎时士大夫可以争夺猎物，何况是接受赏赐呢？"

万章说："那么，孔子为官，难道不是为了宣扬道吗？"

孟子说："是为了宣扬道。"

"为了宣扬道，为什么他在打猎时参与争夺猎物呢？"

孟子答道："孔子先在簿书上规定祭祀用的祭品，又规定不能把其他地方的猎物作为祭品放在祭器内。"

万章又问："孔子为什么不离去呢？"

孟子说："孔子想先试试。如果试过了，孔子觉得可行，但国君不肯推行开来，那么孔子才离去，所以孔子从未在任何朝廷待满三年。孔子有时因可以推行其道才做官，有时因国君对自己以礼相待才做官，有时因国君养贤才做官。对季桓子，孔子就是因为可以推行其道才做官；对卫灵公，孔子就是因国君对自己以礼相待才做官；对卫孝公，孔子就是因国君养贤才做官。"

第五章

孟子曰："仕非为贫也，而有时乎为贫；娶妻非为养也，而有时乎为养。为贫者，辞尊居卑，辞富居贫。辞尊居卑，辞富居贫，恶乎宜乎？抱关击柝①。孔子尝为委吏②矣，曰：'会计当而已矣。'尝为乘田矣，曰：'牛羊茁壮长而已矣。'位卑而言高，罪也。立乎人之本朝而道不行，耻也。"

注释

①抱关击柝（tuò）：看门的小卒夜间打更。

②委吏：管仓库、从事会计事务的小官。

译文

孟子说："做官的原因不是贫穷，但有时也因贫穷而为官；娶妻的原因不是为了侍奉父母，但有时也是为了侍奉父母。因为贫穷才做官的人，应该辞去高官而去做小官，不要丰厚的俸禄而要微薄的俸禄。辞去高官而去做小官，不要丰厚的俸禄而要微薄的俸禄，这样的人什么职位最适合他呢？守门打更。孔子曾经做管理仓库的小官，他说：'把账算好就行了。'他也曾做管理放牧的官，说：'牛羊能茁壮成长就行了。'职位低而讨论大事，那是罪过。在朝廷里为官却不推行道，那是一种耻辱。"

第六章

万章曰："士之不托诸侯，何也？"

孟子曰："不敢也。诸侯失国，而后托于诸侯，礼也。士之托于诸侯，非礼也。"

万章曰："君馈之粟，则受之乎？"

曰："受之。"

"受之何义也？"

曰："君之于氓也，固周①之。"

曰："周之则受，赐之则不受，何也？"

曰："不敢也。"

曰："敢问其不敢何也？"

曰："抱关击柝者皆有常职以食于上。无常职而赐于上者，以为不恭也。"

曰："君馈之则受之，不识可常继乎？"

曰："缪公之于子思也，亟问，亟馈鼎肉②。子思不悦。于卒也，摽③使者出诸大门之外，北面稽首④再拜而不受，曰：'今而后知君之犬马畜伋。'盖自是台⑤无馈也。悦贤不能举，又不能养也，可谓悦贤乎？"

曰："敢问国君欲养君子，如何斯可谓养矣？"

曰："以君命将⑥之，再拜稽首而受。其后廪人继粟，庖人继肉，不以君命将之。子思以为鼎肉使己仆仆尔⑦亟拜也，非养君子之道也。尧之于舜也，使其子九男事之，二女女焉，百官牛羊仓廪备，以养舜于畎亩之中，后举而加⑧诸上位。故曰，王公之尊贤者也。"

注释

①周：周济。

②鼎肉：熟肉。

③摽：赶出。

④稽首：古代最恭敬的跪拜礼节，跪下，拱手至地，头也至地。

⑤台：同"始"。

⑥将：送。

⑦仆仆尔：连续不断。

⑧加：同"居"。

译文

万章问道："士人不依赖诸侯生活，这是为什么？"

孟子说："是因为不敢。诸侯失去了自己的国家，在外流亡，而后投奔他国，合乎礼制。士人依赖诸侯而活，不合礼制。"

万章说："君主给的粮食，能接受吗？"

孟子说："能接受。"

"接受又是什么道理？"

孟子说："君主对来自他国之民，本来就该接济。"

万章问："接济就接受，赏赐就不接受，这是为什么？"

孟子答："是因为不敢。"

万章问："请问为何不敢？"

孟子答："守门打更的人都有一定职务，可接受上面的赏赐。没有一定职务而接受上面的赏赐，这是不恭敬。"

万章问："君主赠送东西便接受，不知能经常这样做吗？"

孟子答："鲁缪公对子思，多次问候，多次赠送熟肉。子思很不高兴。终于，他将使者赶出了大门，面向北方先磕头，然后又拜了两次，说：'直到今天，我才知道，君主是像对待狗一样对待我。'大概从这次开始鲁缪公才停止给子思赠送熟肉。喜爱贤人而不重用，又不能依礼奉养，这能叫喜爱贤者吗？"

万章说："请问国君要对君子依礼奉养，怎样才能算依礼奉养呢？"

孟子答："先以国君之命的名义赠送君子礼物，君子作揖磕头，最后接受君主的馈赠。之后管仓人常送粮食，掌膳者常送肉食，不再以君主之命的名义赠送给他。子思认为送块熟肉自己就得没完没了地叩拜，不是依礼奉养君子的方式。尧对于舜，让自己的九个儿子照料他，把两个女儿嫁给他，各种官吏和牛羊、仓库样样齐备，使舜在田野中受到优待，后来又提携他到很高的位置。所以，这才是君主依礼奉养贤士的方式。"

第七章

万章曰："敢问不见诸侯，何义也？"

孟子曰："在国曰市井之臣，在野曰草莽之臣，皆谓庶人。庶人不传质①为臣，不敢见于诸侯，礼也。"

万章曰："庶人，召之役则往役；君欲见之，召之则不往见之。何也？"

曰："往役，义也；往见，不义也。且君之欲见之也，何为也哉？"

曰："为其多闻也，为其贤也。"

曰："为其多闻也，则天子不召师，而况诸侯乎？为其贤也，则吾未闻欲见贤而召之也。缪公亟见于子思，曰：'古千乘之国以友士，何如？'子思不悦，曰：'古之人有言曰：事之云乎？岂曰友之云乎？'子思之不悦也，岂不曰：'以位，则子君也，我臣也，何敢与君友也？以德，则子事我者也，奚可以与我友？'千乘之君求与之友而不可得也，而况可召与？齐景公田，招虞人以旌，不至，将杀之。志士不忘在沟壑，勇士不忘丧其元。孔子奚取焉？取非其招不往也。"

曰："敢问招虞人何以？"

曰："以皮冠。庶人以旃②，士以旗③，大夫以旌。以大夫之招招虞人，虞人死不敢往。以士之招招庶人，庶人岂敢往哉？况乎以不贤人之招招贤人乎？欲见贤人而不以其道，犹欲其入而闭之门也。夫义，路也；礼，门也。惟君子能由是路，出入是门也。《诗》云：'周道如砥，其直如矢。君子所履，小人所视。'④"

万章曰："孔子，君命召，不俟驾而行。然则孔子非与？"

曰："孔子当仕有官职，而以其官召之也。"

注 释

①传质：见面时互赠礼物。质，通"贽"。

②旃（zhān）：赤色曲柄的旗子。

③旗（qí）：杆头系着铃铛的旗子。

④"《诗》云"句：语出《诗经·小雅·大东》。砥，即"砥"字，磨刀石。

译 文

万章说："请问士人不去见诸侯，是何原因呢？"

孟子说："住在都城的叫市井之臣，住在乡下的叫草莽之臣，都是百姓。百姓如果没有送见面礼而当了臣子，就不敢见诸侯，这是礼的规定。"

万章说："老百姓，要他去服役，他就去服役；君王想见他，要他来相见，却不来。这又是为什么呢？"

孟子说："百姓去服役，是义。百姓去拜见，是不义。君王想见他，那是因为什么呢？"

万章说："因为他博学多闻，因为他是个贤人。"

孟子说："因为他博学多闻想见他，可天子都不召见自己的老师，更何况诸侯呢？如果因为他是贤人，我还没有听说想见贤人而召他来见的。鲁缪公多次去见子思，说：'古代有千辆兵车的大国国君与士人相交，是怎么样的？'子思不高兴，说：'古代人这样说，是把士人当老师，怎么能是与士人相交呢？'子思之所以不高兴，难道不是在说：'按地位，你是君，我是臣，怎敢和君主做朋友？按道德水平，你是跟我学习的人，怎么能和我做朋友？'千乘之国的君主，想跟他做朋友都不行，更何况要召见他呢？齐景公去打猎，用旗杆带羽毛的旗子召唤管理猎场的小官，小官没有来，齐景公要处死他。有志之士不害怕葬身沟壑，有勇气的人也不怕丢掉脑袋。孔子称赞小官什么呢？孔子就是称赞他对于不按礼节的召唤就拒绝应召前往的举动。"

万章说："请问应该以什么样的礼仪召唤管理猎场的小官前来呢？"

孟子说："用皮帽子。召唤老百姓用赤色曲柄旗，召唤士人用旗杆上系着铃铛的旗子，召唤大夫要用旗杆带羽毛的旗子。用召唤大夫的旗子召唤管理猎场的小官，小官死都不敢去；用召唤士人的旗子去召唤老百姓，老百姓就敢去吗？更何况用召唤不贤的人的礼节去召唤贤人呢？君主想见贤人却不用合乎礼义的方式，就像想让人进来却又关门一样。义，是大路；礼，是大门。只有君子才能走这条路，出入这扇门。《诗》上说：'周的大路平坦得像磨刀石，直得像箭杆。这是君子所走的路，是平民效法的对象。'"

万章问："孔子，只要国君召见他，他不等车驾好就出发了。那么孔子做错了吗？"

孟子说："孔子有官职在身，国君是在用召唤官员的礼节召唤他。"

第八章

孟子谓万章曰："一乡之善士，斯友一乡之善士；一国之善士，斯友一国之善士；天下之善士，斯友天下之善士。以友天下之善士为未足，又尚论古之人。颂①其诗，读其书，不知其人，可乎？是以论其世也，是尚友也。"

注 释

①颂：通"诵"。

译 文

孟子对万章说："一个乡的优秀之人就和一个乡其他的优秀之人交朋友，

一个国家的优秀之人就和一个国家其他的优秀之人交朋友,天下的优秀之人就和天下其他的优秀之人交朋友。如果和天下的优秀之人交朋友还不满足,那就向上追溯古人。只吟咏他们的诗,读他们写的书,却不知道他们到底是什么人,这可以吗?所以要研究他们所处的社会时代。这就是追溯历史,与古人相交。"

第九章

齐宣王问卿。孟子曰:"王何卿之问也?"

王曰:"卿不同乎?"

曰:"不同。有贵戚之卿①,有异姓之卿。"

王曰:"请问贵戚之卿。"

曰:"君有大过则谏,反覆之而不听,则易位。"

王勃然变乎色。

曰:"王勿异也。王问臣,臣不敢不以正②对。"

王色定,然后请问异姓之卿。

曰:"君有过则谏,反覆之而不听,则去。"

注释

①贵戚之卿:指与君王同宗的卿大夫。

②正:诚。

译文

齐宣王问有关卿大夫的事。孟子说:"大王问的是哪一类的卿大夫呢?"

齐宣王说:"卿大夫也有所不同吗?"

孟子说:"不同。有王室宗族的卿大夫,也有异姓的卿大夫。"

宣王说:"那我问王室宗族的卿大夫。"

孟子说:"君王有重大过错,他们便加以劝阻;反复劝阻还不听从,他们便改立其他人为王。"

齐宣王突然变了脸色。

孟子说:"大王不要惊诧。您问我,我不敢不老实回答。"

齐宣王的脸色正常了,然后他又问异姓卿大夫。

孟子说:"君王有过错,他们便加以劝阻;反复劝阻还不听从,他们便辞官而去。"

第十一篇　告子上

第一章

告子曰："性，犹杞柳①也；义，犹桮棬②也。以人性为仁义，犹以杞柳为桮棬。"

孟子曰："子能顺杞柳之性而以为桮棬乎？将戕贼杞柳而后以为桮棬也？如将戕贼杞柳而以为桮棬，则亦将戕贼人以为仁义与？率天下之人而祸仁义者，必子之言夫！"

注释

①杞柳：杨柳科植物，其枝条可用来编制器物。

②桮棬（bēi quān）：桮，同"杯"。杯棬，一种木制的饮器。

译文

告子说："人的天性好比是杞柳，仁义好比是杯盘。使人性归于仁义，就好像是用杞柳来制作杯盘。"

孟子说："你是按照杞柳的天性把它制成杯盘呢，还是破坏杞柳的天性把它制成杯盘呢？如果要破坏杞柳的天性才把它制成杯盘，那么也要破坏人的天性使其具有仁义吗？领着天下的人来破坏仁义的，一定是你的这种理论吧！"

第二章

告子曰："性犹湍水也，决诸东方则东流，决诸西方则西流。人性之无分于善不善也，犹水之无分于东西也。"

孟子曰："水信无分于东西，无分于上下乎？人性之善也，犹水之就下也。人无有不善，水无有不下。今夫水，搏而跃之，可使过颡①；激②而行之，可使在山。是岂水之性哉？其势则然也。人之可使为不善，其性亦犹是也。"

注释

① 颡（sǎng）：额头。
② 激：阻截水流使水位提高。

译文

告子说："人的本性就像急流的水，在东边开个口子就向东流，在西边开个口子就向西流。人的本性并没有善和不善的区别，好比水没有东流与西流的区别一样。"

孟子说："水确实没有向东流与向西流的区别，但没有向高处流与向低处流的区别吗？人性中的善，就像水向低处流一样。人的本性没有不善良的，就像水没有不向低处流的。如果我们拍打水使它飞溅而起，水花就可以高过额头；我们阻截水流让它往回流，就可以使它流向高山。这难道是水的本性吗？这是外界的形势逼迫它才使它这样的。人之所以会做不好的事，是因为他的本性也像水一样被形势所逼迫。"

第三章

告子曰："生之谓性①。"

孟子曰："生之谓性也，犹白之谓白与？"

曰："然。"

"白羽之白也，犹白雪之白；白雪之白，犹白玉之白与？"

曰："然。"

"然则犬之性，犹牛之性；牛之性，犹人之性与？"

注释

①生之谓性："生"和"性"是同源字，意义上有联系，意为天生的，叫作天性。

译文

告子说："与生俱来的个性叫本性。"

孟子说："与生俱来的个性叫本性，就像所有的白色都叫白吗？"

告子说："是的。"

孟子又问："白色羽毛的白像白雪的白，白雪的白像白玉的白吗？"

告子说："是的。"

孟子说："那么狗的本性像牛的本性，牛的本性像人的本性吗？"

第四章

告子曰："食色，性也。仁，内也，非外也；义，外也，非内也。"

孟子曰："何以谓仁内义外也？"

曰："彼长而我长之，非有长于我也。犹彼白而我白之，从其白于外也，故谓之外也。"

曰："异于白马之白也，无以异于白人之白也。不识长马之长也，无以异于长人之长与？且谓长者义乎？长之者义乎？"

曰："吾弟则爱之，秦人之弟则不爱也，是以我为悦者也，故谓之内。长楚人之长，亦长吾之长，是以长为悦者也，故谓之外也。"

曰："耆①秦人之炙，无以异于耆吾炙，夫物则亦有然者也，然则耆炙亦有外与？"

注释

①耆：同"嗜"。

译文

告子说:"饮食与爱好美色,是人的本性。仁,是内在的东西,不是外在的东西;义,是外在的东西,不是内在的东西。"

孟子说:"为何说仁是内在的东西,义是外在的东西呢?"

告子说:"对方年长我就尊敬他,并非我内心里真正尊敬他。这就像某个东西是白的我就觉得它是白的一样,这是依据它外表的白色,所以说义是外在的东西。"

孟子说:"白马的白与白人的白并没有什么区别。但怜悯老马和尊敬老人,也没有什么区别吗?你所说的义是在长者这边呢,还是在尊敬长者的这边呢?"

告子说:"我的弟弟我就疼爱他,若是秦国人的弟弟我就不疼爱他,爱或不爱都取决于我的内心,所以说仁是内在的东西。尊重楚国的老人,也尊重我自己国家的老人,尊不尊重取决于他们是否年长,所以说义是外在的东西。"

孟子说:"爱吃秦国的烤肉,和爱吃自己国家的烤肉,并没有什么不一样。其他事物也是这个道理,那么喜欢吃烤肉的心理也是外在的东西吗?"

第五章

孟季子问公都子曰:"何以谓义内也?"

曰:"行吾敬,故谓之内也。"

曰:"乡人长于伯兄一岁,则谁敬?"

曰:"敬兄。"

"酌则谁先?"

曰:"先酌乡人。"

"所敬在此,所长在彼,果在外,非由内也。"

公都子不能答,以告孟子。

孟子曰:"敬叔父乎?敬弟乎?彼将曰:'敬叔父。'曰:'弟为尸①,

则谁敬？'彼将曰：'敬弟。'子曰：'恶在其敬叔父也？'彼将曰：'在位故也。'子亦曰：'在位故也。庸敬在兄，斯须②之敬在乡人。'"

季子闻之，曰："敬叔父则敬，敬弟则敬，果在外，非由内也。"

公都子曰："冬日则饮汤，夏日则饮水，然则饮食亦在外也？"

注释

① 尸：古人在祭祀时用男女幼童为受祭代理人，称之为"尸"。

② 斯须：暂时。

译文

孟季子问公都子："为何说义是内在的东西呢？"

公都子说："尊敬来自内心，因此，义是内在的东西。"

孟季子说："有本乡人比你的兄长大一岁，那你该尊敬谁？"

公都子说："尊敬兄长。"

孟季子说："喝酒的时候，你先敬谁？"

公都子说："先敬给本乡人。"

孟季子说："你内心尊敬的是兄长，却向本乡人敬酒，可见义是外在的，并不是内在的。"

公都子对这个问题没法回答，把这些话告诉了孟子。

孟子说："你该问他，是尊敬叔父还是尊敬弟弟呢？他会说：'尊敬叔父。'你再问他：'若弟弟为受祭的代理人，那该尊敬谁？'他会说：'尊敬弟弟。'你说：'那你刚才为何说尊敬叔父呢？'他会说：'这是因为现在弟弟处在受尊敬的位置。'你就说：'那也是因为本乡人处在受尊敬的位置，平常尊敬兄长，这会儿该尊敬本乡人。'"

季子听到这些话后，说："尊敬叔父是尊敬，尊敬弟弟也是尊敬，可见义是外在的，并不是内在的。"

公都子说："冬天喝热水，夏天喝凉水，那么饮食也由外物决定而不是内在的需求吗？"

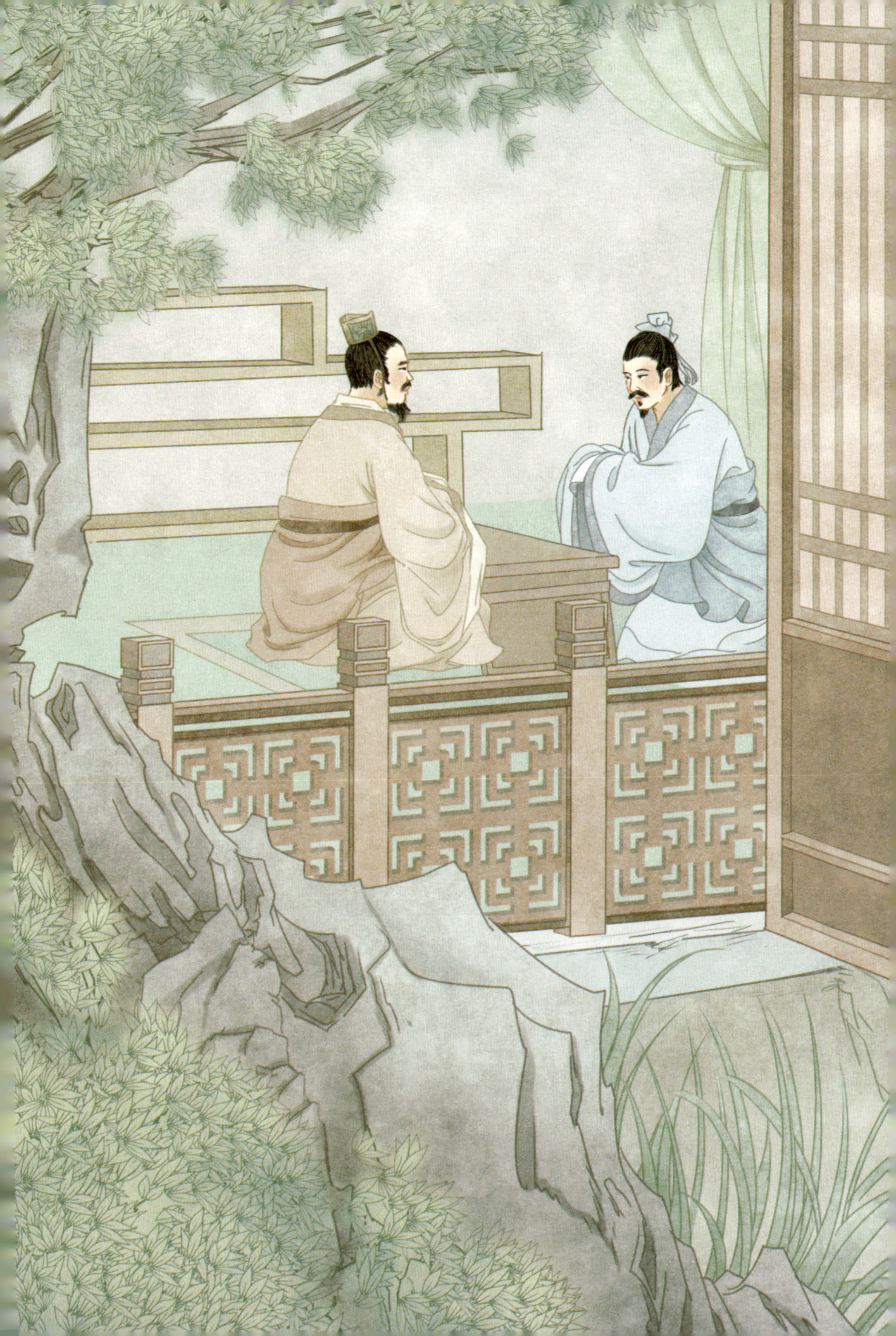

第六章

公都子曰:"告子曰:'性无善无不善也。'或曰:'性可以为善,可以为不善。是故文、武兴,则民好善;幽、厉兴,则民好暴。'或曰:'有性善,有性不善。是故以尧为君而有象;以瞽瞍为父而有舜;以纣为兄之子且以为君,而有微子启、王子比干。'今曰'性善',然则彼皆非与?"

孟子曰:"乃若其情,则可以为善矣,乃所谓善也。若夫为不善,非才之罪也。恻隐之心,人皆有之;羞恶之心,人皆有之;恭敬之心,人皆有之;是非之心,人皆有之。恻隐之心,仁也;羞恶之心,义也;恭敬之心,礼也;是非之心,智也。仁义礼智,非由外铄①我也,我固有之也,弗思耳矣。故曰:'求则得之,舍则失之。'或相倍蓰而无算者,不能尽其才者也。《诗》曰:'天生蒸民,有物有则。民之秉彝,好是懿德。'②孔子曰:'为此诗者,其知道乎!故有物必有则,民之秉彝也,故好是懿德。'"

注 释

①铄(shuò):授予。

②"《诗》曰"句:语出《诗经·大雅·烝民》,为赞美周宣王的诗。

译 文

公都子说:"告子说:'人的天性没有善与不善的区别。'也有人说:'人的天性可以变得善良,也可以变得不善良。所以周文王、周武王执政时,百姓就趋向善良;周幽王、周厉王执政时,百姓就趋向凶暴。'也有人说:'有的人天性善良,有的人天性不善良。所以,有尧这样圣明的君主,也有象那样卑劣的人;有瞽瞍这样不负责任的父亲,也有舜这样孝顺的儿子;有纣这样暴虐的侄儿做了君王,也有微子启、王子比干这样的仁人是他的庶兄和叔父。'现在您说人性本善,那么他们说的都不正确吗?"

孟子说:"从人天生的资质来看,是能够让他变得善良的,所以我说人性本善。至于有不善的人,那不是天生资质的原因。同情怜悯之心,人人都有;

羞耻之心，人人都有；恭敬之心，人人都有；是非之心，人人都有。同情怜悯之心，属于仁；羞耻之心，属于义；恭敬之心，属于礼；是非之心，属于智。仁义礼智不是外部给我的，而是我自己本来就有的，只不过我没有认真思考罢了。所以说：'追求就得到它，放弃就失去它。'人与人之间有相差一倍、五倍甚至无数倍的，就在于不能充分发挥个人先天的资质。《诗》说：'上天孕育了人类，万物都有其本来的法则。百姓掌握这些法则，就喜爱美好的德行。'孔子说：'创作这首诗的人，悟懂了道啊！有万物就有规则，百姓掌握了规则，就喜爱美好的德行了。'"

第七章

孟子曰："富岁，子弟多赖①；凶岁，子弟多暴。非天之降才尔殊也，其所以陷溺其心者然也。今夫麰②麦，播种而耰③之，其地同，树之时又同，浡然而生，至于日至④之时，皆熟矣。虽有不同，则地有肥硗⑤，雨露之养、人事之不齐也。

"故凡同类者，举相似也，何独至于人而疑之？圣人与我同类者。故龙子曰：'不知足而为屦，我知其不为蒉⑥也。'屦之相似，天下之足同也。口之于味，有同耆也，易牙⑦先得我口之所耆者也。如使口之于味也，其性与人殊，若犬马之与我不同类也，则天下何耆皆从易牙之于味也？至于味，天下期于易牙，是天下之口相似也。惟耳亦然。至于声，天下期于师旷，是天下之耳相似也。惟目亦然。至于子都⑧，天下莫不知其姣也。不知子都之姣者，无目者也。故曰：口之于味也，有同耆焉；耳之于声也，有同听焉；目之于色也，有同美焉。至于心，独无所同然乎？心之所同然者何也？谓理也，义也。圣人先得我心之所同然耳。故理义之悦我心，犹刍豢⑨之悦我口。"

注　释

①赖：同"懒"，懒惰。

②麰（móu）：大麦。

③耰（yōu）：农具名。这里指播种后用耰来翻土、盖土。

④日至：此处指夏至。

⑤硗（qiāo）：贫瘠。

⑥蒉：用草编的筐。

⑦易牙：齐桓公的宠臣，擅烹饪。

⑧子都：《诗经·郑风·山有扶苏》："不见子都，乃见狂且。"《毛传》云："子都，世之美好者也。"

⑨刍豢（huàn）：牲畜。

译文

孟子说："丰收之年，年轻人大多懒惰；灾荒之年，年轻人大多强横。这不是上天赋予的资质不同，而是外部环境使他们的心情不好。就拿大麦来举例，播种后，盖好土，如果土质一样，播种的时间也一样，麦苗就会长势极好，到夏至时麦子就会成熟了。即便麦苗长势、成熟时间不同，也是因为土壤肥沃程度不同、雨露多少不同、人们侍弄得不同造成的。

"所以，同类的事物总是相近的，为什么一提到人就怀疑呢？圣人和我们也是同类。所以龙子说：'哪怕不测量脚的大小就编草鞋，我也知道不会编成草筐。'鞋子相似，是因为天下人的脚形是差不多的。人们在味觉上也有相同的嗜好。易牙就是最先掌握了我们这个嗜好的人。如果人们的味觉不同，就像狗、马和人类有着最根本的区别，那么天下人为什么都喜欢易牙烹饪的口味呢？提起口味，天下之人都想达到易牙的厨艺水平，这是因为天下人味觉都差不多。耳朵在听觉上也是如此。提起声音，天下之人都想做师旷，这是因为天下人的听觉都差不多。眼睛在视觉上也是如此。提起子都，天下没人不知道他长相英俊。不知道子都长相英俊的人，那是双目失明的人。所以说：在味觉上，有一样的嗜好；在听觉上，有一样的喜好；在视觉上，有一样的审美。提到人心，难道偏偏人心没有相同之处吗？内心相同之处是什么呢？是理，是义。圣人比普通人先一步得知了人心的相同之处。所以，理义使我内心畅快，就像各种肉食合乎我的味觉一样。"

第八章

孟子曰:"牛山①之木尝美矣,以其郊②于大国也,斧斤伐之,可以为美乎?是其日夜之所息,雨露之所润,非无萌蘖③之生焉,牛羊又从而牧之,是以若彼濯濯④也。人见其濯濯也,以为未尝有材焉,此岂山之性也哉?虽存乎人者,岂无仁义之心哉?其所以放其良心者,亦犹斧斤之于木也,旦旦而伐之,可以为美乎?其日夜之所息,平旦之气⑤,其好恶与人相近也者几希,则其旦昼之所为,有梏⑥亡之矣。梏之反覆,则其夜气不足以存;夜气不足以存,则其违禽兽不远矣。人见其禽兽也,而以为未尝有才焉者,是岂人之情也哉?故苟得其养,无物不长;苟失其养,无物不消。孔子曰:'操则存,舍则亡;出入无时,莫知其乡⑦。'惟心之谓与?"

注释

①牛山:位于今山东淄博。
②郊:动词,意为位于……之郊。
③蘖(niè):树木的新芽。
④濯濯:光秃的样子。
⑤平旦之气:早晨的清新之气。
⑥梏:绑在牛角上使牛不能顶人的横木。
⑦乡:通"向",方向。

译文

孟子说:"牛山上的树木以前长得极其繁盛,但是因为这些树木长在城郊,很多国都的人拿着斧头去砍伐树木,树木还会那么繁盛吗?树木日夜生长,雨露滋润,不是没有生长新枝、嫩叶,只是随即就有人在那里放牛、放羊,所以才光秃秃的。人们看到牛山光秃秃的,就以为它根本不曾有过繁盛高大的树木,难道这是山的本来面目吗?人身上,就没有仁义之心吗?有人之所以没有了善良之心,是因为也像用斧子砍伐树木一样,天天去砍伐它,它怎么还能繁盛呢？人们日夜养成的善心，每天早晨接触清新之气，这些东西让他产生的好恶跟普通人也是很相近的。可是第二天白天他的所作所为，又让这点儿善心消失了。善心一次次消失，那么他在夜里养成的一点儿向善之心就不能保存；夜里养成的向善之心不能保存，他就和禽兽差不多了。人们看到他像禽兽，就认为他不曾有过善良的本质，难道这是人的本性吗？所以如果能得到充分的养料，没有什么东西不会生长起来；如果不能得到充分的养料，没有什么东西不能消亡。孔子说：'抓住它就存在，放弃它就消亡；进出没有确切的时间，也不知道它的方向。'这说的就是人心吧？"

第九章

孟子曰："无或①乎王之不智也。虽有天下易生之物也，一日暴之，十日寒之，未有能生者也。吾见亦罕矣，吾退而寒之者至矣，吾如有萌焉何哉？今夫弈之为数②，小数也；不专心致志，则不得也。弈秋，通国之善弈者也。使弈秋诲二人弈，其一人专心致志，惟弈秋之为听；一人虽听之，一心以为有鸿鹄将至，思援弓缴③而射之。虽与之俱学，弗若之矣。为是其智弗若与？曰：非然也。"

注释

①或：通"惑"。

②数：技艺，技巧。

③缴（zhuó）：射鸟时系在箭上的绳子，箭射出去，可以靠它收回，从而找到猎物。

译文

孟子说："怪不得大王不够明智。即使天下最容易生长的植物，晒它一天，再冻它十天，它也不会再生长了。我见大王的次数也是挺少的了，每次我刚离开，那些小人就来搞破坏了，即便大王萌发了善心，我又能怎么办呢？下棋是一门技艺，是一种小技巧；但如果不专心致志，也是学不好的。如果让弈秋教两个人下棋，其中一个专心致志，一心一意地听着弈秋的讲解；另一个人也在听讲，可是心里却在想可能会有大雁飞来，应拿起弓箭去射它。尽管后者与前者在一起学习，棋艺却不如前者。这是因为他不如前一个人聪明吗？当然不是。"

第十章

孟子曰："鱼，我所欲也；熊掌，亦我所欲也。二者不可得兼，舍鱼而取熊掌者也。生，亦我所欲也；义，亦我所欲也。二者不可得兼，舍生而取义者也。生亦我所欲，所欲有甚于生者，故不为苟得也；死亦我所恶，所恶有甚于死者，故患有所不辟也。如使人之所欲莫甚于生，则凡可以得生者，何不用也？使人之所恶莫甚于死者，则凡可以辟患者，何不为也？由是则生而有不用也，由是则可以辟患而有不为也。是故所欲有甚于生者，所恶有甚于死者。非独贤者有是心也，人皆有之，贤者能勿丧耳。

"一箪食，一豆①羹，得之则生，弗得则死。呼尔②而与之，行道之人弗受；蹴③尔而与之，乞人不屑也。万钟则不辩礼义而受之。万钟于我何加焉？为宫室之美、妻妾之奉、所识穷乏者得我与？乡④为身死而不受，今为宫室之美为之；乡为身死而不受，今为妻妾之奉为之；乡为身死而不受，今为所识穷乏者得我而为之。是亦不可以已乎？此之谓失其本心。"

注 释

①豆：盛装食物的器皿。
②呼尔：吆喝。
③蹴（cù）：踢。
④乡：通"向"，以前。

译 文

孟子说："鱼是我喜欢的，熊掌也是我喜欢的。如果两样东西不能同时得到，就不要鱼，而要熊掌。生命是我热爱的，正义也是我热爱的。如果两样东西不能一齐得到，就牺牲生命，得到正义。生命是我所热爱的，但还有比生命更让我热爱的，所以我不会苟且偷生；死亡是我憎恶的，但还有比死亡更令我厌恶的，所以我不会躲避灾祸。如果人们所热爱的东西没有比生命重要的，那么凡是可以保存性命的办法，有什么不可以用的呢？如果人们所厌恶的东西没有更甚于死亡的，那么凡是可以避祸的办法，有什么不可以用的呢？这其中有获得生存的办法，可是有些人不用；这其中有可以躲避灾祸的办法，可是有些人不用。所以，有比生命更值得热爱的东西，有比死亡更令人憎恶的东西。不仅仅贤能的人有这样的想法，普通人也有，只是贤能的人没有丢弃这种想法而已。

"一小筐饭、一碗汤，得到它就能活命，得不到就要死去。如果吆喝着给别人，就是过路的穷人都不愿接受；用脚踢给别人，就连乞丐都不屑接受。有的人看见万钟俸禄，不去分辨是否合乎礼仪，就高兴兴地接受了。万钟俸禄对我来说又有什么好处呢？为了住所奢华、妻妾服侍、相识的穷苦人感谢我吗？过去即使死也不肯接受的东西，现在却为了住所奢华而接受了；过去即使死也不肯接受的东西，现在却为了妻妾服侍而接受了；过去即使死也不肯接受的东西，现在却为了相识的穷苦人的感谢而接受了。这些事不能不做吗？这就是丢了本性。"

第十一章

孟子曰："仁，人心也；义，人路也。舍其路而弗由，放其心而不知求，哀哉！人有鸡犬放则知求之，有放心而不知求。学问之道无他，求其放心而已矣。"

译文

孟子说："仁是人心，义是人所走的大道。有些人放弃了大道不走，丢了善良的本心而不知道寻找，真是悲哀啊！有的人鸡狗丢了都知道要找回来，善良的本心丢了却不知道去寻找。学问之道没有别的，就是把丢失的善良的本心找回来罢了。"

第十二章

孟子曰:"今有无名之指,屈而不信①,非疾痛害事也,如有能信之者,则不远秦、楚之路,为指之不若人也。指不若人,则知恶之;心不若人,则不知恶。此之谓不知类也。"

注释

①信:同"伸"。

译文

孟子说:"现在有个人的无名指无法伸直,虽不妨碍他正常做事,但如果有人能使它伸直,他就是去秦国、楚国求医也不觉得远,因为他的手指不如别人。手指不如别人,就心生厌恶;心性不如别人,却毫无厌恶之情。这就叫不分轻重。"

第十三章

孟子曰:"拱把①之桐梓,人苟欲生之,皆知所以养之者。至于身,而不知所以养之者。岂爱身不若桐梓哉?弗思甚也。"

注释

①拱把:指树木的粗细。拱,两手合围。把,一手合围。意即不粗的小树。

译文

孟子说:"一两只手就能握住的小桐树、梓树,人们如果要它生长,都知道应该如何培植。至于自身,却不知道如何培养。难道爱自己还比不上爱桐树、梓树吗?真是太不爱动脑筋了。"

第十四章

孟子曰："人之于身也，兼所爱。兼所爱，则兼所养也。无尺寸之肤不爱焉，则无尺寸之肤不养也。所以考其善不善者，岂有他哉？于己取之而已矣。体有贵贱，有小大。无以小害大，无以贱害贵。养其小者为小人，养其大者为大人。今有场师①，舍其梧槚②，养其樲③棘，则为贱场师焉。养其一指而失其肩背，而不知也，则为狼疾④人也。饮食之人，则人贱之矣，为其养小以失大也。饮食之人无有失也，则口腹岂适⑤为尺寸之肤哉？"

注释

①场师：园艺师。
②槚（jiǎ）：楸树或茶树。
③樲（èr）：酸枣树。
④狼疾：头脑糊涂。
⑤适：通"啻"，只。

译文

孟子说："人对自己身体的每个部位都很爱护。既然对身体的每个部位都很爱护，就都要保养好。没有一小块皮肤不爱护，就没有一小块皮肤得不到保养。所以看一个人善不善于保养好自己，还有其他的办法吗？只看他着重保养哪个部位就可以了。身体的组成部分有重要部位，也有次要的部位；有大的部位，也有小的部位。不能因为小的部位伤害大的部位，不能因为次要的部位伤害重要的部位。只保养小的部位的是小人，而保养大的部位的是君子。假如有一位园艺师，不培植梧桐、楸树，却去培植酸枣树、荆棘，那他就不是个合格的园艺师。如果有人为了保养手指，却让肩头、后背的功能丧失，自己还不知道，那他就是个头脑不清楚的人。只讲究吃喝的人，别人就看不起他，因为他只保养小的部位而失去了大的部位。如果讲究吃喝的人没有丢弃品德修养，那么吃喝的目的难道就仅仅是满足口腹之欲吗？"

第十五章

公都子问曰:"钧①是人也,或为大人,或为小人,何也?"

孟子曰:"从其大体为大人,从其小体为小人。"

曰:"钧是人也,或从其大体,或从其小体,何也?"

曰:"耳目之官②不思,而蔽于物。物交物,则引之而已矣。心之官则思,思则得之,不思则不得也。此天之所与我③者。先立乎其大者,则其小者弗能夺也。此为大人而已矣。"

注释

① 钧:通"均",一样。
② 官:器官。
③ 我:人类。

译文

公都子问:"同样是人,有的人成了君子,有的人成了小人,这是为什么呢?"

孟子说:"注重依从身体重要器官需要的成了君子,注重满足身体次要器官欲望的成了小人。"

公都子问道:"同样是人,有的注重依从身体重要器官的需要,有的注重满足身体次要器官的欲望,又是为什么呢?"

孟子说:"耳朵、眼睛这些器官没有思考能力,因而会被外物所蒙蔽。它们一与外物接触,就会被外物引向迷途。心这个器官的功能是思考,思考了就会有所收获,不思考就没有收获。因此,心是人类重要的器官。如果先将心的重要地位建立起来,那些次要器官就不会抢走人心中的善。如此就可以成为君子了。"

第十六章

孟子曰:"有天爵者,有人爵者。仁义忠信,乐善不倦,此天爵也;公卿大夫,此人爵也。古之人修其天爵,而人爵从之。今之人修其天爵,以要人爵;既得人爵,而弃其天爵。则惑之甚者也,终亦必亡而已矣。"

译文

孟子说:"有上天赐予的爵位,有人授予的爵位。仁义忠信,不厌倦地乐于行善,这是上天赐予的爵位;公卿大夫,这是人授予的爵位。古人对上天赐予的爵位进行钻研,然后人授予的爵位就会随之而来。现在的人钻研上天赐予的爵位,其目的是得到人授予的爵位;一旦得到人授予的爵位,便抛弃了上天赐予的爵位。这可真是糊涂得很啊,因为这样最终必将失去人授予的爵位。"

第十七章

孟子曰:"欲贵者,人之同心也。人人有贵于己者,弗思耳。人之所贵者,非良贵也。赵孟①之所贵,赵孟能贱之。《诗》云:'既醉以酒,既饱以德。'②言饱乎仁义也,所以不愿人之膏粱③之味也;令闻广誉施于身,所以不愿人之文绣也。"

注释

①赵孟:春秋时晋国的大臣赵盾,孟是他的字。
②"《诗》云"句:语出《诗经·大雅·既醉》。
③膏粱:珍馐美味。

译文

孟子说:"希望尊贵是人们的共同心态。其实每个人身上都有可贵之处,只是没有想过罢了。旁人给的尊贵，并非真正的尊贵。赵孟所尊贵的，赵孟也同样能使它低贱。《诗》说：'已经喝得酩酊大醉了，也已经饱受恩德。'说的是自己已经充分拥有了仁义之心，因而也就不艳羡别人的珍馐佳肴了；广为赞誉的美好名声已归于自身，也就不艳羡别人的锦绣华服了。"

第十八章

孟子曰："仁之胜不仁也，犹水胜火。今之为仁者，犹以一杯水救一车薪之火也；不熄，则谓之水不胜火。此又与于不仁之甚者也，亦终必亡而已矣。"

译文

孟子说："仁胜过不仁，就像水可以灭火一样。但如今奉行仁道的人，就像用一杯水去灭一车柴草所烧起来的大火一样；灭不了火，就说是水不能灭火。说这话的人和不仁之人一样，结果就是会丧失他们原本仅有的一点儿仁德。"

第十九章

孟子曰："五谷者，种之美者也。苟为不熟，不如荑稗①。夫仁亦在乎熟之而已矣。"

注释

①荑稗(tí bài)：荑、稗为二草名，似禾，实比谷小，亦可食。荑，通"稊"。

译文

孟子说："五谷是庄稼中的好品种。但五谷若不成熟，还不如稗子。仁，也要讲究成熟。"

第二十章

孟子曰:"羿之教人射,必志①于彀②;学者亦必志于彀。大匠诲人,必以规矩;学者亦必以规矩。"

注 释

①志:期望。
②彀(gòu):拉满弓。

译 文

孟子说:"羿教人射箭,总是让人把弓拉满;学的人也总是尽量把弓拉满。高明的工匠教人手艺必定依照一定的规矩,学的人也必定依照一定的规矩。"

第十二篇　告子下

第一章

任人①有问屋庐子②曰："礼与食孰重？"

曰："礼重。"

"色与礼孰重？"

曰："礼重。"

曰："以礼食，则饥而死；不以礼食，则得食。必以礼乎？亲迎，则不得妻；不亲迎，则得妻。必亲迎乎？"

屋庐子不能对。明日之邹，以告孟子。

孟子曰："於！答是也何有？不揣其本而齐其末，方寸之木可使高于岑③楼。金重于羽者，岂谓一钩金与一舆羽之谓哉？取食之重者与礼之轻者而比之，奚翅④食重？取色之重者，与礼之轻者而比之，奚翅色重？往应之曰：'紾⑤兄之臂而夺之食，则得食；不紾，则不得食。则将紾之乎？逾东家墙而搂其处子，则得妻；不搂，则不得妻，则将搂之乎？'"

注　释

①任人：任国人。任国在今山东济宁。

②屋庐子：名连，孟子的弟子。

③岑：高。

④翅：通"啻"，只。

⑤紾（zhěn）：扭、转。

译　文

有任国人问屋庐子："礼仪与饮食相比，哪个更重要呢？"

屋庐子说："礼仪。"

"男女关系与礼仪相比，哪个更重要？"

屋庐子说："礼仪。"

任国人说："按礼仪去找吃的东西，就得饿死；不按礼仪找吃的东西，就能找到吃的。那么一定要按照礼仪吗？按礼仪去迎亲，就娶不到妻子；不按礼仪去迎亲，就娶得到妻子。那么一定得按礼仪迎亲吗？"

屋庐子回答不了。第二天他到邹国，将此事告诉了孟子。

孟子说："哎呀，这个问题有什么难回答的呢？不把握根本而去比较末端，一寸厚的木板放在高处就可以使它比有尖顶的高楼还高。金子重于羽毛，难道就说三钱金子的重量要比一车羽毛还重吗？拿饮食的重要方面与礼仪的细枝末节比较，岂止是饮食的问题重要呢？拿婚姻的重要方面与礼仪的细微处比较，岂止是婚姻重要呢？你去告诉他：'扭着兄长的手臂去夺食物，就可以得到食物；不扭他的手臂，就没有食物。那么你就去扭兄长的手臂吗？翻过东边邻居家的墙去抱还未出阁的姑娘，就可以有妻子；不去抱她，就没有妻子，那么你就翻墙去抱她吗？'"

第二章

曹交①问曰："人皆可以为尧、舜，有诸？"

孟子曰："然。"

"交闻文王十尺，汤九尺，今交九尺四寸以长，食粟而已，如何则可？"

曰："奚有于是？亦为之而已矣。有人于此，力不能胜一匹雏，则为无力人矣；今曰举百钧②，则为有力人矣。然则举乌获③之任，是亦为乌获而已矣。夫人岂以不胜为患哉？弗为耳。徐行后长者谓之弟④，疾行先长者谓之不弟。夫徐行者，岂人所不能哉？所不为也。尧、舜之道，孝弟而已矣。子服尧之服，诵尧之言，行尧之行，是尧而已矣；子服桀之服，诵桀之言，行桀之行，是桀而已矣。"

曰："交得见于邹君，可以假馆，愿留而受业于门。"

曰："夫道，若大路然，岂难知哉？人病不求耳。子归而求之，有余师。"

注释

①曹交：曹国国君之弟。
②百钧：一钧为三十斤，百钧为三千斤。
③乌获：传说中的大力士。
④弟：同"悌"，孝悌之"悌"，指尊敬长者。

译文

曹交问道："听说人人都能成为尧、舜，是这样吗？"

孟子说："是。"

曹交问："听说周文王身高十尺，商汤王身高九尺。现在我的身高是九尺四寸多一点儿，只会吃饭，怎样才能成为尧、舜呢？"

孟子说："这和身高有什么关系呢？你只要去做就行了。假设这里有个人，他连提起一只鸡的力气都没有，那么他就是没有力气的人；假设现在他能举起三千斤重的东西，那他就是有力气的人了。那么，要是举得起乌获所能举起的重量，这样他就成了乌获了。人哪里是为不能做到而忧虑呢？只是不去做而已。慢慢地走在长者后面就是悌；快步抢在长者前面就是不悌。慢慢地走这件事，难道是人们做不到的吗？只是不做而已。尧、舜的美德，只是孝和悌。你穿尧的衣服，讲尧的话，做尧的事，你就是尧；你穿桀的衣服，讲桀的话，做桀的事，你就是桀。"

曹交说："我去拜见邹国国君，要是能向他借个住的地方，我愿意留下来在您门下学习。"

孟子说："圣人的大道像大路一样，莫非很难明白吗？人们的欠缺之处就是不去探求而已。你可以回去自己探求，老师多得很。"

第三章

公孙丑问曰："高子①曰：'《小弁》②，小人之诗也。'"

孟子曰："何以言之？"

曰："怨。"

曰："固哉，高叟之为《诗》也！有人于此，越人关弓而射之，则己谈笑而道之；无他，疏之也。其兄关弓而射之，则己垂涕泣而道之；无他，戚之也。《小弁》之怨，亲亲也。亲亲，仁也。固矣夫，高叟之为《诗》也！"

曰："《凯风》③何以不怨？"

曰："《凯风》，亲之过小者也；《小弁》，亲之过大者也。亲之过大而不怨，是愈疏也；亲之过小而怨，是不可矶④也。愈疏，不孝也；不可矶，亦不孝也。孔子曰：'舜其至孝矣，五十而慕。'"

注释

①高子：有人认为是跟随子夏学诗的高行子。

②《小弁》：《诗经·小雅》中的一篇，旧说是指责周幽王的诗。周幽王先娶申后，生宜臼，立为太子；后宠褒姒，废申后及太子宜臼，改立褒姒之子伯服为太子。此诗述说的就是宜臼的哀伤、怨恨之情。传说是宜臼的老师所作。

③《凯风》：《诗经·邶风》中的一篇。关于此篇说法不一，在此可解释为：旧说卫国有个已有七个儿子的母亲想改嫁，于是七个儿子作此诗自责不孝，以使母亲感悟。

④矶：水冲击岩石，在此引申为激怒。

译文

公孙丑问道:"高子说《小弁》这首诗是小人作的。"

孟子说:"为什么这么说呢?"

公孙丑说:"因为诗中有怨恨。"

孟子说:"高老先生讲诗太刻板了!如果有个人,越国人拉弓去射他,事后他可以有说有笑地讲这件事;不是因为别的,只因为他和越国人关系疏远。如果是他哥哥拉弓射他,事后他就会哭哭啼啼地讲这件事;不是因为别的,只因为他和哥哥关系亲近。《小弁》表达的怨恨,是出自对亲人的爱。热爱亲人就体现了仁。高老先生讲诗太刻板了!"

公孙丑问:"《凯风》这首诗为什么没有怨恨情绪?"

孟子说:"《凯风》这首诗里面,母亲的过错小;《小弁》这首诗里,父亲的过错大。父母的过错大却不怨怼,这是愈加疏远他们。父母亲的过错小却怨怼他们,是受不了一点点的刺激。愈加疏远父母是不孝,受不了一点点的刺激也是不孝。孔子说:'舜或许是最孝顺的人吧,五十岁还对父母有所依恋。'"

第四章

宋牼①将之楚,孟子遇于石丘②,曰:"先生将何之?"

曰:"吾闻秦、楚构兵,我将见楚王说而罢之。楚王不悦,我将见秦王说而罢之。二王我将有所遇③焉。"

曰:"轲也请无问其详,愿闻其指。说之将何如?"

曰:"我将言其不利也。"

曰:"先生之志则大矣,先生之号④则不可。先生以利说秦、楚之王,秦、楚之王悦于利,以罢三军之师,是三军之士乐罢而悦于利也。为人臣者怀利以事其君,为人子者怀利以事其父,为人弟者怀利以事其兄,是君臣、父子、兄弟终去仁义,怀利以相接,然而不亡者,未之有也。先生以仁义说秦、楚之王,秦、楚之王悦于仁义,而罢三军之师,是三军之士乐罢而悦于仁义也。为人臣者怀仁义以事其君，为人子者怀仁义以事其父，为人弟者怀仁义以事其兄，是君臣、父子、兄弟去利，怀仁义以相接也，然而不王者，未之有也。何必曰利？"

注释

①宋牼(kēng)：战国著名学者。

②石丘：地名。

③遇：遇合。指被国君听从。

④号：说法。

译文

宋牼要去楚国，孟子在石丘遇到了他，问道："先生要到哪里去呢？"

宋牼说："我听说秦、楚要打仗，我去楚国，劝楚王罢兵。如果楚王不听我的，我再到秦国劝说秦王罢兵。他们两人中肯定会有人听我的劝说。"

孟子说："我不问您具体的劝说方法，我只想听听您劝谏他们的主要内容。您想怎样劝他们呢？"

宋牼说："我想说一下战争的不利之处。"

孟子说："您的理想是远大的，但您的说法不行。先生用利害关系劝说秦、楚国君，秦王、楚王贪图利益而罢兵，若是这样，两国的将士就会因停战而高兴，因此喜欢利。为人臣子，抱着求利的目的去侍奉君主；为人子，抱着求利的目的去侍奉父亲；做弟弟的，抱着求利的目的去侍奉兄长。这样的话，君臣之间、父子之间、兄弟之间最终会没有仁义，只以互相利用的目的去交往。这样的国家还没有灭亡，我还没听说过。先生如果用仁义去劝说秦王、楚王，秦王、楚王因喜欢仁义而罢兵，两国的将士就会因停战而高兴，从而喜欢仁义。为人臣子，心存仁义去侍奉君王；为人子，心存仁义去侍奉父亲；做弟弟的，心存仁义去侍奉兄长。这样君臣之间、父子之间、兄弟之间就摆脱了利益关系，而怀着仁义之心相互交往，这样还不能称王于天下的，还没有发生过。先生为何说利呢？"

第五章

孟子居邹,季任①为任处守,以币交,受之而不报;处于平陆②,储子为相,以币交,受之而不报。他日,由邹之任,见季子;由平陆之齐,不见储子。屋庐子喜曰:"连③得间矣!"问曰:"夫子之任,见季子,之齐,不见储子,为其为相与?"

曰:"非也。《书》曰:'享多仪,仪不及物曰不享,惟不役志于享。'为其不成享也。"

屋庐子悦。或问之,屋庐子曰:"季子不得之邹,储子得之平陆。"

注 释

①季任:任国国君的弟弟。
②平陆:齐国地名,即今山东汶上。
③连:屋庐子的名。

译 文

孟子在邹国居住的时候,季任留在任国代理国政,他给孟子送去了礼物想跟孟子结交,孟子收了礼物却并未回礼;孟子在平陆居住的时候,储子是齐国的卿相,他给孟子送了礼物想跟孟子结交,孟子收了礼物却并未回礼。后来,孟子离开邹国去了任国,拜访了季子;从平陆到了齐国,却并未拜访储子。屋庐子高兴地说:"我发现老师的差错了!"他就问孟子:"老师到了任国,拜访了季子;到了齐国,不拜访储子。是因为储子只担任卿相吗?"

孟子说:"不是。《书经》上说:'进献礼品看重礼仪,礼仪配不上礼品,就等于没有进献,因为他的心意不在进献上。'我没拜访储子是因为他称不上进献的缘故。"

屋庐子听了很高兴。有人问起这件事,屋庐子说:"季子在代理国政,不能亲自去邹国,而储子作为卿相是能亲自去平陆的。"

第六章

淳于髡曰："先名实者,为人也;后名实者,自为也。夫子在三卿之中,名实未加于上下而去之,仁者固如此乎?"

孟子曰："居下位,不以贤事不肖者,伯夷也;五就汤,五就桀者,伊尹也;不恶污君,不辞小官者,柳下惠也。三子者不同道,其趋一也。一者何也?曰:仁也。君子亦仁而已矣,何必同?"

曰:"鲁缪公之时,公仪子为政,子柳、子思为臣,鲁之削也滋甚。若是乎,贤者之无益于国也!"

曰:"虞不用百里奚而亡,秦穆公用之而霸。不用贤则亡,削何可得与?"

曰:"昔者王豹①处于淇,而河西善讴;绵驹②处于高唐,而齐右善歌;华周、杞梁之妻善哭其夫,而变国俗。有诸内,必形诸外。为其事而无其功者,髡未尝睹之也。是故无贤者也,有则髡必识之。"

曰:"孔子为鲁司寇,不用,从而祭,燔肉不至,不税冕③而行。不知者以为为肉也,其知者以为为无礼也。乃孔子则欲以微罪行,不欲为苟去。君子之所为,众人固不识也。"

注释

① 王豹:卫国人,当时著名的歌唱家。
② 绵驹:齐国人,当时著名的歌唱家。
③ 税(tuō)冕:脱帽。税,通"脱"。

译文

淳于髡说:"有人把名声和功绩看得很重,是致力于拯救天下的人;有人不看重声名和功绩,是想独善其身的人。先生是齐国三卿之一,在上您没有协助君王,在下您没有拯救百姓,就这样离开,莫非仁者是这样的吗?"

孟子说:"处在较低的地位时也不用自己的贤德去侍奉水平不高的人,伯夷就是这样;五次去商汤那里,又五次去夏桀那里,伊尹就是这样;不把侍奉不好的君王当成耻辱,也不推辞当个小官,那是柳下惠。这三个人做法不同,但根本上是相同的。相同的是什么呢?大概就是仁爱了。君子懂得仁爱就行了,为何做法要一样呢?"

淳于髡说:"鲁缪公的时候,公仪子处理政务,子柳、子思为大臣,可鲁国的国势日渐衰微。如果是这样,贤人大概对国家没什么好处吧!"

孟子说:"虞国不重用百里奚,就亡国了;秦穆公重用百里奚,从而称霸于诸侯。不用贤人的国家就会灭亡,即便想勉强存在于世都很难。"

淳于髡说:"过去歌唱家王豹住在淇水附近,在黄河西岸的卫国人都善唱歌;绵驹住在高唐,齐国西部的人都善唱歌;华周和杞梁的妻子都哭她们的丈夫,国家的风俗因而改变。内在的东西一定会表现出来。做了事情竟没什么效果的情况,我还从没见过。所以齐国没有贤人,要是有我一定知道。"

孟子说:"孔子做鲁国的司寇,并未受到重用,他跟着国君去祭祀,但国君并未给他送祭肉,因此孔子都没有摘下祭祀佩戴的礼帽就离开了鲁国。不了解情况的人还以为孔子是因为没分到祭肉离开鲁国的,了解情况的人知道孔子是因为鲁君不知礼数才离开的。孔子想担点小罪名离开鲁国,不想随便离开。君子的行为,普通人原本就无法理解。"

第七章

孟子曰:"五霸①者,三王之罪人也;今之诸侯,五霸之罪人也;今之大夫,今之诸侯之罪人也。天子适诸侯曰巡狩,诸侯朝于天子曰述职。春省耕而补不足,秋省敛而助不给。入其疆,土地辟,田野治,养老尊贤,俊杰在位,则有庆,庆以地②。入其疆,土地荒芜,遗老失贤,掊克③在位,则有让。一不朝,则贬其爵;再不朝,则削其地;三不朝,则六师移之④。是故天子讨而不伐⑤,诸侯伐而不讨。五霸者,搂⑥诸侯以伐诸侯者也。故曰:五霸者,三王之罪人也。五霸,桓公为盛。葵丘之会,诸侯束牲、载书而不歃血。初命曰:'诛不孝,无易树子,无以妾为妻。'再命曰:'尊贤育才,以彰有德。'三命曰:'敬老慈幼,无忘宾旅。'四命曰:'士无世官,官事无摄⑦，取士必得，无专杀大夫。'五命曰：'无曲防⑧，无遏籴⑨，无有封而不告。'曰：'凡我同盟之人，既盟之后，言归于好。'今之诸侯皆犯此五禁，故曰，今之诸侯，五霸之罪人也。长君之恶其罪小，逢君之恶⑩其罪大。今之大夫皆逢君之恶，故曰：今之大夫，今之诸侯之罪人也。"

注释

①五霸：春秋时期五个诸侯。

②庆以地：增加封地作为奖励。

③掊（póu）克：聚敛，指搜括民财之人。

④六师移之：天子的军队去讨伐该诸侯。

⑤讨而不伐：声讨而不亲自攻伐。

⑥搂：聚集。

⑦官事无摄：不要一身兼多职。

⑧曲防：到处修建堤坝。

⑨遏籴（dí）：禁止购买粮食。

⑩逢君之恶：奉迎着君主走向错误。

译文

孟子说："春秋五霸是三王的罪人；现在的诸侯又是五霸的罪人；现在的大夫又是诸侯的罪人。天子去诸侯那里视察，叫巡狩；诸侯朝见天子，叫述职。天子春天视察耕种的情况，帮助不能度过春荒的人；秋天视察收成的情况，救济收成不好的穷人。天子到了诸侯的封地，如果荒地开垦了，农田管理得很好，老年人得到了奉养，贤德之人得到了尊重，有本事的人都有一定的职位，天子就奖励诸侯，以封赏更多的土地去奖励。天子到了诸侯的封地，看到土地荒芜，老人没得到供养，贤德之人没有得到尊重，贪财的人身处高位，天子就要惩罚诸侯。诸侯一次不朝见天子就降低他的爵位；两次不朝见天子就减少他的封地；三次不朝见天子，天子就会派军队讨伐这个诸侯。所以天子发兵声讨而非亲自征伐，诸侯发兵只是征伐而不是声讨。五霸，是联

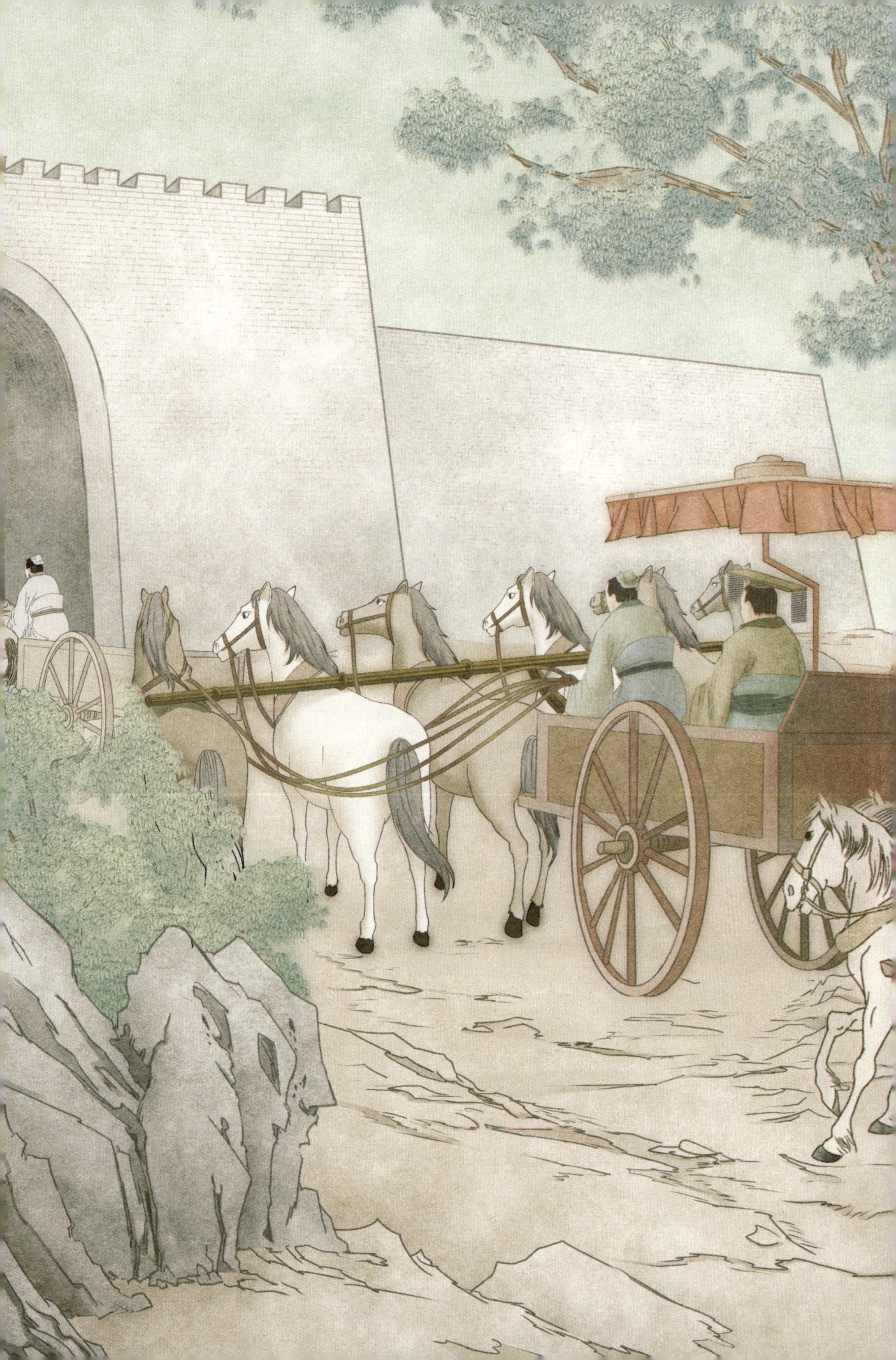

合一部分诸侯攻打别的诸侯。所以说：五霸是三王的罪人。春秋五霸之中，齐桓公功业最大。他在葵丘与诸侯会盟，诸侯只是把祭祀的牲口捆起来，把会盟的文书放在牲口身上，也没有饮血。盟约第一条：'讨伐不孝的人，不要废掉储君，不要宠妾灭妻。'盟约第二条：'尊重贤人，培育人才，表彰道德高尚的人。'盟约第三条：'尊敬老人，爱护小孩，不要怠慢宾客和旅行者。'盟约第四条：'士人的职位不能世袭，也不能一人身兼数职，一定要选拔贤能之人，不能任意杀戮大夫。'盟约第五条：'不能随意修筑堤防，不能禁止邻国从自己国家买粮食，不能有赏赐而不告知盟主。'盟约还说：'凡是一起盟誓的，盟誓之后，要恢复友好关系。'现在的诸侯都违反这五种禁令，所以说，今天的诸侯是五霸的罪人。协助君王犯错，罪还不算大；迎合君王的错误，罪过就大了。现在的大夫都在迎合君王的错误，所以说：现在的大夫是诸侯的罪人。"

第八章

鲁欲使慎子①为将军。孟子曰："不教民而用之，谓之殃民。殃民者，不容于尧、舜之世。一战胜齐，遂有南阳，然且不可。"

慎子勃然不悦曰："此则滑釐所不识也。"

曰："吾明告子。天子之地方千里，不千里不足以待诸侯；诸侯之地方百里，不百里不足以守宗庙之典籍。周公之封于鲁，为方百里也；地非不足，而俭于百里。太公之封于齐也，亦为方百里也；地非不足也，而俭于百里。今鲁方百里者五，子以为有王者作，则鲁在所损乎？在所益乎？徒取诸彼以与此，然且仁者不为，况于杀人以求之乎？君子之事君也，务引其君以当道，志于仁而已。"

注释

①慎子：名滑釐，鲁国的大臣，据说是一个善于用兵的人。

译文

鲁国打算叫慎子当将军。孟子说:"不先教导百姓就让他们去打仗,这叫坑害百姓。坑害百姓的人,在尧、舜时代是没有容身之地的。即使鲁国一仗就打赢了齐国,取得了南阳,这样都不行。"

慎子顿时不高兴地说:"这真是我不懂的了。"

孟子说:"我来明白地告诉你。天子的土地方圆千里,如果土地不到方圆千里就没有能力接待诸侯;诸侯的土地方圆百里,如果土地不足方圆百里就没有能力守住宗庙里的礼仪规矩。当年周公分封在鲁地,不过方圆百里的土地;土地不是不够,却少于方圆百里。太公分封在齐地,也是方圆百里的土地;也不是土地不够,却少于方圆百里。现在鲁国的土地有五个方圆百里那么大,你认为如果有圣王出现,那么鲁国是在应该削减土地之列呢,还是在应该增加土地之列呢?不费力就把一个国家的土地送给另一个国家,仁人都不会干这事,何况用杀人来求取土地呢?君子侍奉君主,只该专心地让君主走正道,立志于仁义而已。"

第九章

孟子曰:"今之事君者皆曰:'我能为君辟土地,充府库。'今之所谓良臣,古之所谓民贼也。君不乡道①,不志于仁,而求富之,是富桀也。'我能为君约与国②,战必克。'今之所谓良臣,古之所谓民贼也。君不乡道,不志于仁,而求为之强战,是辅桀也。由今之道,无变今之俗,虽与之天下,不能一朝居也。"

注释

① 乡道:向往道德。乡,通"向",向往。
② 与国:盟国。

译文

孟子说:"如今服侍国君的人都说:'我能为国君开疆拓土,充实府库。'如今所说的好臣子,正是古人说的残害百姓的人。国君不向往道德,不立志行仁,臣子却想方设法让他富有,这等于让夏桀富有。'我能替国君邀约盟国,若发生战争则一定会取得胜利。'如今所说的好臣子,正是古人说的残害百姓的人。国君不向往道德,不立志行仁,臣子却想方设法为他发动战争,这等于在帮助夏桀。若在这样的道路上走下去,不改变如今的风俗习气,即便把整个天下给他,他也是一天都坐不稳的。"

第十章

白圭①曰:"吾欲二十而取一,何如?"

孟子曰:"子之道,貉②道也。万室之国,一人陶,则可乎?"

曰:"不可,器不足用也。"

曰:"夫貉,五谷不生,惟黍生之。无城郭、宫室、宗庙、祭祀之礼,无诸侯币帛饔飧③,无百官有司,故二十取一而足也。今居中国,去人伦,无君子,如之何其可也?陶以寡,且不可以为国,况无君子乎?欲轻之于尧、舜之道者,大貉、小貉也;欲重之于尧、舜之道者,大桀、小桀也。"

注释

① 白圭:名丹,周人。

② 貉(mò):同"貊",古代北方少数民族建立的国家。

③ 饔飧:此指馈食及宴饮之礼。

译文

白圭说:"我想收取二十分之一的租税,怎么样?"

孟子说:"你的办法是北方貉国的方法。一个有万户人口的国家,却只有一个陶工,行吗?"

白圭:"不行,陶器不够用。"

孟子说:"貉国,不产五谷,只有黄米。没有城墙、宫室、宗庙,也没有祭祀的礼仪,国与国之间没有馈赠和宴饮往来,没有各级官吏,所以二十抽一的税率也就够了。现在作为中原地区的国家,如果抛开各种礼节,不要管理社会的大小官员,这怎么能行呢?陶工太少,国君都不能治理好国家,更何况没有管理者呢?想把税率定得比尧、舜的十分之一还轻的,是大貉和小貉;想把税率定得超过尧、舜的,是大桀和小桀。"

第十一章

白圭曰:"丹之治水①也愈于禹。"

孟子曰:"子过矣。禹之治水,水之道也,是故禹以四海为壑。今吾子以邻国为壑。水逆行,谓之洚水。洚水者,洪水也。仁人之所恶也。吾子过矣。"

注释

①丹之治水:白圭治水的方法。据《韩非子·喻老》记载,其法主要在于筑堤塞穴,所以孟子指责他"以邻国为壑"。

译文

白圭说:"我治理水患的水平超过大禹。"

孟子说:"你错了。大禹治水,是从水的本性出发,因此大禹让洪水流入大海。现在你是把邻国当成排水沟。水逆行,叫洚水。洚水也就是洪灾。这是仁德之人最讨厌的事。你错了。"

第十二章

孟子曰:"君子不亮①,恶乎执?"

注释

①亮:通"谅",诚信。

译文

孟子说:"君子如果不讲信用,怎么会有操守呢?"

第十三章

鲁欲使乐正子为政。孟子曰:"吾闻之,喜而不寐。"

公孙丑曰:"乐正子强乎?"

曰:"否。"

"有知虑乎?"

曰:"否。"

"多闻识乎?"

曰:"否。"

"然则奚为喜而不寐?"

曰:"其为人也好善。"

"好善足乎?"

曰:"好善优于天下,而况鲁国乎?夫苟好善,则四海之内,皆将轻千里而来告之以善。夫苟不好善,则人将曰:'訑訑①,予既已知之矣。'訑訑之声音颜色,距人于千里之外。士止于千里之外,则谗谄面谀之人至矣。与谗谄面谀之人居,国欲治,可得乎?"

注释

①訑(yí)訑:高傲自大的样子。

译文

鲁国想让乐正子执政。孟子说:"我听说这件事,高兴得都没睡着觉。"

公孙丑问:"乐正子能力很强吗?"

孟子说:"不。"

"乐正子是深谋远虑之人吗?"

孟子说:"不。"

"他见多识广吗?"

孟子说:"不。"

"那你为什么还高兴得睡不着呢?"

孟子说:"他喜欢采纳别人的善言。"

"喜欢采纳善言就能治理国家?"

孟子说:"喜欢采纳善言足以治理天下,更何况是治理鲁国呢?一个人如果喜欢采纳善言,四海之内的人都会千里迢迢地赶来为他进献善言。一个人如果不采纳别人的善言,他就会说:'哦哦,我已经知道了。''哦哦'的声音和样子就足以将人拒之门外。士人被拒,逢迎拍马的人就到了跟前。跟逢迎拍马的人在一起,想治理好国家,那可能吗?"

第十四章

陈子曰:"古之君子何如则仕?"

孟子曰:"所就三,所去三。迎之致敬以有礼;言,将行其言也,则就之。礼貌未衰,言弗行也,则去之。其次,虽未行其言也,迎之致敬以有礼,则就之;礼貌衰,则去之。其下,朝不食,夕不食,饥饿不能出门户。

君闻之曰：'吾大者不能行其道，又不能从其言也。使饥饿于我土地，吾耻之。'周之，亦可受也，免死而已矣①。"

注释

①周之，亦可受也，免死而已矣：意思是因饥饿不能离去，为免死而就，接受周济。当免去饥饿时，还是要离去的。这中间也包括了一就一去。

译文

陈子问："古代的君子在什么情况下才去做官呢？"

孟子说："有三种情况可以去做官，有三种情况可以弃官。首先，君王恭敬地迎接他，他的主张，君王想实行，他就去做官；恭敬未少，却不实行他的主张，他就可以离开了。其次，君王虽然没有将他的主张付诸实施，但是对他恭恭敬敬，他就继续做官；此时若君王少了恭敬，他就离开。最后，早晚两顿饭他都吃不上，饿得无法出门。君王知道了，说：'大的方面，我不能实行他的主张，我又无法听从他的谏言。但是他在我领地内挨饿，这让我感到羞耻。'君王因此周济他，这样他也可以接受，不过只是为了免于饿死罢了。"

第十五章

孟子曰："舜发于畎亩之中，傅说①举于版筑②之间，胶鬲③举于鱼盐之中，管夷吾④举于士，孙叔敖⑤举于海，百里奚举于市。故天将降大任于是人也，必先苦其心志，劳其筋骨，饿其体肤，空乏其身，行拂乱其所为，所以动心忍性，曾⑥益其所不能。人恒过，然后能改；困于心，衡于虑，而后作；征于色，发于声，而后喻。入则无法家拂士，出则无敌国外患者，国恒亡。然后知生于忧患而死于安乐也。"

注释

①傅说(yuè)：殷高宗大臣，名说，在傅岩筑城，故称为傅说。
②版筑：古代修筑城墙的方法，借指土木营造的事情。
③胶鬲：周文王大臣。
④管夷吾：即管仲。
⑤孙叔敖：楚庄王令尹，原先隐居在海边。
⑥曾：同"增"。

译文

孟子说："舜是从田间被推举出来的，傅说是从筑城的奴隶中被提拔起来的，胶鬲是从贩卖鱼盐的商人中被提拔上来的，管仲是从监狱中被提拔上来的，孙叔敖是从海边隐居的地方被楚庄王提拔上来的，百里奚是从市场中被提拔上来的。所以，上天要让某个人担当重任，一定会让他的心志忍受痛苦，让他的筋骨疲累，让他忍饥挨饿，让他穷困得事事不能如愿，让这样的事触动他的内心，磨炼他的韧性，增长他的才干。常人都会犯错误，然后才能纠正错误；一个人内心困顿，思虑受阻，然后才能奋起；在脸上表现出来，用语言表达出来，然后才能让人理解。国内没有遵守法度的大臣和可以辅佐君王的贤德之人，国外没有敌对的国家和外部的忧患，这样的国家总要灭亡的。从这里可知，忧患意识可以让人生存下去，安逸享乐使人走向灭亡。"

第十六章

孟子曰："教亦多术矣，予不屑之教诲也者，是亦教诲之而已矣。"

译文

孟子说："教育有多种方法，我不屑于教诲他，本身就是对他的教诲。"

第十三篇　尽心上

第一章

孟子曰："尽其心者，知其性也。知其性，则知天矣。存其心，养其性，所以事天也。夭寿不贰①，修身以俟之，所以立命也。"

注释

①夭寿不贰：夭，夭折，短命。寿，长寿。贰，不专一。

译文

孟子说："完全展现出善心的人，就是懂得了人的本性。懂得了人的本性，也就懂得了天命。保持人的本心，保护人的本性，这就是奉养上天的办法。短命也好，长寿也好，都不要不专一，修身养性以待天命，这就是人安身立命的方法。"

第二章

孟子曰："莫非命也，顺受其正①。是故知命者不立乎岩墙之下。尽其道而死者，正命也；桎梏②死者，非正命也。"

注释

①正：正命，原来的命运。

②桎梏（zhì gù）：古代用来拘系罪人的脚镣和手铐。此处指因犯罪而被处死。

译文

孟子说:"天下的事没有一件不是由命运决定的,只要顺理而行,就会有正常的命运。所以,懂得命运的人就不会站在危墙之下。尽力推行正道而死之人,便是正常的命运;因犯法而被处死之人,就不是正常的命运。"

第三章

孟子曰:"求则得之,舍则失之,是求有益于得也,求在我者也。求之有道,得之有命,是求无益于得也,求在外者也。"

译文

孟子说:"寻求就能得到,放弃便会失去,这种寻求对所得有益,因为所求的东西就在我自身。寻求有不同的方法,但是能否得到是由命运决定的,这种寻求对所得无益,因为所求的东西是身外之物。"

第四章

孟子曰:"万物皆备于我矣。反身而诚,乐莫大焉。强恕而行,求仁莫近焉。"

译文

孟子说:"万物我都具备了。反躬自问诚实无欺,便是最大的快乐。尽力按照恕道办事,便是最接近仁德的道路。"

第五章

孟子曰:"行之而不著焉,习矣而不察焉,终身由之而不知其道者,众也。"

译文

孟子说:"做了却不知晓其中的道理,习惯了却不知道为什么,一生都在这条大道上行走,却还不了解这是什么路,这样的人就是寻常之人。"

第六章

孟子曰:"人不可以无耻。无耻之耻,无耻矣。"

译文

孟子说:"人不可以不知羞耻。不知羞耻这种羞耻,真的是没有羞耻之心了。"

第七章

孟子曰:"耻之于人大矣。为机变之巧者,无所用耻焉。不耻不若人,何若人有?"

译文

孟子说:"羞耻之心对人而言意义重大。那些搞阴谋诡计的人是没有地方用得上羞耻之心的。不以赶不上别人为羞耻,那还怎么能赶上别人呢?"

第八章

孟子曰:"古之贤王好善而忘势。古之贤士何独不然?乐其道而忘人之势,故王公不致敬尽礼,则不得亟见之。见且由不得亟,而况得而臣之乎?"

译文

孟子说:"古代贤德的君主喜欢好言善行而忘了自己的权力。古代贤德之士又何尝不是这样呢?贤德之士乐于推行王道而忘了对方的权力,如果王

公贵族对他们没有那么恭敬，礼数也不够周全，就不能常常见到他们。相见的次数都不多，况且是把贤德之士当作臣子呢？"

第九章

孟子谓宋句践①曰："子好游②乎？吾语子游。人知之，亦嚣嚣；人不知，亦嚣嚣。"

曰："何如斯可以嚣嚣矣？"

曰："尊德乐义，则可以嚣嚣矣。故士穷③不失义，达不离道。穷不失义，故士得己④焉；达不离道，故民不失望焉。古之人，得志，泽加于民；不得志，修身见于世。穷则独善其身，达则兼善天下。"

注释

①宋句践：人名，已不可考。

②游：朱熹注云："游，游说也。"

孟子 第十三篇 尽心上

③穷：不得志，不显贵。

④得己：自得。

译文

孟子对宋句践说："你喜欢游说君王吗？我给你讲讲游说之事。别人明白你的意思，你要怡然自得；别人不明白你的意思，你也要怡然自得。"

宋句践问："怎样才能怡然自得呢？"

孟子答道："崇尚德，乐于义，就可以怡然自得了。所以，士人在不得志时，不失去义；得志时，不违背道。士人不得志时不失义，所以怡然自得；得志时不违背道，所以百姓不至于失望。古代的人，得志时就惠泽百姓；不得志时就修身养性，显现于世人面前。困顿时就保持自身善良的本性，显达时就让天下人都保持善良的本性。"

第十章

孟子曰："待文王而后兴①者，凡民也。若夫豪杰之士，虽无文王犹兴。"

注释

①兴：朱熹注云："兴者，感动奋发之意。"

译文

孟子说："等待周文王出现才奋起的人，那是寻常之人。那些英雄豪杰，就算没有周文王，也会奋起。"

第十一章

孟子曰:"附之以韩、魏之家①,如其自视欿然②,则过人远矣。"

注释

①韩、魏之家:指春秋时晋国的韩氏、魏氏两家大臣。
②欿(kǎn)然:不自满,谦虚的样子。

译文

孟子说:"把春秋时韩、魏两家大臣的财富加于其身,如果他仍视盈若虚,这样的人就远远超出一般人了。"

第十二章

孟子曰:"以佚道①使民,虽劳不怨;以生道②杀民,虽死不怨杀者。"

注释

①佚道:让百姓过上安逸生活的举措。
②生道:让百姓得到生存保障的举措。

译文

孟子说:"如果役使老百姓是为了使他们生活安逸,那么老百姓即使辛苦也不会产生仇怨;如果杀人是为了使老百姓得以生存,那么被杀之人也不会对杀他的人产生仇怨。"

第十三章

孟子曰:"霸者之民,驩虞①如也;王者之民,皞皞②如也。杀之而不怨,利之而不庸③,民日迁善而不知为之者。夫君子所过者化,所存者神④。上下与天地同流,岂曰小补之哉?"

注释

①驩虞：同"欢娱"，快快乐乐的样子。
②皞(hào)皞：同"浩浩"，精神奋发的样子。
③庸：功劳，此指酬功。
④神：如神之意。

译文

孟子说："霸主的功绩显赫，老百姓很高兴；圣王的功德浩大，老百姓悠然自得。百姓即便被杀害也不会有仇怨，得到好处也不感谢谁，他们每天都向好的方面发展，也不知是谁让他们如此。圣人途经之处，百姓被感化；圣人停驻之处，会有奇妙的变化。圣王之政浩浩荡荡，上下与天地同时运行，怎么能说只是小小的补益呢？"

第十四章

孟子曰："仁言不如仁声之入人深也，善政不如善教之得民也。善政，民畏之；善教，民爱之。善政得民财，善教得民心。"

译文

孟子说："仁德的话语不如仁德的音乐深入人心，良善的政令不如良善的教育赢得民众的好感。良善的政令，百姓畏服；良善的教育，百姓喜爱。良善的政令能聚集百姓的财富，良善的教育能赢得百姓的心。"

第十五章

孟子曰："人之所不学而能者，其良能也；所不虑而知者，其良知也。孩提①之童，无不知爱其亲者；及其长也，无不知敬其兄也。亲亲，仁也；敬长，义也。无他，达之天下也。"

注释

①孩提：赵岐注云："孩提，二三岁之间，在襁褓知孩笑，可提抱者也。"

译文

孟子说："人不经学习就能做到的，这是良能；不经思考就明白的，这是良知。两三岁的小孩没有不爱自己的父母的，长大后没有不知道敬重自己的兄长的。爱自己的父母是仁，敬自己的兄长是义。没有其他原因，只因这两种品德是天下的公理。"

第十六章

孟子曰："舜之居深山之中，与木石居，与鹿豕游。其所以异于深山之野人者几希。及其闻一善言，见一善行，若决江河，沛然莫之能御也。"

译文

孟子说："舜住在山里的时候，与石头、树木为伴，和鹿、猪相处。他跟山里的草野之人没有什么不同。等到他听见一句好话，看见一种好的行为，心便受到震动，就像江河决堤一般，一泻千里，没有什么能够阻止了。"

第十七章

孟子曰："无为其所不为，无欲其所不欲，如此而已矣。"

译文

孟子说："不该做的事不要做，不该得到的东西不要寄予希望，这样就行了。"

第十八章

孟子曰:"人之有德、慧、术、知①者,恒②存乎疢疾③。独孤臣孽子④,其操心也危⑤,其虑患也深,故达⑥。"

注释

①德、慧、术、知:赵岐注云:"德行、智慧、道术、才智。"

②恒:经常。

③疢(chèn)疾:朱熹注云:"疢疾,犹灾患也。"

④孤臣孽子:孤臣,被排斥疏远的臣子,又一说为失去国家的臣子。孽子,庶子,非正妻所生,地位低下。

⑤危:不安。

⑥达:显达。

译文

孟子说:"人之所以有道德、智慧、技艺、才干,是因为人要经常面对灾患。被孤立的臣子、庶出的儿子,他们时常心中不安,忧患意识更深,所以才通达事理。"

第十九章

孟子曰:"有事君人者,事是君则为容悦者也;有安社稷臣者,以安社稷为悦者也；有天民①者，达②可行于天下而后行之者也；有大人者，正己而物正者也。"

注释

①天民：通晓天意的人。
②达：通畅的大道，行得通的治国方略。

译文

孟子说："有侍奉君王的人，他们以侍奉君王为乐；有安邦定国的臣子，他们以安邦定国为乐；有天民，就是那些让大道在天下畅通无阻，然后再去实施的人；有大人，就是那些先端正自己的行为而后自然地端正外物的人。"

第二十章

孟子曰："君子有三乐，而王天下不与存焉。父母俱存①，兄弟无故②，一乐也；仰不愧于天，俯不怍③于人，二乐也；得天下英才而教育之，三乐也。君子有三乐，而王天下不与存焉。"

注释

①存：存在，与"亡"相对。
②故：灾患疾病。
③怍：惭愧。

译文

孟子说："君子有三件高兴的事，但称王于天下不在其中。父母健在，兄弟没有灾患，是第一件高兴的事；上不愧于天，下不愧于人，是第二件高兴的事；得到天下精英然后让他们受到教诲，这是第三件高兴的事。君子有这三件高兴的事，但称王于天下并不在其中。"

第二十一章

孟子曰:"广土众民,君子欲之,所乐不存焉;中天下而立,定四海之民,君子乐之,所性不存焉。君子所性,虽大行①不加焉,虽穷居不损焉,分定故也。君子所性,仁、义、礼、智根于心,其生色也睟然②。见于面,盎③于背,施④于四体。四体不言而喻。"

注 释

①大行:理想在天下通行。
②睟(suì)然:赵岐注云:"睟然,润泽之貌。"
③盎:充盈。
④施:延及。

译 文

孟子说:"广袤的土地和众多的子民,这是君子想得到的,但是他们的兴趣并不在这里;处于中央地带,让四海的百姓安居乐业,这是君子想得到的,但是他们的天性并不在这里。君子的天性,即便他的理想在天下大行其道也不会因此而有所增加,即使他不得志而隐居也不会因此而有所减少,因为天性已经确定了。君子的天性,仁、义、礼、智已经在内心扎根,产生的状态是纯和温润。它表现在君子的脸上,溢满君子的肩背,延及君子的四肢。因此他们不必言语,别人便一目了然。"

第二十二章

孟子曰:"伯夷辟纣,居北海之滨,闻文王作兴,曰:'盍归乎来?吾闻西伯善养老者。'太公辟纣,居东海之滨,闻文王作兴,曰:'盍归乎来?吾闻西伯善养老者。'天下有善养老,则仁人以为己归矣。五亩之宅,树墙下以桑,匹妇蚕之,则老者足以衣帛矣。五母鸡、二母彘,无失其时,老者足以无失肉矣。百亩之田,匹夫耕之,八口之家足以无饥矣。所谓西伯善养老者，制其田里，教之树畜，导其妻子使养其老。五十非帛不暖，七十非肉不饱。不暖不饱，谓之冻馁。文王之民无冻馁之老者，此之谓也。"

译文

孟子说："伯夷为躲避纣王，隐居在北海边，听说文王兴起，就说：'为何不去归顺西伯呢？我听说他善待老人。'姜太公为躲避纣王，在东海边隐居，听说文王兴起，就说：'为何不去归顺西伯呢？我听说他善待老人。'天下如果有人善待老人，那仁德的人就会把他那里当成自己的归宿。五亩的宅院，在墙边种上桑树，农妇养蚕抽丝，那么老人就可以穿丝绸制成的衣服了。五只母鸡，两头母猪，不要错过饲养它们的时令，那老人就不会没肉吃了。百亩农田，农夫去耕种，八口之家就不会挨饿了。之所以说西伯善待老人，是因为他先把老百姓的田产分配好，再教他们种树、养殖，引导百姓的妻子、孩子赡养各自的老人。五十岁的人，没有丝绸衣服就穿不暖；七十岁的人，没有肉便吃不饱。穿不暖，吃不饱，这叫饥寒交迫。文王的百姓没有饥寒交迫的老人，说的就是这个意思。"

第二十三章

孟子曰："易①其田畴，薄其税敛，民可使富也。食之以时，用之以礼，财不可胜用也。民非水火不生活，昏暮叩人之门户求水火，无弗与者，至足矣。圣人治天下，使有菽粟如水火。菽粟如水火，而民焉有不仁者乎？"

注释

①易：赵岐注云："易，治也。"

译文

孟子说："管理好田地，减轻赋税，就可以让百姓富足。按令饮食，依礼消费，财物是不会用尽的。百姓没有水和火就不能生活，晚上敲别人的门去要水和火，没有不给的，因为水、火极多。圣人统治天下，粮食便如水、火一样多。如果粮食和水、火一样多，百姓怎么会不仁爱呢？"

第二十四章

孟子曰："孔子登东山而小鲁，登泰山而小天下。故观于海者难为水，游于圣人之门者难为言。观水有术，必观其澜。日月有明，容光①必照焉。流水之为物也，不盈科②不行；君子之志于道也，不成章③不达。"

注释

①容光：指能够容纳光线的小缝隙。
②科：同"坷"，沟坎。
③成章：《说文解字》解释："乐竟为一章。"由此引申，指事物达到一定阶段或有一定规模。

译文

孟子说："孔子登顶东山，就觉得鲁国小了；登顶泰山，就觉得天下小了。所以，看过大海的人，便难以被其他水域吸引；在圣人门下学习过的人，便难以被其他理论吸引了。观看水有一定的方法，一定要观看水面的波纹。太阳和月亮释放光辉，每条小缝隙都能被它们释放的光辉照到。水向前流动有规律，它不把坑坑洼洼填满是不会向前流动的；君子立志追求大道，不到一定程度是不会通达的。"

第二十五章

孟子曰："鸡鸣而起，孳孳①为善者，舜之徒也；鸡鸣而起，孳孳为利者，跖之徒也。欲知舜与跖之分，无他，利与善之间也。"

◉ 注 释

①孳(zī)孳：努力不懈的样子。

◉ 译 文

孟子说："鸡叫便起，努力行善，是像舜那样的人；鸡叫便起，努力求利，是像盗跖那样的人。如果想知道舜与盗跖的区别，没有其他的，就是行善和求利的区别而已。"

第二十六章

孟子曰："杨子①取②为我，拔一毛而利天下，不为也。墨子兼爱，摩顶放踵③利天下，为之。子莫④执中，执中为近之。执中无权，犹执一也。所恶执一者，为其贼道也，举一而废百也。"

◉ 注 释

①杨子：人名，即杨朱。

②取：主张。

③摩顶放踵：赵岐注云："摩秃其顶，下至于踵。"形容从头到脚跟都处于劳苦状态。

④子莫：赵岐注云："鲁之贤人也。"

◉ 译 文

孟子说："杨子的观点是利己，即便拔掉一根汗毛就对天下有利，他都不会做。墨子的观点是兼爱，即便掉光了头发，走坏了脚后跟，只要有利于天下，他就会去做。子莫的观点是中道，主张中道就和仁义之道相差无几了。可他主张中道却不灵活，只执拗于一点。憎恶执拗于一点的人，是因为执拗于一点有损仁义之道，只抓住一点而放弃了其他的。"

第二十七章

孟子曰:"饥者甘食,渴者甘饮,是未得饮食之正也,饥渴害之也。岂惟口腹有饥渴之害?人心亦皆有害。人能无以饥渴之害为心害,则不及人不为忧矣。"

译文

孟子说:"挨饿的人觉得所有的食物都是美味的,口渴的人觉得所有的饮品都是可口的,他不懂的是,正常食物、饮品的味道受到了饥渴的损害。难道饥渴只是损害了嘴和肚子吗?心也会受到这种损害。若一个人能让饥渴对嘴和肚子的损害不会变成对心的损害,那他就不会为赶不上别人而烦恼了。"

第二十八章

孟子曰:"柳下惠不以三公易其介①。"

注释

①介:有节操。

译文

孟子说:"柳下惠不因身居三公的高位而改变自己的节操。"

第二十九章

孟子曰："有为者辟若①掘井，掘井九轫②而不及泉，犹为弃井也。"

注释

①辟若：比如。辟，通"譬"。
②轫：通"仞"，七尺或八尺为一仞。赵岐注云："轫，八尺也。"

译文

孟子说："做事就像打井，如果挖了很深还不见泉水，这只能是一口废井。"

第三十章

孟子曰："尧、舜，性之也；汤、武，身之也；五霸，假之也。久假而不归，恶知其非有也？"

译文

孟子说："尧、舜实行仁义，是出于本性；商汤、周武王实行仁义，是亲身体验，努力推行；春秋五霸实行仁义，只是借仁义之名而已。如果他们久借仁义之名不还，怎么能知道仁义不是变成他自己的了呢？"

第三十一章

公孙丑曰："伊尹曰：'予不狎于不顺。放太甲于桐，民大悦。太甲贤，又反之，民大悦。'贤者之为人臣也，其君不贤，则固可放与？"

孟子曰："有伊尹之志，则可；无伊尹之志，则篡也。"

译文

公孙丑说:"伊尹说:'我不会和背离道德的人亲近,所以我把太甲流放到了桐,老百姓很高兴。后来太甲变得贤德,我又让他回来了,老百姓很高兴。'贤明的人为臣子,如果君王不贤明,就可以将君王流放吗?"

孟子说:"有伊尹的心性,就可以;要是没有伊尹那样的心性,就是篡位。"

第三十二章

公孙丑曰:"《诗》曰:'不素餐兮。'君子之不耕而食,何也?"

孟子曰:"君子居是国也,其君用之,则安富尊荣;其子弟从之,则孝悌忠信。'不素餐兮',孰大于是?"

译文

公孙丑说:"《诗经》说:'不白吃饭啊!'可君子不种庄稼也能得到食物,为什么呢?"

孟子说:"君子住在一个国家,国君任用他,国家就会安定、富足、尊贵、荣耀;学生们跟随他,就会孝敬父母,尊敬兄长,忠诚而守信用。'不白吃饭啊!'还有谁比他的贡献更大呢?"

第三十三章

王子垫[①]问曰:"士何事?"

孟子曰:"尚志[②]。"

曰:"何谓尚志?"

曰:"仁义而已矣。杀一无罪,非仁也;非其有而取之,非义也。居恶在?仁是也。路恶在?义是也。居仁由义,大人之事备矣。"

注 释

①王子垫：齐王之子，名垫。
②尚志：使(自己)志向高尚。

译 文

王子垫问道："士人都做些什么事呢？"

孟子答道："士人使自己的志向高尚。"

王子垫又问："怎样使自己的志向高尚呢？"

孟子答道："行仁义就行了。杀一个没有罪过的人，这不是仁；不是自己的东西却据为己有，这不是义。居住之处在哪里呢？在仁。路在哪里呢？在义。居住于仁，依义而行，君子做的事就齐全了。"

第三十四章

孟子曰："仲子①，不义与之齐国而弗受，人皆信之，是舍箪食、豆羹之义也。人莫大焉亡亲戚、君臣、上下。以其小者信其大者，奚可哉？"

注 释

①仲子：此指陈仲子。

译 文

孟子说："陈仲子，若用不符合仁义的方式把齐国给他，他是不会接受的，人们都相信这点。但是，他放弃的是一小筐饭、一碗汤的义。一个人的罪过没有比无视君臣、父兄的尊卑关系更大的了。因为他的小义而相信他的大义，这怎么可以呢？"

第三十五章

桃应①问曰："舜为天子，皋陶为士，瞽瞍杀人，则如之何？"

孟子曰："执之而已矣。"

"然则舜不禁与？"

曰："夫舜恶得而禁之？夫有所受之也。"

"然则舜如之何？"

曰："舜视弃天下犹弃敝蹝②也。窃负而逃，遵海滨而处，终身䜣③然，乐而忘天下。"

注释

①桃应：孟子弟子。

②蹝(xǐ)：没有脚跟的鞋子。

③䜣：同"欣"。

译文

桃应问道："舜为天子，皋陶为掌管刑罚的官员，假如舜的父亲瞽瞍把人杀了，那该怎么办呢？"

孟子答道："把他逮捕起来。"

"那舜不会阻止吗？"

孟子答道："舜怎么会阻止呢？皋陶逮捕瞽瞍是有根据的啊。"

"那舜又该怎么办呢？"

孟子答道："舜放弃天子之位就如同丢掉一双破烂的鞋子。他会悄悄地把父亲背走，然后找个海边住下，一辈子都高高兴兴的，完全忘了天下。"

第三十六章

孟子自范之齐，望见齐王之子，喟①然叹曰："居移气，养移体，大哉居乎！夫非尽人之子与？"

孟子曰："王子宫室、车马、衣服多与人同，而王子若彼者，其居使之然也。况居天下之广居者乎？鲁君之宋，呼于垤泽之门②。守者曰：'此非吾君也,何其声之似我君也?'此无他,居相似也。"

注释

①喟:叹息。
②垤(dié)泽之门:即宋国都城的东南门。

译文

孟子从范到了齐国,老远就看见了齐王之子,叹息一声:"环境改变气度,奉养改变体质,环境真是太重要了!他不也是别人的儿子吗?为何气质如此不同?"

孟子说:"王子的住所、车马和衣服多半与别人一样,王子的气质却如此不同,就是因为他所居之地的影响。何况还是住在'仁'这个最广大的住所里的人呢?鲁国的国君来到宋国,在宋国的东南城门下呼喊。守门人说:'他并不是我的国君,为何声音和我们国君的声音那么相像呢?'这不是因为别的,只因为他们所居的环境相似罢了。"

第三十七章

孟子曰:"食而弗爱,豕交之也;爱而不敬,兽畜之也。恭敬者,币之未将者也。恭敬而无实,君子不可虚拘。"

译文

孟子说:"只是养活而不爱,那就如养猪一样;只是爱而不恭敬,那就如养牲畜一样。敬重之心应该是在礼物送出去之前就已经有了。徒具形式的恭敬,君子不可虚留。"

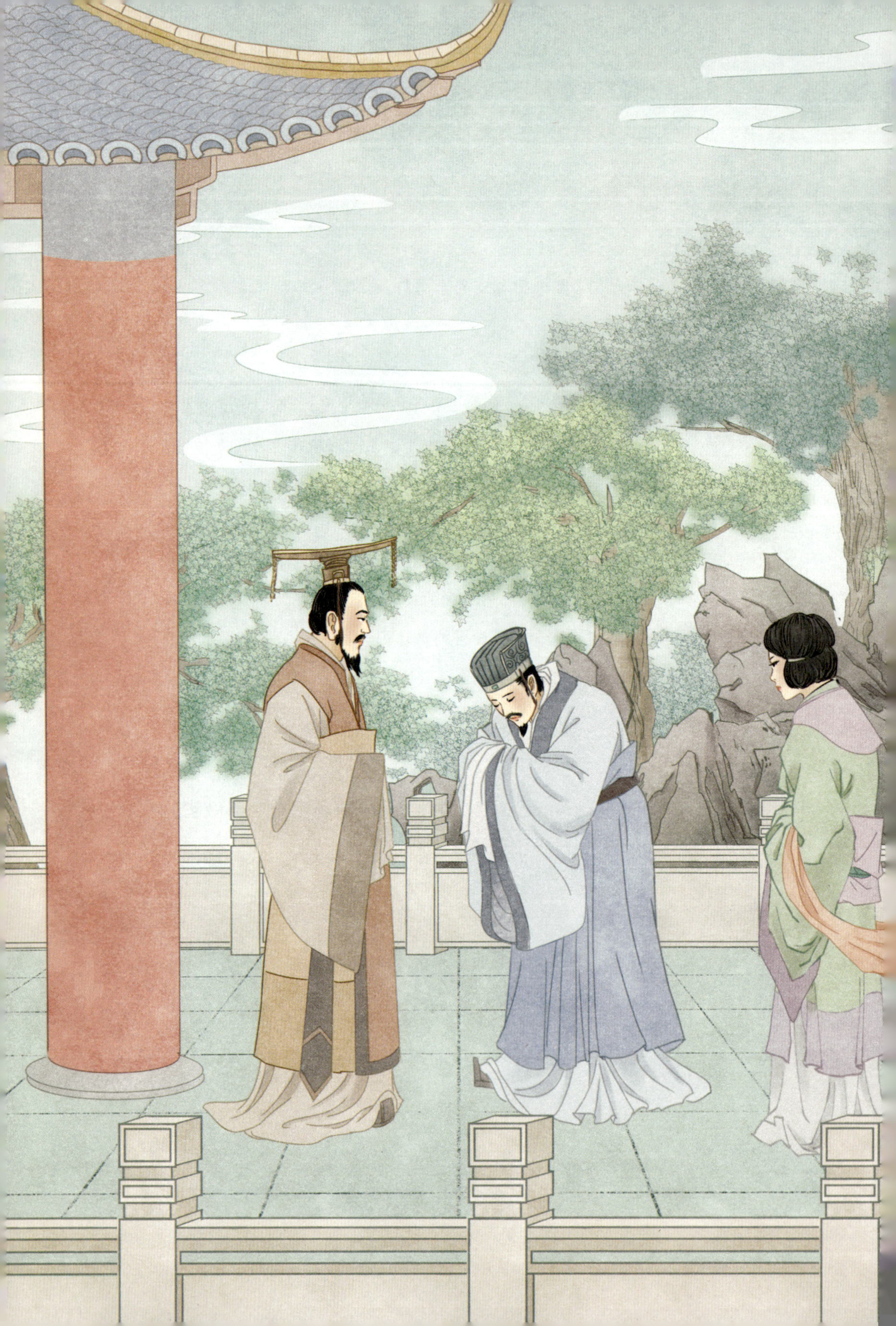

第三十八章

孟子曰:"形、色,天性也。惟圣人然后可以践形。"

译文

孟子说:"人的身形、容貌是天生的。只有圣人修养自身之后才可以表现出上天赋予人的品质。"

第三十九章

齐宣王欲短丧。公孙丑曰:"为期①之丧,犹愈于已乎?"

孟子曰:"是犹或紾其兄之臂,子谓之姑徐徐云尔,亦教之孝悌而已矣。"

王子有其母死者,其傅为之请数月之丧。公孙丑曰:"若此者,何如也?"

曰:"是欲终之而不可得也。虽加一日愈于已,谓夫莫之禁而不为者也。"

注释

①期(jī):一年。

译文

齐宣王想减少守丧的时间。公孙丑说:"守丧一年,还是比不守丧好吧?"

孟子说:"这好比有人在扭他兄长的胳膊,你却说慢慢扭吧。你应该教导他孝顺父母、尊敬兄长而已。"

有个王子,他的母亲去世了,王子的老师为他请求守丧几个月。公孙丑问道:"这样的事又该怎么处理呢?"

孟子说:"这是王子想守丧三年,却不会被允准。那么,他纵然多守一天也比不守要好，这是相对那些没有人不让他守丧而他自己不想守丧的人说的。"

第四十章

孟子曰："君子之所以教者五：有如时雨化之者，有成德者，有达财①者，有答问者，有私淑艾②者。此五者，君子之所以教也。"

注释

①财：通"才"。

②私淑艾：淑，通"叔"，拾取。艾，通"刈"，收获。原义为私下拾取，此指不是直接当学生而是自己仰慕自学的。这也就是"私淑弟子"的意思。

译文

孟子说："君子教育人的方式有五种：有像及时雨一样滋润化育的，有成全品德的，有培养才能的，有解疑释惑的，有以学识风范使人私下学习的。这五种就是君子教育人的方式。"

第四十一章

公孙丑曰："道则高矣，美矣，宜若登天然，似不可及也。何不使彼为可几及而日孳孳也？"

孟子曰："大匠不为拙工改废绳墨，羿不为拙射变其彀率①。君子引而不发，跃如也。中道而立，能者从之。"

注释

①彀率：按射中目标的需要把弓拉开的程度。

译 文

公孙丑说:"道既高深又完美,像登天一样难以达到。为何不让道变得容易达到而让人每日都不断地追求呢?"

孟子说:"技艺高超的工匠不会因为手艺不好的木工而改变或者废除规矩,羿也不会因为射手的技艺很差就改变拉弓的要求。君子教育人就像射手把弓拉满,箭却不射出去,做出急切想试试的样子。君子在正确的道路上站住,有能力的人便会自己跟随而来。"

第四十二章

孟子曰:"天下有道,以道殉身;天下无道,以身殉道。未闻以道殉乎人者也。"

译 文

孟子说:"天下太平,君子便施道;天下黑暗,君子便殉道。我还没听说过断送道以逢迎人的。"

第四十三章

公都子曰:"滕更①之在门也,若在所礼,而不答,何也?"

孟子曰:"挟贵而问,挟贤而问,挟长而问,挟有勋劳而问,挟故而问,皆所不答也。滕更有二焉。"

注 释

①滕更:滕国国君的弟弟。

译 文

公都子说:"滕更在先生门下学习时,您似乎应该以礼貌待之,但先生您却不回答他的问题,为什么?"

孟子说:"仗着自己地位尊贵而发问,仗着自己贤能而发问,仗着自己年长而发问,仗着自己功劳卓著而发问,仗着自己是故交而发问,这些发问都不在我会回答的范围内。这五条之中,滕更就已经占了两条。"

第四十四章

孟子曰:"于不可已而已者,无所不已。于所厚者薄,无所不薄也。其进锐者,其退速。"

译文

孟子说:"对于不可终止的事情却终止了,那就没有事是不能终止的。对于本该优待之人却慢待了,那就没有谁不能慢待的。激进向前的人,后退得也快。"

第四十五章

孟子曰:"君子之于物也,爱之而弗仁;于民也,仁之而弗亲。亲亲而仁民,仁民而爱物。"

译文

孟子说:"君子对待万物,爱惜它,但无须以仁爱之心对待;对待百姓,给予仁爱,但无须亲近他们。君子亲近亲人,继而给予百姓仁爱;给予百姓仁爱,继而爱惜万物。"

第四十六章

孟子曰:"知者无不知[1]也,当务之为急;仁者无不爱也,急亲贤之为务。尧舜之知而不遍物,急先务也;尧舜之仁不遍爱人,急亲贤也。不能三年之丧,而缌[2]、小功[3]之察;放饭流歠[4],而问无齿决[5]。是之谓不知务。"

注释

①知者无不知：第一个"知"同"智"，第二个"知"为"知道"。

②缌（sī）：指服期为三个月的孝服。缌麻是五种孝服中最轻的，用熟布制成。如女婿为岳父母戴孝，服期为三个月。

③小功：服期为五个月的孝服。如外孙为外祖父母戴孝，服丧五个月。

④流歠：猛喝。歠，饮，啜。

⑤齿决：古人用餐，湿肉用牙齿啃断，干肉只用手折断。在长者面前用牙齿咬断干肉是不礼貌的吃相。此处的"齿决"指用牙齿啃断干肉。

译文

孟子说："智者是没什么不能够知道的，但急于知道眼前重要之事；仁者没有什么不去施予仁爱的，但是急于先爱亲人和贤人。尧、舜的智慧不能完全知道所有的事物，那是因为他们急于知道眼前重要之事；尧、舜的仁德不能普爱所有的人，那是因为他们急于爱亲人和贤人。如果不能为父母服丧三年，却极其重视缌麻三月、小功五月的丧期；如果在长者面前大口吃饭喝汤，却讲究不用牙齿啃断干肉的礼节，这就叫不识大体。"

第十四篇　尽心下

第一章

孟子曰："不仁哉，梁惠王也！仁者以其所爱及其所不爱，不仁者以其所不爱及其所爱。"

公孙丑问曰："何谓也？"

"梁惠王以土地之故，糜烂其民而战之，大败。将复之，恐不能胜，故驱其所爱子弟以殉之。是之谓以其所不爱及其所爱也。"

译文

孟子说："梁惠王真是太不仁了！仁者是把对所爱之人实行的仁德普施于他所不爱的人身上，而不仁者则是把他对不爱之人施加的灾难波及所爱之人的身上。"

公孙丑问道："这是什么意思？"

孟子说："梁惠王为了争夺土地，不惜让百姓以命相搏，结果大败。他还准备再战，害怕无法打败对手，不惜让自己喜爱的子弟以命相搏。这就是他把对不爱之人施加的灾难波及所爱之人的身上。"

第二章

孟子曰："春秋无义战。彼善于此，则有之矣。征者，上伐下也，敌国不相征也。"

译文

孟子说："春秋时代没有合乎义的战争。那一国比这一国要好点儿，这样的情况是有的。所谓征，是指上征讨下，同等级的国家之间是不能相互征讨的。"

第三章

孟子曰："尽信《书》，则不如无《书》。吾于《武成》[1]，取二三策[2]而已矣。仁人无敌于天下，以至仁伐至不仁，而何其血之流杵[3]也？"

注释

①《武成》：《尚书》的篇名。
②策：竹简。古代用竹简书写，一策相当于我们今天说的一页。
③杵：舂米或捶衣的木棒。

译文

孟子说："完全相信《书经》，不如没有《书经》。《武成》这篇文章，我只相信两三页。仁者无敌于天下，以最讲仁道的人去讨伐最不讲仁道的人，又怎么会发生鲜血将捣米用的大木棒冲走的事呢？"

第四章

孟子曰："有人曰：'我善为陈[1]，我善为战。'大罪也。国君好仁，天下无敌焉。南面而征，北夷怨；东面而征，西夷怨。曰：'奚为后我？'武王之伐殷也，革车[2]三百两[3]，虎贲三千人。王曰：'无畏！宁尔也，非敌百姓也。'若崩厥角[4]稽首。征之为言正也，各欲正己也，焉用战？"

注释

①陈：同"阵"，列阵。
②革车：指兵车。
③两：同"辆"。

④厥角：叩头。

译文

孟子说："有人说：'我善于布阵排兵，我善于指挥打仗。'这其实是莫大的罪过。一国君主喜欢仁道，则会无敌于天下。商汤向南征讨，北方狄人就埋怨；向东征讨，西方夷人就埋怨。他们说：'为什么不先到我这儿来呢？'周武王征讨殷商时，有三百辆兵车，三千名勇士。武王对殷商的百姓说：'别怕！我来是想让你们的生活得以安定，不是把你们当成敌人的。'百姓听了，便跪拜叩头，声音如山崩塌一般。征是正的意思，若每个国家都端正自己，怎么会发生战争呢？"

第五章

孟子曰："梓、匠、轮、舆①能与人规矩，不能使人巧。"

注释

①梓、匠、轮、舆：梓，古代专门做器具的工匠；匠，专造房屋的工匠；轮，专造车轮的工匠；舆，专造车厢的工匠。

译文

孟子说："木工能教会别人规矩法则，却无法让人拥有精巧的技艺。"

第六章

孟子曰："舜之饭糗茹草①也，若将终身焉。及其为天子也，被袗衣②，鼓琴，二女果③，若固有之。"

注释

①饭糗茹草：饭、茹均作动词，吃。糗，干粮。

②袗衣：绣有花纹的华贵衣服。

③果：侍奉。

译文

孟子说："舜当年啃干粮、吞野菜时，好像要这样过一辈子；等他当了天子，穿着华服，弹着琴，尧的两个女儿侍奉着他，又仿佛这一切他本该拥有。"

第七章

孟子曰："吾今而后知杀人亲之重也。杀人之父，人亦杀其父；杀人之兄，人亦杀其兄。然则非自杀之也，一间①耳。"

注释

①一间：相距很近。

译文

孟子说："我现在才明白杀害别人亲属的严重后果：杀死别人的父亲，别人也会杀死他的父亲；杀死别人的兄长，别人也会杀死他的兄长。如此，虽然父亲和兄长不是自己所杀，但和自己所杀也没什么区别了。"

第八章

孟子曰："古之为关也，将以御暴；今之为关也，将以为暴。"

译文

孟子说："古人设立关隘，是为了抵御暴行；现在设立关隘，是为了实施暴行。"

第九章

孟子曰:"身不行道,不行于妻子;使人不以道,不能行于妻子。"

译文

孟子说:"自身不遵道而行,那么道在妻子、儿女身上也行不通;使唤别人不遵道而行,那么连妻子、儿女都不会听他的使唤。"

第十章

孟子曰:"周①于利者,凶年不能杀②;周于德者,邪世不能乱。"

注释

①周:充足。
②杀:困窘,此处指饿死。

译文

孟子说:"财力强大的人,灾年也饿不死他;德行高深的人,乱世也不能使他是非不分。"

第十一章

孟子曰:"好名之人,能让千乘之国;苟非其人,箪食、豆羹见于色。"

译文

孟子说:"喜好名望的人,可以把拥有千辆兵车的国家让给别人;如果不是这样的人,就是让他给别人一小筐饭、一碗汤,他的脸上都会露出不快。"

第十二章

孟子曰:"不信仁贤,则国空虚;无礼义,则上下乱;无政事,则财用不足。"

译文

孟子说:"不相信仁德贤能之人,国家就会空虚无人;不讲究礼义,上下级关系就会错乱;没有好的政治,国家财力就会不足。"

第十三章

孟子曰:"不仁而得国者,有之矣;不仁而得天下者,未之有也。"

译文

孟子说:"不实行仁道却能拥有国家,这种事发生过;不实行仁道却能拥有天下,这样的事从未发生过。"

第十四章

孟子曰:"民为贵,社稷次之,君为轻。是故得乎丘①民而为天子,得乎天子为诸侯,得乎诸侯为大夫。诸侯危社稷,则变置。牺牲既成,粢盛既絜,祭祀以时,然而旱干水溢,则变置社稷。"

注释

①丘:众。

译文

孟子说:"黎民百姓最重要,国家次之,君主为轻。所以,百姓拥戴的人,可以为天子;得到天子的欢心就可以当诸侯;得到诸侯的欢心就可以当大夫。

要是诸侯危害国家，就另立他人。祭祀用的牲畜已经膘肥体壮，祭祀用的器具已经洁净如新，祭祀仪式也如期举行，但百姓依然遭受旱灾与水灾，那就得改朝换代了。"

第十五章

孟子曰："圣人，百世之师也，伯夷、柳下惠是也。故闻伯夷之风者，顽夫廉，懦夫有立志；闻柳下惠之风者，薄夫敦，鄙夫宽。奋乎百世之上，百世之下，闻者莫不兴起也。非圣人而能若是乎？而况于亲炙之者乎？"

译文

孟子说："圣人是后世子弟的老师，伯夷和柳下惠正是这样的人。所以，听到伯夷节操的人，贪婪者变得廉洁，懦弱者也有了坚强不屈的意志；听到柳下惠节操的人，刻薄者变得老实厚道，心胸狭隘者变得胸怀宽广。百代之前他们奋发而为，百代之后听到他们事迹的人，没有不为之奋发的。如果不是圣人，他们会有这样的影响吗？更何况那些亲自受到圣人影响的人呢？"

第十六章

孟子曰："仁也者，人也。合而言之，道也。"

译文

孟子说："仁，就是人之所以为人的所在。将仁与自身相合，就是道。"

第十七章

孟子曰："孔子之去鲁，曰：'迟迟吾行也。'去父母国之道也；去齐，接淅而行，去他国之道也。"

译文

孟子说:"孔子离开鲁国时说:'我们慢慢走吧。'这是离开祖国的态度;他离开齐国的时候,把淘洗完的米捞出来捧着,不等做饭就离开了,这是离开他国的态度。"

第十八章

孟子曰:"孔子之厄于陈、蔡之间,无上下之交也。"

译文

孟子说:"孔子被困在陈国和蔡国之间,是因为他和这两个国家的国君和大臣都没有来往。"

第十九章

貉稽①曰:"稽大不理于口。"

孟子曰:"无伤也。士憎兹多口。《诗》云'忧心悄悄,愠于群小',孔子也;'肆不殄厥愠,亦不殒厥问',文王也。②"

注释

①貉稽:人名,生世不详。

②"《诗》云"句:"忧心悄悄,愠于群小",语出《诗经·邶风·柏舟》。"肆不殄厥愠,亦不殒厥问",语出《诗经·大雅·绵》。殒,损害。问,声望。

译文

貉稽说:"我被诋毁得名声很不好。"

孟子说:"这没什么关系。士人都讨厌七嘴八舌的议论。《诗》说'心中的愁思太沉重,小人把我当作眼中钉',孔子就是这样的;'别人的怨恨不消,也不要损害自己的名声',文王就是这样的。"

第二十章

孟子曰:"贤者以其昭昭,使人昭昭;今以其昏昏,使人昭昭。"

译文

孟子说:"贤人先使自己明白,然后才使别人明白;现在的人则是自己都没有弄明白,却想使别人明白。"

第二十一章

孟子谓高子曰:"山径之蹊①间,介然②用之而成路;为间③不用,则茅塞之矣。今茅塞子之心矣。"

注释

①蹊:小路。

②介然:意志专一的样子。

③为间:隔一段时间。

译文

孟子对高子说:"山上的小道很窄,一心一意地走下去,就会变成路;若是隔一段时间不走,路就会被茅草堵塞。你现在是被茅草堵塞了心啊。"

第二十二章

高子曰:"禹之声,尚①文王之声。"

孟子曰:"何以言之?"

曰:"以追蠡②。"

曰:"是奚足哉?城门之轨,两马之力与?"

注释

①尚：通"上"。

②追蠡(lí)：追，乐钟的悬钮。蠡，快断了。

译文

高子说："禹的音乐比文王的音乐更胜一筹。"

孟子说："为何这样说呢？"

高子说："因为禹传下来的乐钟钟钮都快断了。"

孟子说："这怎么能证明呢？城门下方的车辙，是几匹马造成的吗？（禹传下来的乐钟的钟钮快断了，可能是年代太久远了。）"

第二十三章

齐饥。陈臻曰："国人皆以夫子将复为发棠①，殆不可复？"

孟子曰："是为冯妇②也。晋人有冯妇者，善搏虎，卒为善士。则之野，有众逐虎。虎负嵎，莫之敢撄③。望见冯妇，趋而迎之。冯妇攘臂④下车。众皆悦之，其为士者笑之。"

注释

①发棠：开仓放粮。

②冯妇：姓冯名妇之人，晋国人，善于徒手缚虎。

③撄：碰、触。

④攘臂：卷袖露臂。

译文

齐国闹饥荒。陈臻说："百姓都觉得您会再次劝谏齐王开仓放粮以赈济百姓，不过您不会这么做了吧。"

孟子说："我若再这样做就跟冯妇一样了。晋国的冯妇，擅长打虎，后来改变想法成了善人。有一次，他去野外，看到很多人在追老虎。老虎凭借山势，没有人敢上前捉它。人们远远地看到了冯妇，就快步上前去迎他。冯妇挽起衣袖，伸伸胳膊下了车，又准备打虎。大家看他这样都很高兴，但那些士人却在嘲笑他。"

第二十四章

孟子曰："口之于味也，目之于色也，耳之于声也，鼻之于臭也，四肢之于安佚也，性也。有命焉，君子不谓性也。仁之于父子也，义之于君臣也，礼之于宾主也，知之于贤者也，圣人之于天道也，命也。有性焉，君子不谓命也。"

译文

孟子说："嘴巴喜欢好吃的滋味，眼睛喜欢好看的颜色，耳朵喜欢好听的声音，鼻子喜欢好闻的气味，四肢喜欢舒适的感觉，这些偏好都是人的本性，但是能否得到要靠命运安排，所以君子不认为这些是本性的必然结果。父子间有仁，君臣间有义，宾主间有礼，贤人富于智慧，圣人奉行天道，这些事能否实现不仅要靠命运，还要靠本性，君子没有把它看作命运使然。"

第二十五章

浩生不害①问曰："乐正子何人也？"

孟子曰："善人也，信人也。"

"何谓善？何谓信？"

曰："可欲之谓善，有诸己之谓信，充实之谓美，充实而有光辉之谓大，大而化之之谓圣，圣而不可知之之谓神。乐正子，二之中、四之下也。"

注释

①浩生不害：齐国人，姓浩生，名不害。

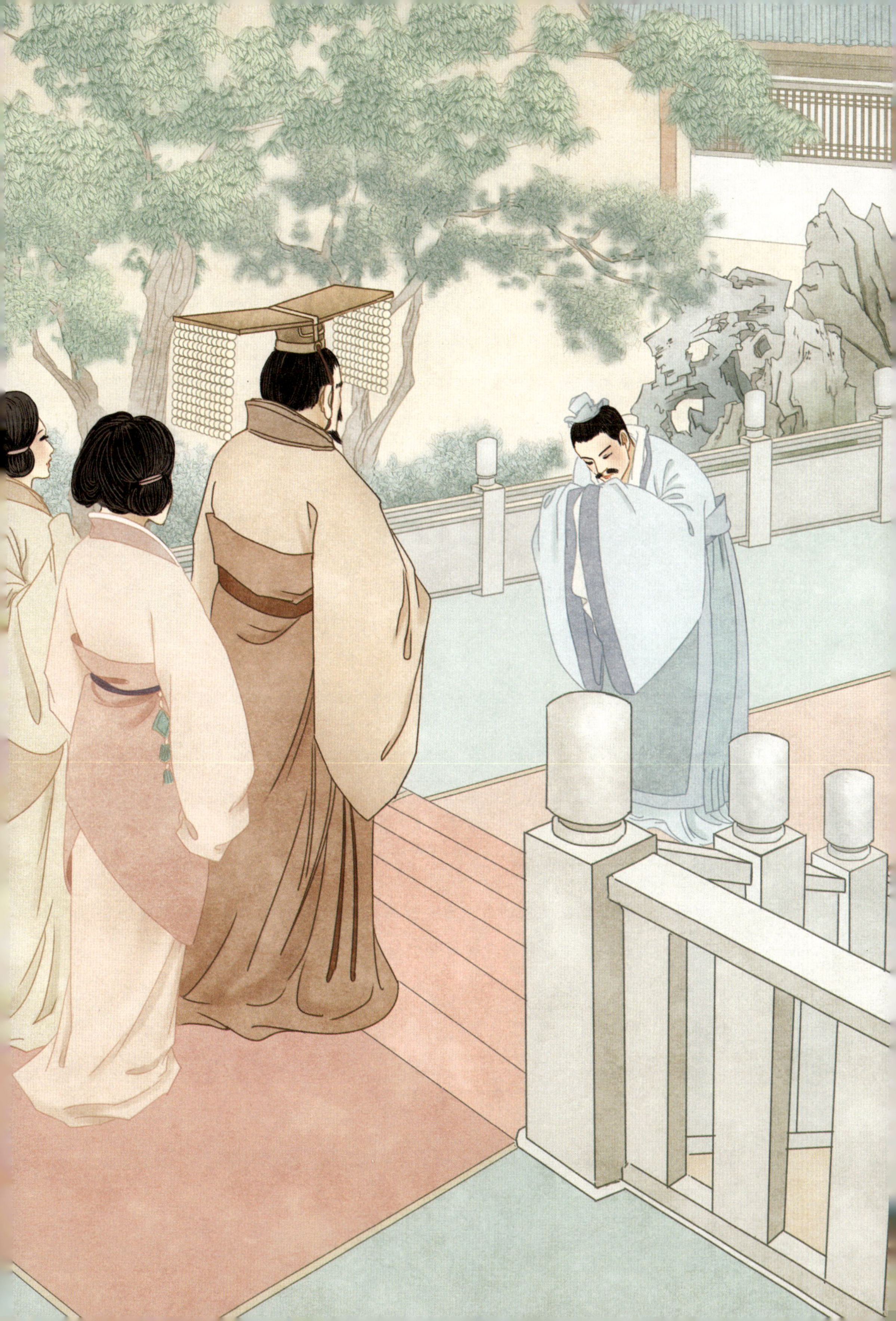

译文

浩生不害问："乐正子是什么样的人？"

孟子说："是好人，很诚信的人。"

浩生不害说："什么叫好？怎样算诚信？"

孟子说："受人喜爱就叫好；那些好处确实在他身上存在就叫诚信；那些好处充分体现在他的各种行为就叫美；不但充分体现在他的各种行为，而且能大放异彩地展示出来，就叫大；大放异彩且能化育万物就叫圣；圣到了深不可测的地步就叫神。乐正子达到了前面两条的要求，但并没有达到后面四条的要求。"

第二十六章

孟子曰："逃墨必归于杨，逃杨必归于儒。归，斯受之而已矣。今之与杨、墨辩者，如追放豚，既入其苙①，又从而招②之。"

注释

①苙(lì)：猪窝。

②招：牵绊。

译文

孟子说："离开墨家学派的人一定会归到杨朱那里去，离开杨朱学派的人一定会归到儒家。他们回归就接受他们算了。现在跟杨朱学派和墨家学派辩论的人，就如同在追赶一只跑丢的猪，它已经回了猪圈，还要把它的脚绑好。"

第二十七章

孟子曰："有布缕之征，粟米之征，力役之征。君子用其一，缓其二。用其二而民有殍，用其三而父子离。"

译文

孟子说:"有征收布帛的税,有征收粮食的税,还有征收人力的税。君子采用其中一种,暂不用另外两种。如果同时征收两种,就会有百姓被饿死;同时征收三种,百姓就会父子离散。"

第二十八章

孟子曰:"诸侯之宝三:土地、人民、政事。宝珠玉者,殃必及身。"

译文

孟子说:"诸侯有三宝:土地、百姓和政治。如果诸侯把珠玉看成宝贝,必定会引祸上身。"

第二十九章

盆成括①仕于齐。

孟子曰:"死矣,盆成括!"

盆成括见杀,门人问曰:"夫子何以知其将见杀?"

曰:"其为人也小有才,未闻君子之大道也,则足以杀其躯而已矣。"

注释

①盆成括:齐国人,姓盆成,名括。

译文

盆成括在齐国做官。

孟子说:"盆成括快死了!"

盆成括果然被杀了,弟子问道:"老师,您怎么知道他会被杀呢?"

孟子说:"他这个人有点儿小才,却不知道君子的大道,这就足以招来杀身之祸。"

第三十章

孟子之滕，馆于上宫。有业屦①于牖上，馆人求之勿得。

或问之曰："若是乎从者之廋也？"

曰："子以是为窃屦来与？"

曰："殆非也。夫子之设科也，往者不追，来者不拒。苟以是心至，斯受之而已矣。"

注　释

①业屦（jù）：未编好的草鞋。

译　文

孟子到了滕国，住在驿馆。他有双还没有编好的草鞋放在窗台上不见了，驿馆里的人去寻找，却没有找到。

有人问孟子："是跟随您的人把鞋藏起来了吧？"

孟子说："你认为我的随从来这里的目的是偷鞋？"

那人说："不是。但您开设课程，招收学生，离开的人您不挽留，来的人您不拒收，只要学生有求学之心您就收下（这难免会造成学生的素质良莠不齐）。"

第三十一章

孟子曰："人皆有所不忍，达之于其所忍，仁也；人皆有所不为，达之于其所为，义也。人能充无欲害人之心，而仁不可胜用也；人能充无穿逾①之心，而义不可胜用也；人能充无受尔汝之实，无所往而不为义也。士未可以言而言，是以言餂②之也；可以言而不言，是以不言餂之也。是皆穿逾之类也。"

注释

①穿逾：钻洞和翻墙，指盗窃行为。

②舔(tiǎn)：诱取。

译文

孟子说："每个人都有不忍心做的事，把这种心态推广到忍心去做的事上，就是仁；每个人都有不想做的事，把这种心态推广到想做的事上，就是义。如果人能推广不想害人的心，那么仁就用不尽了；如果人能推广不钻洞、不翻墙的心，那么义就用不尽了；如果人能推广不受轻视的心，那么无论到哪里都没有不合乎义的。一个士人，不能与人说话却非要说，这是用言语诱惑而获利；能与人说话却不说，这是用沉默诱惑而获利。这些都是钻洞、翻墙那类行为。"

第三十二章

孟子曰："言近而指①远者，善言也；守约而施博者，善道也。君子之言也，不下带②而道存焉；君子之守，修其身而天下平。人病舍其田而芸人之田，所求于人者重，而所以自任者轻。"

注释

①指：意向。

②不下带：朱熹注："古人视不下于带，则带之上乃目前常见至近之处也。举目前之近事，而至理存焉。"带，腰带。

译文

孟子说："言语通俗却意义重大，这是善言；坚守简约而成效很大，这是善道。君子的话，虽然讲的是身边的事，却蕴含着大道理；君子所坚守的，就是修养自身而使天下太平。人们的缺点是不耕种自己的田地却去耕种别人的田地，对别人的要求很多，却要求自己极少。"

第三十三章

孟子曰:"尧、舜,性者也;汤、武,反之也。动容周旋中礼者,盛德之至也。哭死而哀,非为生者也;经①德不回②,非以干禄也;言语必信,非以正行也。君子行法③,以俟命而已矣。"

注释

①经:奉行。
②回:通"违"。
③行法:依法度行事。

译文

孟子说:"尧、舜的仁义出自天性,商汤和周武王的仁义是通过修身养性而回归的天性。行为举止没有不合于礼的,是德的最高境界。为死去的人哀泣,并非是做给活人看的;根据道德准则做事,不背离礼仪制度,并非是为了做官;所说的话一定要真实可信,并非为了得到端正的名声。君子依据法度做事,以待命运的安排而已。"

第三十四章

孟子曰:"说大人则藐之,勿视其巍巍然。堂高①数仞,榱题②数尺,我得志,弗为也;食前方丈,侍妾数百人,我得志,弗为也;般③乐饮酒,驱骋田猎,后车千乘,我得志,弗为也。在彼者,皆我所不为也;在我者,皆古之制也。吾何畏彼哉?"

注释

①堂高:堂阶。
②榱(cuī)题:屋檐。
③般:大。

译 文

孟子说:"向诸侯游说,就要藐视他,不要在乎他高不可攀的样子。殿堂的台阶几丈高,屋檐数尺宽,我如果得志,不会这样做;珍馐佳肴摆在眼前,伺候的姬妾有数百人,我如果得志,也不会这样做;饮酒作乐,驱马打猎,后面跟随上千辆车,我如果得志,更不会这样做。他做的那些事,都是我不会做的;我做的事,都跟古代制度相合。我为什么要去怕他呢?"

第三十五章

孟子曰:"养心莫善于寡欲。其为人也寡欲,虽有不存焉者,寡矣;其为人也多欲,虽有存焉者,寡矣。"

译 文

孟子说:"修养心性的方法没有比节制欲望更好的。一个人如果能节制欲望,即使善良的本性少一些,也不会少很多;如果欲望强烈,即使保留了一些善良的本性,也不会太多。"

第三十六章

曾皙嗜羊枣①,而曾子不忍食羊枣。

公孙丑问曰:"脍炙②与羊枣孰美?"

孟子曰:"脍炙哉!"

公孙丑曰:"然则曾子何为食脍炙而不食羊枣?"

曰:"脍炙所同也,羊枣所独也。讳名不讳姓,姓所同也,名所独也。"

注 释

①羊枣:果品名。

②脍炙:脍,肉切细以后烹炒。炙,烤肉。

译文

曾皙爱吃羊枣,因此曾子不忍再吃羊枣。

公孙丑问孟子:"炒肉和羊枣哪个更好吃?"

孟子说:"炒肉啊!"

公孙丑说:"那曾子为何吃炒肉,却不吃羊枣呢?"

孟子说:"炒肉是大家都喜欢的,羊枣却是他父亲曾皙喜欢吃的。正如人们避讳尊长的名字却不避讳尊长的姓,因为大家的姓都相同,而名字却是独一无二的。"

第三十七章

万章问曰:"孔子在陈,曰:'盍归乎来!吾党①之士狂简,进取不忘其初。'孔子在陈,何思鲁之狂士?"

孟子曰:"孔子'不得中道而与之,必也狂狷乎!狂者进取,狷者有所不为也'。孔子岂不欲中道哉?不可必得,故思其次也。"

"敢问何如斯可谓狂矣?"

曰:"如琴张②、曾皙、牧皮者,孔子之所谓狂矣。"

"何以谓之狂也?"

曰:"其志嘐嘐③然,曰古之人古之人,夷考其行而不掩焉者也。狂者又不可得,欲得不屑不絜之士而与之,是狷也,是又其次也。孔子曰:'过我门而不入我室,我不憾焉者,其惟乡原④乎!乡原,德之贼也。'"

曰:"何如斯可谓之乡原矣?"

曰:"'何以是嘐嘐也?言不顾行,行不顾言,则曰古之人古之人。''行何为踽踽凉凉⑤?生斯世也,为斯世也,善斯可矣。'阉⑥然媚于世也者,是乡原也。"

万章曰:"一乡皆称原人焉,无所往而不为原人,孔子以为德之贼,何哉?"

曰:"非之无举也,刺之无刺也。同乎流俗,合乎污世。居之似忠信,行之似廉洁，众皆悦之，自以为是，而不可与入尧、舜之道，故曰'德之贼'也。孔子曰：'恶似而非者：恶莠，恐其乱苗也；恶佞，恐其乱义也；恶利口，恐其乱信也；恶郑声⁷，恐其乱乐也；恶紫，恐其乱朱也；恶乡原，恐其乱德也。'君子反经⁸而已矣。经正，则庶民兴；庶民兴，斯无邪慝矣。"

注释

①党：乡里。

②琴张：孔子的弟子子张。

③嘐（xiāo）嘐：志大言大。

④乡原：指同流合污的媚俗者。原，同"愿"。

⑤踽（jǔ）踽凉凉：孤寡不合群的样子。

⑥阉：低三下四。

⑦郑声：郑地乐歌。儒家认为"郑声淫"，故极力排斥。

⑧反经：回归正路。反，同"返"。

译文

万章问孟子："孔子在陈国时说过：'为什么不回去呢！我那些学生狂放，努力向上而不忘当初的理想。'孔子为什么在陈国还怀念鲁国那些狂放的人呢？"

孟子说："孔子说过：'如果找不到中正的人与之相交，那就只有和那些狂放、狷介之人相交了。狂放的人有进取心，狷介的人有所不为。'孔子难道不想与中正的人交往吗？因为那样的人不一定找得到，孔子只能退而求其次。"

"请问怎样的人才叫狂放的人呢？"

孟子说："像子张、曾皙和牧皮就是孔子所说的狂放的人了。"

"为何说他们狂放呢？"

孟子说："他们志向高远、口出狂言，总是说古人长古人短，可是看他们的行为，却与所说的话不符。如果找不到这种狂放的人，就想找那些不屑于做侮辱自身之事的人相交，他们就是狷介之士，这就又次一等了。孔子说：'经过我家门口却不进来，而我不觉得这有什么遗憾的，只有那些老好人了。老好人是损害道德的人。'"

"什么样的人叫老好人呢？"

孟子说："他们批评狂放之人，说：'为何狂放之人志向远大、口吐狂言呢？他们说话不考虑能否做到，做事不考虑是否与自己说的话一致，只会说古人长古人短。他们又批评狷介之士，说：'狷介之士做事为何这样与众不同呢？他们活在这个世上，就得做适应这个世界的人，让大家都说好就行了。'四处逢迎，讨好世俗的人，就是老好人。"

万章说："全乡的人都说他是老好人，他无论到哪都被称为老好人，孔子却认为他损害了道德，为什么呢？"

孟子说："这种人，要指责他，是挑不出什么过错来的，要责骂他又找不到合适的理由。他们只是随波逐流。平时，他们表现得忠厚老实，处事似乎公正、清廉，大家都很喜欢他，他自己也以为自己做得对，却与尧、舜之道不相容，所以说他们是'损害道德之人'。孔子说过：'讨厌似是而非的东西：讨厌狗尾巴草，是担心它与禾苗混杂；讨厌不正之才，是担心他与仁义混杂；讨厌夸夸其谈，是担心它与诚信混杂；讨厌郑国的乐声，是担心它与高雅之声混杂；讨厌紫色，是担心它与朱红色混杂；讨厌老好人，是担心他把道德搞乱。'君子不过是让一切回归正途而已。路选对了，百姓就会奋发向上；百姓奋发向上，也就没有邪恶了。"

第三十八章

孟子曰："由尧、舜至于汤，五百有余岁。若禹、皋陶，则见而知之；若汤，则闻而知之。由汤至于文王，五百有余岁。若伊尹、莱朱①，则见而知之；若文王，则闻而知之。由文王至于孔子，五百有余岁。若太公望、散宜生②，则见而知之；若孔子，则闻而知之。由孔子而来，至于今，百有余岁。去圣人之世，若此其未远也；近圣人之居，若此其甚也。然而无有乎尔，则亦无有乎尔。"

注　释

①莱朱：商汤的贤臣。

②散宜生：周文王时的贤臣。

译　文

孟子说："从尧、舜到汤，一共五百多年。像禹、皋陶这些人，是亲眼见到而了解尧、舜之道的；汤，是通过流传下来的事迹而得知尧、舜之道的。从汤到文王，一共五百多年，像伊尹、莱朱这些人，是亲眼见到而了解汤的治国之道的；文王，是通过流传下来的事迹而得知汤的治国之道的。从文王到孔子，又经历了五百多年，像太公望、散宜生这些人，是亲眼见到而了解文王的治国之道的；孔子，是通过流传下来的事迹而得知文王的治国之道。从孔子时代到现在，只过了一百多年。离圣人的时代这么近，离圣人的家乡也这么近。如果没有能够继续奉行圣人之道的人，也就不会有继承发扬圣人事业的人了。"

孟子◎第十四篇　尽心下

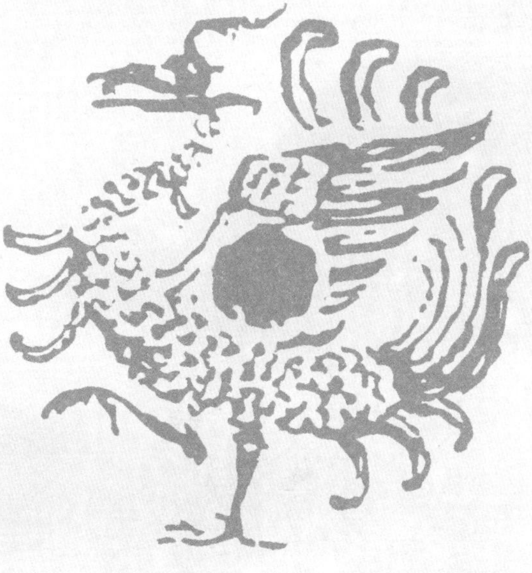

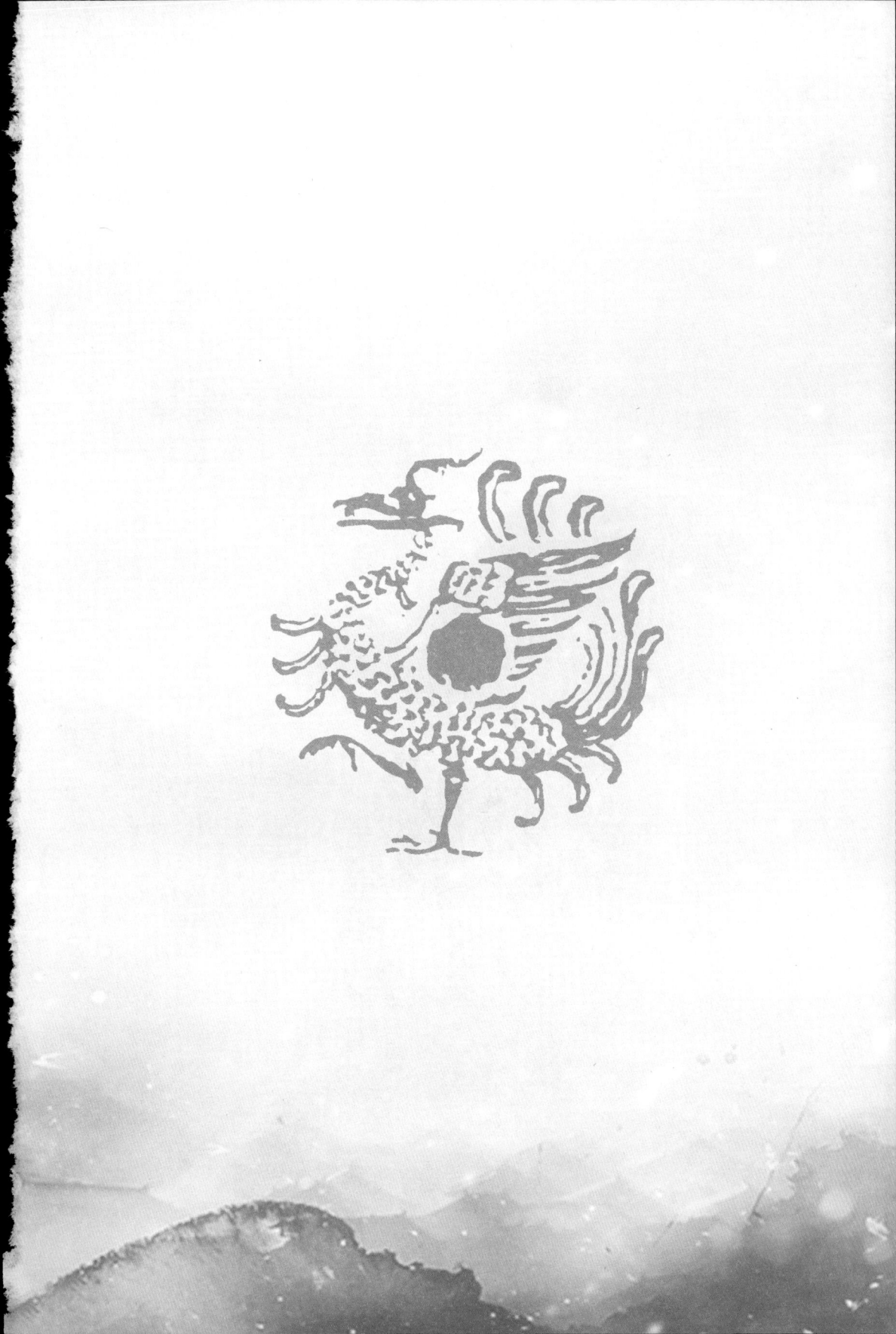

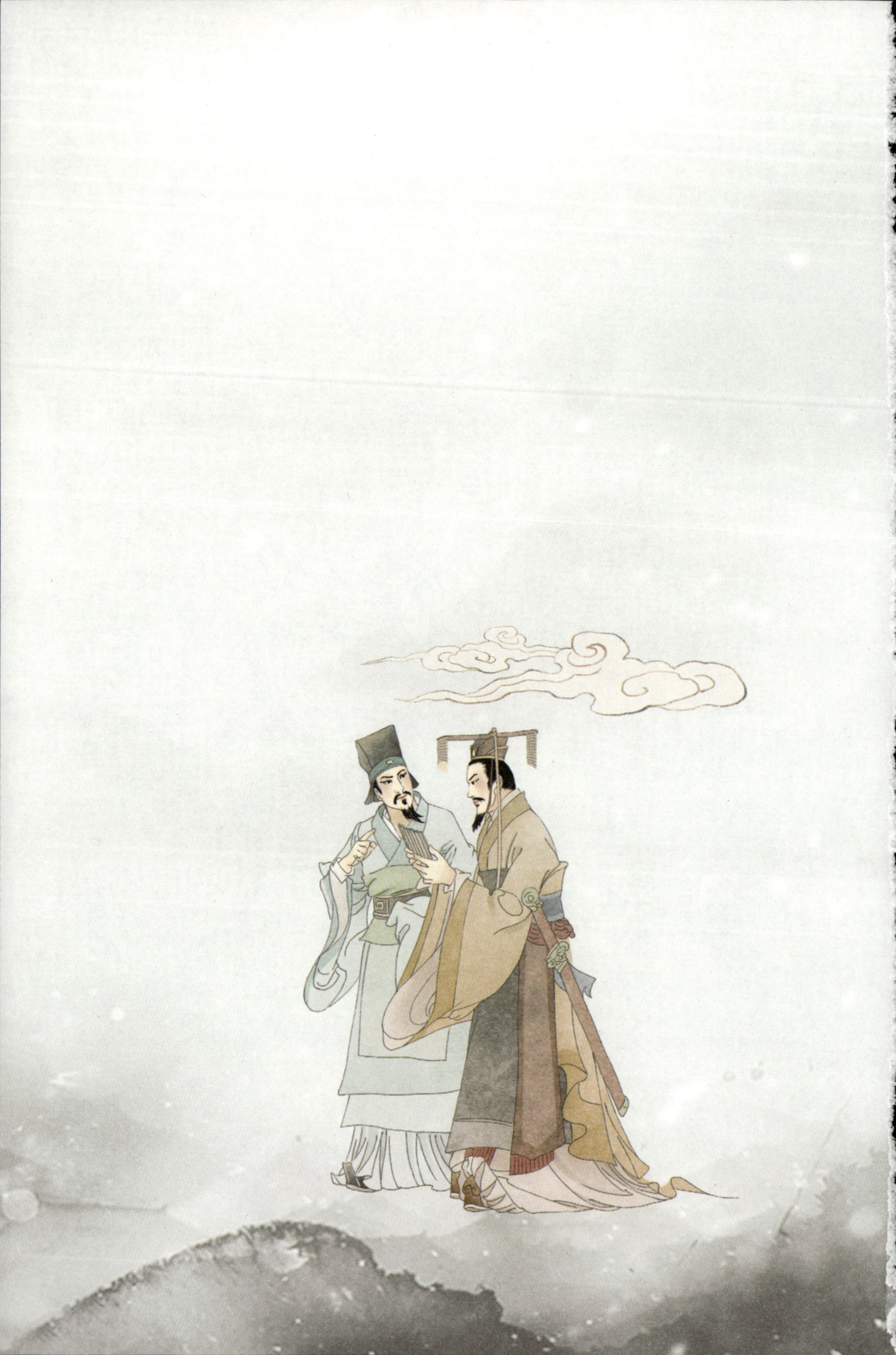